U0330115

识人历来重思想的创造,轻体系的建构。面对欧洲强大的德、英学统,法国人拒绝与其"接轨",咀嚼、甄别、消化、筛选、创新、行动是法国人的逻辑。此可谓学也。三是与英美德相比较,法国知识人对这个世界的"追问"和"应答",总是带有启示的力量和世俗的雅致,他们总会把人类面临的问题和思考的结果赤裸裸地摆上桌面,语惊四座。此可谓奇也。四是法国人创造的文本形态,丰富多样,语言精细,文气沁人。既有狄德罗"百科全书式"的书写传统,又有承袭自蒙田那般精巧、灵性的 Essai(随笔)文风,更有不乏卢梭那样,假托小说体、自传体,言表隐匿的思想,其文本丰富性在当今世界独树一帜,此可谓读也。

3

伏尔泰说过这样的话:思想像胡须一样,不成熟就不可能长出来。法兰西民族是一个早熟的民族——法国思想家留给这个世界的文字,总会令人想象天才的模样和疯子的影子,总会自觉或不自觉地让人联想到中国人的那些事儿,那些史记。

从某种意义上说,法国人一直在骄傲地告诉世人应当如何生活,而我们译丛的旨趣则关注他们是如何思考未来的。也许法兰西民族嫁接思想、吐故纳新、创造历史的本领可以使我们一代人领悟:恢复一个民族的元气和自信要经历分娩的阵痛,且难免腥风血雨。

是所望焉。谨序。

倪为国

2015 年 3 月

译者前言

　　勒内·笛卡尔（René Descartes, 1596—1650）是 17 世纪法国著名思想家，生前公开发表的著作一共有四部：《谈谈方法》（1637）、《第一哲学沉思集》（1640）、《哲学原理》（1644）、《灵魂的激情》（1649）。其中，《谈谈方法》一书中的屈光学、天象学和几何学，《哲学原理》第一部分之后的几个部分，讨论的不是哲学问题，历来不被算作笛卡尔的哲学著作。笛卡尔这四本哲学著作，商务印书馆都出过中文单行本，其中《第一哲学沉思集》的译者是在巴黎大学获博士学位的庞景仁先生，《谈谈方法》由西方哲学界泰斗王太庆先生翻译，《哲学原理》则出自著名西方哲学翻译家关文运先生之手，三位老先生的西学素养和中文功力笔者都无法企及，在这种情况下，笔者怎么还敢生出重新翻译笛卡尔的念头？

　　笔者初次接触笛卡尔原典还是在 1994 年春天，记得当时在复旦大学文科图书馆找到一本庞景仁先生翻译的《第一哲学沉思集》，满怀崇敬和期待地硬啃了一段时间，除了找到几句话验证哲学史教材中所说的"我思故我在"以外，别无所获。2003 年开始，笔者给各类学生讲授西方近代哲学，总不知晓该如何介绍笛卡尔那充满矛盾的哲学体系。这个阶段笔者多次拿起《第一哲学沉思集》，但每每读到第三沉思就无法继续，根本把握不了作者的推理线索。这期间倒是一本传记作品《勒内·笛卡尔先生在他的时代》（皮埃尔·弗雷德里斯著，管震湖译）让我大开眼界，这才知道围绕这位举世公认的近代哲学之父居然有如此多的未解之谜，也第一次听说笛卡尔涉嫌伪装自己的思想。这本书还让我明白，笛卡尔不仅是一位哲学家，更是一位科学家，彻底抛开他的科学思想恐怕无法探明其哲学思想的真实面目。此外，笔者在讲授近代哲学的时候，总觉得讲不清楚西方哲学从古代到近代何以会发生如此重大的转变。于是笔者开始阅读一些科学史著作，尝试由近代自然科学革命来发现西方现代化运动的源头，由西方近代世界观的变化入手探查人生观及价值观的变化。一番阅读下来笔者有了一个重大的发现：从古代有边界有中心的宇宙到近代无边界无中心的宇宙的转变原来意义重大，人类抛弃了身体在空间意义上的宇宙中心位置，这意味着将自己的理智确定为描画宇宙的坐标中心。由此笔者突然意识到，笛卡尔持无限空间观，其实意味着他将人类理智确定为宇宙秩序的描画者，这就会导致上帝失去统治宇宙的地位。很可能是这种彻底摧毁旧世界秩序的骇人结论，使得笛卡尔要刻意用经院哲学的术语来包装自己的思想，这才导致他的哲学显得矛盾重重。此时再读《勒内·笛卡尔先生在他的时代》，笔者惊喜地发现书中提供的所有材料几乎都验证了这个想法。一旦确定了笛卡尔撰写形而上学著作的真正动机，再次翻开《第一哲学沉思集》，就完全是另一番景象了，原本天书般的作品一下变得豁然开朗。这一回笔者只花了半个多月就大致梳理了全书的逻辑线索，尽管此时读的依然还是庞先生的中译本。

从2012年开始，笔者在课堂上给学生讲《第一哲学沉思集》，先是在"近代哲学专题"课上讲述这本书的主要线索,后来又在"近代哲学经典"课上带学生精读六个沉思。一旦进入精读阶段,要给学生讲清楚笛卡尔每句话的意思,庞先生的中译本就显得不够用了。于是笔者找来英文世界比较权威的译本,即剑桥大学版的《笛卡尔哲学著作集》第二卷,将中译本与英译本逐句对比。笛卡尔最初用拉丁文撰写《第一哲学沉思集》,这本书在他生前身后各有一个法文版本,而在他生前出版的法文第一版是经过他本人审阅的,更值得采信。庞先生的中译本就是译自法文第一版,而剑桥版的英译本则译自拉丁文本。拉丁文本与法文本的分段有多处不同,另外法文本增加了许多同位语与修饰语。笔者在比对英译本和中译本的时候,不仅发现了这些不同,还发现有少数句子中译本与英译本的意思完全相反,一个肯定另一个否定。这样,笔者只好找来国际笛卡尔研究最权威的 AT 版《笛卡尔全集》,其中第七卷是《第一哲学沉思集》的拉丁文本,第九卷是法文第一版。笔者找出中译与英译有出入段落的法文原文与拉丁文原文,逐一请爱人徐卫翔帮我核对辨认。不得不承认,凡是在中译本与英译本意思完全相反的地方,几乎都是中译本出错。为了让学生准确理解笛卡尔的六个沉思,笔者将现有中译本出错或意思含糊、不易理解的地方都根据剑桥英译本进行重译。2016 年笔者出版了一本研究笛卡尔的专著《拒绝就位的身体——从身体观出发破译笛卡尔的〈第一哲学沉思集〉》,这本书的下篇对六个沉思进行了逐段逐句的解释。最终成书之后,笔者将六个沉思的近五分之四的篇幅进行了重译。虽然如此,笔者并未想过重译《第一哲学沉思集》,因为后面那些反驳与答辩的篇幅远远超出了六个沉思本身的篇幅,翻译工作琐碎艰难,让人望而却步。

　　2015 年春季学期开始,笔者在课堂上带学生读笛卡尔的《灵魂的激情》，再次感觉现有的中译本还是不能帮助学生准确把握作者的思想，于是只能边讲边译。正是在这个过程中，笔者第一次想到了可以参照剑桥英译本的模式做一个中文版的笛卡尔哲学著作选集，不追求全面完整，仅仅收齐笛卡尔公开发表的主要哲学著作。事实上，笛卡尔的英译工作可以说是蔚为可观，每本著作都有多种有学术价值的英译本。相比之下，有学术价值的笛卡尔著作中译本的数量却少得可怜。笔者在国内只见到了《谈谈方法》和《灵魂的激情》各有两个中译本，《第一哲学沉思集》有价值的中译本至今只有庞景仁先生的译本，而《哲学原理》虽然曾经有关文运先生的译本，但目前在市面上近乎绝迹，笔者本人也未能得见真容。可以说，翻译笛卡尔的这种窘迫现状与笛卡尔在哲学史上的重要地位完全不匹配，国内学界其实急需一部严肃的笛卡尔哲学著作选集。然而，笔者本人的学术训练有限，法文仅够识字，拉丁文更是连字都不识。在这种情况下自不量力地翻译笛卡尔很可能会沦为笑柄，所以几年来笔者一直将这个冲动藏在心里。2018 年同济大学有一个校内双一流学科建设项目，学院鼓励所有老师申报欧洲文化研究的项目。这个时候笔者才鼓起勇气找徐卫翔商量，提议二人合作完成一本《笛卡尔主要哲学著作选》，先由笔者根据英译本完成英译中的工作，再由他根据法文和拉丁文进行完整的核校工作。我们虽然早年在复旦求学时可谓同门，现在又都就职于同济大学人文学院，不过为避"学术夫妻老婆店"之嫌，多年来鲜少合作，各有自己的研究领域。可是这一次我们考虑再三，最终达成共识：学术乃天下公器，译作归属并不重要，学养有欠也不是终极障碍，秉承严谨踏实的治学态度，仔仔细细地将笛卡尔公开发表的主要哲学著作翻译成现代汉语，哪怕不敢奢谈为汉语学界贡献一本极具学术参考价值的笛卡尔译作，至少对译者本人今后的学术研究大有助益，也使得广大中文读者有了更多的路径进入笛卡尔哲学。这样才有了呈现在读者面前的这本《笛卡尔主要哲学著作选》。

本书的翻译断断续续地做了好几年。笔者最初是将 John Cottingham、Robert Stoothoff、Dugald Murdoch 翻译的英文版《笛卡尔哲学著作集》(*The Philosophical Writings of Descartes*, Cambridge University Press, 1985)中的相关内容翻译成中文，因为这个英译本是英文世界引用得最多的，笔者从未怀疑过它的权威性。在笔者已经完成了所有的英译中工作，由徐卫翔开始根据法文以及拉丁文核对中译及英译的时候，我们有了新的发现：由 Michael Moriarty 翻译的《第一哲学沉思集》(*Meditations on First Philosophy*, Oxford University Press, 2008)和《哲学原理》(收录在《笛卡尔〈灵魂的激情〉及其他晚期哲学著作》[*René Descartes*: *The Passions of the Soul and Other Late Philosophical Writings*, Oxford University Press]一书中)，以及由 Stephen H. Voss 翻译的《灵魂的激情》(*The Passions of the Soul*, Hackett Publishing Company, 1989)，比剑桥英译本更忠实于笛卡尔的原文，于是笔者又根据这三个英译本重新做了一番英译中的工作。随后徐卫翔再将笔者的中译稿与 Charles Adam、Paul Tannery 编撰的《笛卡尔全集》(*Œuvres de Descartes*, Leopold Cerf, Imprimeur-Editeur, 1897—1910)仔细核对，提出一些修改意见。最后，由笔者对全书通读统稿。

这本选集共包括如下内容：《谈谈方法》主体的六个部分，《第一哲学沉思集》的致信、前言、内容提要和六个沉思，《哲学原理》的第一部分以及该书的法文版序言，《灵魂的激情》的序言和三个部分。笛卡尔生前公开发表的与哲学相关的所有文字，除了《第一哲学沉思集》后面所附的几组反驳和答辩之外，基本都收在这个选集里了，其中《灵魂的激情》的序言此前尚未有中译本。本书没有收进一直在笛卡尔研究中颇受重视的《指导心灵的原则》（*Regulæ ad Directionem Ingenii*），是出于如下考虑：第一，这是笛卡尔生前从未公开的一个未完稿，他在发现新方法的狂热激动中开启这个写作历程，最终却只能弃稿。也许笛卡尔后来发现最初的想法并不成熟才不得不放弃，由此或可推想这本书很可能并没有达到笛卡尔本人所要求的清楚明白的效果；第二，笛卡尔这部手稿与他的数学思想关系密切，严格说来，也许只有一个既懂哲学又懂数学的人才有资格翻译这部手稿。笔者自知数学知识储备不够，不敢造次。

本书虽然没有做译名对照表与索引，但笔者还是努力追求译名的统一，在每个术语首次出现或笔者认为必要的地方，都标出了AT版《笛卡尔全集》中的原文。AT版中的法文拼写与现代法文有诸多不同，本书标注的法文都来自AT版，只在标注法文书名的时候另外给出现代法文拼写。

由于笔者水平有限，书中出现各种错误在所难免，诚恳欢迎学界同仁批评指正。

李　琍
2020 年 9 月

目　　录

谈谈方法①

　　① 译注:《谈谈方法》原书的标题是:"谈谈正确引导自己的理性并且在各门科学中寻找真理的方法,附屈光学、天象学和几何学,它们均为该方法之尝试"（AT 版法文原书名 *Discours de la method pour bien conduire sa raison*, *& chercher la verité dans les sciences*, *plus la dioptriqve*, *les meteors*, *et la geometrie*, *qui sont des essais de cete method*;现代法文书名 *Discours de la méthode pour bien conduire sa raison*, *& chercher la vérité dans les sciences*, *plus la dioptrique*, *les météors*, *et la géometrie*, *qui sont des essais de cette méthode*）。书后所附的三个部分现在都不被视为笛卡尔的哲学著作,本书从略。笔者翻译此书参考了以下文献:René Descartes, *The Philosophical Writings of Descartes*, Vol. I, tr. by John Cottingham, Robert Stoothoff, Dugald Murdoch, Cambridge University Press, 1985; René Descartes, *Philosophical Essays and Correspondence*, ed. & with introduction, by Roger Ariew, Hackett Publishing Company, 2000; René Descartes, *Œuvres de Descartes*, Vol. VI, publiées par Charles Adam et Paul Tannery, Paris, Leopold Cerf, Imprimeur-Editeur, 1902。本译文所标注的页码来自 *Œuvres de Descartes*, Vol. VI。

（AT VI）【1】如果这个谈话一次读完显得太长，你可以将它分成六个部分。在第一部分中你会发现关于各门科学的各种思考。第二部分是作者已经找到的方法的主要规则。第三部分则是他从这个方法推出的一些道德规则。第四部分是他得以证明上帝（Dieu）及人的灵魂（l'ame）之实存（l'existence）——这二者是其形而上学（Metaphysique）的根基——的论证。第五部分，他已经研究过的物理学（Physique）问题之顺序，尤其是对心脏运动以及其他与医学相关的难题的解释，然后还有我们的灵魂与野兽的灵魂之间的区别。最后，他相信必须做哪些事情才能在研究自然的过程中超出已有工作取得更大进步，以及促使他写这篇谈话的理由。

第一部分

　　良知(bon sens)是这个世上分配得最好的东西:因为每个人都认为自己被赋予了足够的良知,【2】甚至那些在其他事情上最难满足的人,通常也不会渴望拥有超出自己已有的良知。在这方面,不像是所有人都弄错了;它恰恰表明,正确下判断以及甄别真假的能力——这就是我们称为"良知"或"理性"(raison)的东西——在所有人那里是自然地均等的;因此我们意见的分歧,不是源于我们中的有些人比其他人更懂道理,而仅仅是因为我们引导我们的思想走上不同的道路,并且没有专注于同样的事物。因为,拥有好的心灵(esprit bon)还不够,主要的事情是正确地使用它。最伟大的灵魂(ames)既可以是最邪恶的,也可以是最有德行的;那些行动迟缓的人,只要一直因循正确的道路,就能够比那些迅捷却偏离正道的人取得更大的进步。

　　就说我本人吧,我从未以为自己的心灵比普通人更完美;事实上,我曾经常常希望自己像有些人那样拥有敏捷的思想(pensée),或清澈明晰的想象(imagination),或丰富及时的记忆(memoire)。在这些之外,我不知道还有其他的性质有助于完善心灵;因为,说到理性或者良知,既然它是唯一能使我们成为人并且不同于野兽的东西,我更倾向于相信,它整个地并且完全地存在于我们每个人里面。在此,我遵循哲学家们的一般意见,他们说,【3】同属(espece)的个体(indiuidus)相互之间只在偶性(accidens)层面有程度差别,在形式(formes)或本性(natures)层面没有程度差别。

但是,我毫不迟疑地说,我认为自己非常幸运,在年轻的时候碰巧找到几条路径,引导我进行考察并且得出几条准则,在此基础上我形成了一个方法。在我看来,凭借这个方法,我能够逐渐地增加我的知识,一点一点地将它提高到我平庸的心灵和短暂的生命所能允许的最高点。因为,我已经获得了这样的成果:尽管在我对自己下判断(jugemens)的过程中,我总倾向于缺乏自信而非自以为是;当我将哲学的眼光投注到人类的各种活动和事业之上,几乎没有一项我不认为是徒劳无用的;我不能不对我自认为在寻找真理(verité)的道路上已经取得的进步感到非常满意,并且我不能不对未来怀有这种希望以至于冒险说出这样的意见:如果有一种纯粹的人类职业拥有坚固的价值和重要性,它就是我选择的这种。

然而,我也可能弄错了:也许我当作黄金与钻石的东西不过是一点儿黄铜与玻璃。我知道我们是多么容易在那些切己相关的事情上犯错误,也知道朋友的判断在多大程度上应该加以怀疑,当朋友的判断对我有利之时。虽然如此,我还是很乐意在这篇【4】谈话中揭示我所遵循的道路,并且在其中如同绘画那样描述自己的人生,以便每个人可以自己下个判断;这样一来,我就可以由公众的反应来获知他们对我的道路所持的意见,于是在我用惯了的自我教育的办法之外增加一种新办法。

我现在的目的不是传授一种每个人必须遵循的方法以便正确引导他的理性,而仅仅是展示我如何试图引导自己的理性。一个擅自提供命令的人必定认为自己比那些接受命令的人更灵巧,并且如果他错失了最轻微的事情,那也应该受到指责。但是,我将这本书呈现为一种历史,或者,如果你愿意的话,仅仅是一个故事。在那故事中,除了我们可以效仿的一些例子,也许还能够发现另外许多我们有理由不去遵循的例子。我希望它会对一些人有益而不对任何人有害,并且每个人将会对我的直率心存感激。

从儿时起,我从文字中汲取营养。因为我被告知,借文字之力一个人可以清楚明确地认识所有在生活中有用的东西,于是我非常热切地学习它们。但是,等到我完成全部学习的课程——一个人通常在这些课程结束的时候被认可升入学者的行列——我却完全改变了自己的观点。因为,我发现自己被如此多的怀疑和错误所困扰,以至于开始以为,自己努力成为有教养的人,最终的收获只是越来越认识到自己的无知。可是,【5】我就读于欧洲最著名的学校之一,我以为,只要地球上还存在有学识的人,那里就一定会有。在那里,我学习了其他人正在学习的一切;不仅如此,由于不满意他们教授的课程,凡是讨论那些被视为最深奥、最稀奇的学问的书本,只要能落入我手中,我都浏览一遍。与此同时,我知道别人如何评判我,我看到他们并不认为我比我的同学差,虽然他们中有几位已经被选定要接替我们的老师了。最后,我觉得,我们所生活的时代比以往任何时代在精神层面都更加繁荣丰富。这就使得我觉得我可以凭自己对别人做出判断,并且使我认为,世上并没有我之前被诱导着去期望的那种知识。

但是,我并没有不再看重学校里所受的各种训练。我知道在那里所学的语言对于理解古人的著作是必要的;寓言的魅力可以激励心志,名垂史册的故事可以振奋精神,并且有助于塑造判断力,只要它们被仔细辨读;赏读佳作就好比同历史上最杰出的人士进行对话——事实上，这是一种殚精竭虑的对话（vne conuersation estudiée），在这个过程中这些作者向我们展示的仅仅是他们思想的精华；雄辩术有无可比拟的力量与优美；诗歌有【6】令人陶醉的精致与甜美；各门数学包含一些非常巧妙的技巧，不仅可以满足好奇心，而且有助于促进技术、减少操劳；道德教化的文章包含许多有益于德行的教诲与训导；神学指引我们如何抵达上天；哲学使我们得以就任何问题侃侃而谈并赢得寡学之人的折服；法学、医学和其他科学使得耕耘者名利双收；最后，做这样一件事是有好处的，就是检查所有这些学问，即使是那些充满迷信和错误的，从而能够知道它们的真实价值并且防止被骗。

不过我以为我已经花了足够的时间学习语言并且阅读古代典籍，不管是历史的还是寓言的。因为，与先前时代的人谈话就如同旅行。对不同人群的习俗有所了解是有好处的，这样我们可以更稳妥地评判我们自己的习俗，不要像那些没见过世面的人那样，总以为不符合自己行事方式的一切都是荒唐可笑的。但是，一个花费太多时间旅行的人最终在自己的故土就成为外来人；而那些对古人行事太过好奇的人往往就会对当前时事毫无所知。而且，寓言使我们将许多【7】不可能的事情想象成可能的。哪怕是最忠实的史书，就算不为了追求可读性而删改或夸大事件的重要性，几乎都会忽略一些更低级、更不值得重视的事件；结果就是，其他事件没有照其本来面目而展现，那些根据这些作品所描画的榜样来调整自己行为的人，就很容易陷入我们时代传奇故事中的游侠骑士般的过度，并且超出自己的能力来制定计划。

我重视雄辩术，喜欢诗歌；但是我认为这两者更多是心灵的天赋，而非研究的果实。那些拥有最强的推理（raisonnement）能力、最工于整理自己的思想从而使之清楚易懂的人，总是最有说服力的人,即使他们说的是低级的布列塔尼语且从未学习过修辞学。而那些拥有最愉悦人的奇思妙喻并且有能力用最华丽美妙的语言来表达它们的人,就是最好的诗人,即使他们根本不懂关于诗歌的理论。

我尤其喜欢数学(Mathematiques),因为其推理的确定性(la certitude)和自明性(l'euidence)。但是我还没有注意到它的真正作用;由于我想到它过去仅仅服务于机械技艺,我就非常吃惊,在如此稳固坚实的基础上,人们竟然没有建造出更高贵的东西。另一方面,我把古代异教学者的道德教化文章比作【8】建基于泥沙之上的豪华富丽的宫殿。它们歌颂美德,使之成为世上最值得尊敬的东西;可是它们却没有充分地教导该如何认识德行,而它们用美名来称呼的通常不过是冷酷,或傲慢,或绝望,或弑父。

我敬重我们的神学(Theologie),并且像他人一样渴望升天。但是,在得知了升天的道路向最无知的人与最博学的人一样敞开这个确凿事实,以及引导我们升天的启示真理超出了我们的智能(intelligence)之后,我再不敢将它们提交给我贫弱的推理了;而且,我以为,我需要某个来自天上特殊的帮助并且要超出人类,才可能去检查它们并取得成果。

说到哲学(Philosophie),我仅仅讲这一点:看到它被那些最杰出的心灵钻研了这么多世纪,其中却没有一点不是无争议的和可怀疑的,我就不敢放肆地希望在其中能够比其他人有更多收获。而且,考虑到博学的人在同一个问题上可能持有如此多不同的意见,而绝不会有超过一个真实的观点,那我就把那似乎可能的也视为近乎错误的。

然后,至于说其他科学(Sciences),既然它们的原则来自哲学,我就认定【9】在如此摇晃的基础上建不起任何坚实的东西。

它们允诺的名与利都不足以诱惑我学习它们。因为,感谢上帝,我并不觉得外在的境遇能够迫使我以研究科学作为职业来增加财富;尽管我不像犬儒主义者那样号称蔑视荣誉,然而,我对于仅仅通过虚伪的假装而获得的那点儿荣誉没有兴趣。最后,说到各种坏学说,我想我已经很清楚它们的价值了,也就不会轻易地上当受骗,无论它是炼金术士的诺言和占星术士的预言,还是魔术师或骗子的鬼把戏,或是那些不懂装懂的人的吹嘘牛皮。

这就是为何我一到了可以摆脱老师掌控的年纪就完全放弃研读书本的原因。在下定决心只在我里面或在世界这本大书中发现知识之后,我将余下的青春岁月都用于旅行,参观宫廷和军队,混迹在不同性情与等级的人们中间,积累各种经验,在命运安排给我的各种环境中考验自己,时时刻刻反思出现在我面前的一切事物,以便从中获益。因为,在我看来,一个人在围绕切身的事情进行推理的过程中能发现的真理,【10】远远多于一个文人在他的书斋中做思辨研究时所发现的真理。因为,在前一种情况下他如果判断错了,其结果很快就惩罚他,而后者则对学者不产生实际后果或价值,除了这一后果:他们越偏离常识就越觉得自己了不起,因为他们不得不使用如此多的技巧和机敏以使得它们貌似合理。而我最热切的渴望总是分辨真(vray)假(faux),目的是在自己的行动中头脑清楚,一辈子充满自信地前进。

确实,只要我仅仅考虑其他人的习俗,我很难发现确信的任何理由,因为我在其中发现的多样性几乎同于我之前在哲学家的意见中所发现的。事实上,我从这些观察中所得到的最大收益就是,它们向我展示出,许多尽管在我们看来离奇可笑的事情,可是在其他伟大民族那里却被普遍接受认可;这样我就懂得,不要过于坚信那些我仅仅由案例和习惯而被劝服的事情。于是,我逐渐让自己摆脱了可能遮蔽我们的自然的光明(lumiere naturelle)并使我们更不能用心推理的许多错误。但是,在我花了若干年在世界这本大书中从事这些研究并且尝试获得某些经验之后,我决心有一天也要在我自己里面从事研究,并且运用我心灵中的一切能力去选择我将要遵循的道路。【11】我以为,在这个过程中我已经收获的成果要多于我不扔下祖国和书本所能有的收获。

第二部分

　　那个时候，我正在德国，我被那场至今尚未结束的战争召集到那里。当我由皇帝加冕礼返回部队之时，冬天的到来迫使我待在驻地，既没有聊天分我的心，也没有什么牵挂或激情搅扰我，我整天关着门独自待在一个有烤炉的房间里，完全自由地围绕着自己的那些想法与自己对话。其中，第一个冒出来的想法是：由几个部分组成并且由不同工匠做成的作品，往往不如出自一人的作品完美。于是我们看到，由单独一个建筑师承担并完成的房屋，通常要比那些由几个人出于不同的目的而修改旧墙体、七拼八凑造成的房屋更具吸引力、设计更合理。再有，由村庄逐渐发展为城镇的那些古老城市，相比由设计者在平地上想象并规划出的整齐的城镇，总显得比例失衡。单独地看从前的建筑物，你在其中能找到的艺术元素就算不多于也至少同于后来的建筑物；但从建筑物的安排来看，这里一个高大的，那里一个矮小的，它们把街道弄得弯曲而不规则，你【12】会说这是偶然的机遇而非人的意志（volonté）运用理性将它们如此安排。如果你考虑到常常有一些官员的工作就是确保私人建筑可以装饰公共空间，你就会明白，仅仅通过加工别人已经造好的东西而造出完美的东西是多么困难。我还想到，那些由半野蛮状态逐渐步入文明状态的民族，只是由于犯罪和争吵引起的麻烦才制定法律，其整治有序的程度，肯定不及那些自集群之初就遵守某个英明立法者所制定的基本法的民族。同样，那些教规由上帝单独制定的真宗教，其建制的合理有序一定是所有其他宗教无法相比的。要说人类事务，我相信，如果斯巴达在一段时间内非常繁荣，不是因为它的每一条法律都特别好——有些看着就非常奇怪，甚至是违背良好德行的——而是因为它们由一个人制定，都指向同一个目的。我由此想到，既然书本中所包含的科学——至少是那些仅仅以可能的而非证明的、推理的东西为基础的科学——是由许多不同个人的意见一点一点地积累堆砌而成，其接近真理的程度肯定不如一个有良知的人面对他所碰到的问题自然地【13】做出的简单推理。我也反思到，在我们还是成年之前的孩童的时候，有段时间我们不得不受我们的欲望以及我们的老师的掌控，这些往往是相互冲突的，而且也许其中没有一个能向我们提供最好的建议；因此我认为，想要我们的判断明晰坚固，就如同我们自出生起就已经充分地使用了我们的理性且只受理性引导所能达到的那样，这几乎是不可能的。

诚然，我从来没见到有人把全城的房子全部拆除，目的仅仅是以不同的方式重建它们并且使街道更美观；不过，我们确实看见许多人把他们的房屋推倒以便可以重建，而有些人是因为房屋岌岌可危并且基础不稳而被迫这样做。这个例子让我相信，个人试图通过从根基处改变、推翻重建的方式来改造国家，这完全是行不通的；个人也不可能设想去改变诸学科之整体，或规定学校中的授课顺序。但说到迄今我所相信的那些意见，我以为我能采取的最好做法就是，一次性地清除它们，以便随后能代之以更好的意见，或代之以同样的意见,只不过【14】已经被我用理性的标准校正过了。我坚信,以这种方式,我在指导生活方面会取得很多成果,远远超出我仅仅依靠旧根基,仅仅信赖我自幼就接受的、从未检查过其是否为真的那些原则所能取得的成果。因为,尽管我注意到这样做会有各种困难,但它们并非不可补救。也不能把它们与改革那些影响公共制度的事务——即使是极小的事务——所遇到的困难相比。这些大机体一旦被颠覆就很难再挺立了,甚至一旦开始摇晃就难以再站稳了,而且它们的倾覆也只会非常猛烈。但是,它们所包含的缺点——它们的多样性就足以保证它们中的许多都是有缺点的——无疑会被习俗磨平;习俗甚至会阻止并且不知不觉地纠正许多连审慎都不能预防的缺点。最后,忍受旧体制的缺点总比改变它们更容易,这就好比围绕山脉盘旋的主路,走着走着就逐渐平坦方便了,远远强过取直道必经的翻越岩石、降至崖底。

这就是我为何绝不肯赞同那些聒噪不安、爱管闲事的人的原因,他们既非天生、也非幸运地履行公职,却总想着搞革新。【15】如果我以为这本书中包含了一丁点儿让人怀疑我如此愚蠢的根据,我就很不愿意允许它面世。我的计划从未超越这一企图:改革我自己的思想,并且将它们建筑在完全属于自己的基础之上。如果我对我自己的工作足够满意,并且向你们提供它的一个样本,这并不意味着我建议任何人模仿它。上帝赐予更多厚爱的那些人也许有更高的目标;不过我却担心,即便是我的目标,对许多人而言也已经太过大胆。简单地决定放弃自己迄今为止已接受的一切意见,这不是每一个人应该跟从的榜样。这个世界主要由两类心灵构成,我的做法对这两类心灵都不太适合。第一,总有一些人自作聪明,免不了要贸然下判断,永远没有耐心循序渐进地引导自己的思想;结果就是,一旦他们有了自由,可以怀疑他们所接受的原则,并且离开常规路线,他们就永远没有可能坚守住那条可以成为正道的小路,并且迷茫一生。第二,还有一些人足够理性和谦虚,承认自己辨别真假的能力不如另外一些可以教导自己的人;这类人应该满足于遵从另外那些人,而不是自己寻找更好的意见。

【16】至于我自己,原本无疑该被算作后一类人,只要我曾经有一个老师,或者我从不知道,那些最为博学的人的意见相互之间一直存在分歧。但是,我在学校期间就发现,无论多么奇怪或难以置信的意见,凡是能被想象到的,都曾经被某个哲学家说过;然后,通过游历我已经认识到,那些观点与我们相悖的人,并不因此就是野蛮的或残暴的,相反,他们中的许多人,对理性的运用同于甚至多于我们。我也想过,拥有同样心灵的同一个人,如果从小在法国人或德国人中间长大,他的发展会如何不同于在中国人或食人族中间长大;甚至是服装的式样,那些在十年前让我们满意的、也许十年后又会让我们满意的东西,如何在当下却让我们觉得夸张而又可笑。这样看来,说服我们的是习俗和榜样,而非任何确定的知识。要是作为那些很难发现的真理之证据,大部分人的声音毫无价值;因为单个人远比一群人更有可能碰见真理。于是,我就根本无法挑选出那样一个人,其意见比其他所有人的意见更可取,我发现我自己几乎被迫自己指导自己。

但是,如同一个独自在黑暗中行走的人那样,我决心要走得慢一些,并且【17】将这一份谨慎运用于所有事物,这样即使我只取得了一点儿进步,我至少可以保证不摔跤。甚至我也不会一开始就彻底拒绝一切未经理性引介而溜进我心中的意见,除非我最初已经花了足够的时间计划我正从事的工作,并且寻找到真实方法,以便获得在我的心灵能力范围内一切事物的知识。

当我还年轻的时候,我的哲学研究包括一些逻辑(Logique),

我的数学研究包括一些几何分析（Analyse des Geometres）和代数（Algebre）。似乎这三门技艺或科学应该对我的计划有贡献。但是，进一步检查之后，我注意到，就逻辑而言，三段论和大部分其他导论对于了解事物而言无甚用处，更多是用于向他人解释自己已经知道的东西，甚至犹伊（Lulle）①的艺学也只用于不带判断地谈论自己所不知道的东西，而非学习它们。尽管逻辑确实包含许多极好的、极真实的规则，但这些与其他许多有害的或多余的东西混在一起，区分它们的困难程度就如同从一块未琢凿的大理石中雕刻出一尊狄安娜或雅典娜。至于说古人的分析和今人的代数，它们仅仅覆盖高度抽象的问题，似乎没有用处。而且，前者如此紧密地与检查图形相关联，【18】以至于不把想象力（imagination）弄得筋疲力尽就不可能施展理智（entendement）；而后者太局限于一定的规则和符号，以至于最后的结果成了一种拖累心灵的模糊混乱的艺术，而非培养心灵的科学。出于这个理由，我认为我必须另外寻找某种方法，既包含了这三个学科之好处，又摆脱了它们的缺点。既然法律之繁多常常为恶行提供了借口，以至于一个国家只有少数法律却得到了严格执行，它反而被治理得更好；同样，我以为，取消构成逻辑的大量规则，而代之以下面四条规则就足够了，只要我坚定而不动摇地下决心永远不会不遵守它们。

第一条就是，永远不要把任何我没有明确认识到其真实性的知识当作真的而接受。也就是，要小心地避免贸然的结论和偏见，除了那些清楚明晰地呈现给我的心灵以至于我根本没有机会去怀疑的东西之外，我的判断里面不要包含其他内容。

---

① 译注：犹伊（Raymond Lulle，拉丁文作 Raymundus Lullus，加泰罗尼亚文作 Ramon Llull），约 1235—1316 年，中世纪哲学家、作家、神秘主义神学家。

第二,尽可能地并且按照要求将我要检查的每一个难题分成若干部分,以便更好地解决它们。

第三,以有序的方式来引导我的思想,从最简单的、最容易认识的对象开始,一点一点地、一步一步地上升到最复杂的知识,假设在那些原本【19】没有自然的优先秩序的对象之间也有某种秩序。

最后,自始至终都要做到全面地列举、彻底地审查,以便确保没有任何遗漏。

那些由简单、容易的推理组成的长串链条——几何学家习惯于使用它来达成最困难的证明——使得我有机会想象:所有落入人类认识中的东西都以同样的方式相互关联。我以为,只要我绝对不将任何不真的东西当作真的而接受,并且始终坚守从一项推演出另一项所要求的顺序,那就不会有什么东西遥远到最终都够不着,或者隐蔽到不能被发现。我觉得并不难决定从哪些事情开始,因为我已经知道必须从最简单、最容易认识的开始。迄今为止在科学中寻找真理的那些人中间,只有数学家能够发现一些证明,也就是一些确定且明确的推理,反思到这种情况,我觉得无疑应该从他们所考察的那些东西开始。不过,由此我希望获得的唯一好处,只是让我的心灵习惯于以真理来滋养自身,而不是满足于糟糕的推理。但我也没有打算去学习所有那些通常被称为"数学"的特殊学科。【20】因为,我看到,尽管它们的对象各不相同,但它们的一致之处在于考察这些对象相互之间所持有的各种关系或比例。于是我就想,最好还是仅仅一般性地检查这些比例,假设它们仅仅持存于那些能帮助我们更容易认识它们的项目之间。与此同时,我不会将它们仅仅局限于这些项目,这样我可以在今后将其更好地运用于任何一种它们也适合的对象之上。接下来,我注意到,为了认识这些比例,我有时需要单独地考察它们,有时仅仅把它们保留在心灵中或者将许多合起来理解。我想到,为了更好地单独考察它们,我应该假设它们持存于线条之中,因为我没有发现其他更简单的东西,也没有其他我可以更明晰地呈现在我的想象和感觉面前的东西。而是说,为了将它们保留在心灵中或者把几个一起理解,我认为必须用可能的最简短的符号来标记它们。以这种方式,我可以借助几何分析与代数中所有最好的东西,用一个去纠正另外一个的所有缺点。

事实上,我可以斗胆这样说,通过严格地遵循我已经选择的那几条规则,我非常熟练地解决了落入这两门学科中的所有问题。事实上,我已熟练到这种程度,以至于在我用于检查它们的两三个月——从最简单、最一般的开始并且将我发现的每一条真理当作一条【21】寻找更深入的真理的规则——我不仅解决了许多我之前以为非常困难的问题,而且在我看来,对于那些即使我仍然在黑暗中摸索的例子,我最终也能确定,借助何种方式、在何种程度上可以找到一个解决之道。这个宣称并不会显得太过自负,如果你考虑到,涉及任一事物的真理只有一个,任何发现这个真理的人都会知道关于它的所有能被知道的内容。例如,如果一个已经学习了算术(Arithmetique)的小孩遵从规则做了一道加法,他就会确信,关于他正在思考的这个加法,他已经发现了人类心灵能够发现的一切。因为说到底,那个命令我们遵从正确秩序并且准确罗列一切相关因素的方法,就包含着将确定性赋予算术规则的一切内容。

但关于这个方法,最让我满意的则是,遵从它,我确信在每一情况下我对自己理性的运用就算不是完满的,至少也是在我的能力范围之内的。此外,由于运用这个方法,我感觉我的心灵逐渐习惯于更清楚明晰地领会(conceuoir)其对象;并且,既然我并没有将这种方法局限于任何特殊的主题,我希望将它有效地运用于其他学科的各种困难,就如同我曾经将它们运用于代数的问题一样。我并没有胆量一开始就尝试检查可能出现的所有问题,因为那样做本身就有悖于这种方法所规定的秩序。但是,注意到这些学科的原则必须全部借自【22】哲学,然而我尚未在哲学里面发现任何确定的原则,于是我以为我首先必须在哲学中建立某种确定的原则。而且,既然这是世上所有工作中最重要的一项,也是最担心有粗率的结论和偏见混入其中的一项,我认为我不应该企图完成它,除非我已经达到了一个比当年二十三岁更成熟的年纪,除非我事先已花了相当长的时间为它做准备。我必须从我的心灵中拔除我之前已经接受的所有错误意见,积累各种不同的经验作为我的推理的素材,持续地演练我自己规定的方法以便越来越巩固我自己对它们的运用。

第三部分

　　最后，因为在开始重建房屋之前，只是推倒旧房、准备好材料和建筑师（或者自己学习建筑学）、仔细画好图纸都还不够；你还必须为你自己准备另外一个在施工过程中可以舒服地居住的地方。因此，唯恐在理性迫使我在判断中保持怀疑的时候我在行动中也犹豫不决，也为了我可以在这段时间内幸福地生活，我为自己准备了一套临时的道德规范，只不过包含了三四条准则，我很乐意就此和你们聊聊。

　　第一，遵守我国的法律和【23】习俗，始终固守出于上帝的恩典我自幼就从中受教的宗教，在所有其他事务上根据最合乎中道、最不极端的意见——这些意见在实践中通常被我们周围最明智的人所接受——来指挥我自己。因为，我希望将我自己的所有意见都提交审查，我在此刻就开始把它们当作没有价值的，因此我确信最好的做法还是遵从那些最明智的人。尽管在波斯人和中国人中间也如同在我们自己人中间那样有明智的人，我以为，对我而言，最有益的还是由我必须与之共同生活的人来指引。我还以为，为了发现他们真正持有的意见，我必须留意他们所做的要多于他们所说的。不仅是因为,随着我们行为标准的下降,很少有人乐意说出他们所相信的一切;还因为许多人并不真正知道自己相信什么,因为相信某物与知道自己相信某物是不同的思想活动,其中一个常常不伴随另一个而出现。在许多意见被同等接受的情况下,我仅仅选择那个最合乎中道的,一方面是因为这种看法总是最容易执行的,并且可能是最好的,而过度通常总是坏的,另一方面是因为,就算我弄错了,我离正确的道路也不太远,总比我选了一个极端却本应该追随另一个极端要好。特别【24】是,我将我们借以放弃我们的某种自由的一切承诺都算作过度。我并非不赞同这类法律,通过允许我们立下誓言或签订契约来强迫坚持某种有价值的计划,或者为了贸易的安全,在某个中立的计划中,这种法律能够弥补懦弱心灵的反复无常。但是,因为我在世上没有看见一样东西始终保持同样状态,就拿我这个人来说,我决定要把自己的判断弄得越来越完善而不是更糟糕。出于这个理由,我以为,如果我把自己之前对某事的肯定当作之后也要好评它的义务,尤其是当它也许不再是好的或者我不再认为它好的时候,那我就是在冒犯良知。

我的第二条准则是,在行动中尽我所能地做到坚定果断,一旦已经采纳了哪怕是最可疑的意见,也要如同它们是非常确定的那样坚定不移地遵从它们。在这方面,我应该模仿一个旅行者,在发现自己在森林里迷路了之后,他也不会漫无目的地东奔西逃,也不会待在一处,而是尽可能地沿着一个方向直走,绝不为了微小的理由而改变方向,哪怕最初他只是随机地选了这个方向;因为,以这种方法,即使他没有准确地到达他所希望的地方,【25】至少最终他能到达一个地方,强于待在森林中。类似地,在日常生活中我们总是必须毫无迟疑地行动,最为确定的真理就是,当我们没有能力辨别最真实的意见的时候,我们必须遵从最为可能的意见。甚至是,即使没有什么意见显得比其他意见更有可能,我们也必须采纳一个;这样做了之后,我们就必须从实践的角度不再视之为可疑的,而视之为非常真实确定的,这是因为,那使得我们采纳它的理由自身就是这样的。遵从这一准则,我可以使自己摆脱一切悔恨与懊悔,这种情绪总是困扰着懦弱而犹豫的心灵,让自己从某个自认为好的行动进程开始,之后又反复无常地将其断定为坏的。

我的第三条准则是,永远只试图掌握自己而非命运,只改变自己的欲望而非世界的秩序。总之,我要习惯于相信,除了我们的思想以外,没有什么完全处于我们的权限之内,这样,在尽全力对付了我们身外之事以后,任何我们不能达成的事情,对我们而言都是绝对不可能的事情。我以为,仅此一点就足以阻止我去渴望在未来拥有我不能得到的东西,这样就能让我感到满意。因为,我们的意志自然地趋于渴望的【26】仅仅是那些理智将其表象为有可能的东西;这样,可以确定的是,如果我们将所有的身外之善视为同等地超出了我们的能力,当那些被视为我们与生俱来的权利并非出于我们的过错而被褫夺了的时候,我们为失去这份善所感到的遗憾,将不会超过我们遗憾没有拥有中国或墨西哥王位。同样必然的是,正如人们所说的,我们在生病的时候对健康的渴望,或者在被囚禁的时候对自由的渴望,就不会超过我们现在对拥有金刚不坏之躯或鸟儿般的翅膀的渴望。但是,我承认,确实要经过长久的训练和反复的沉思,才能习惯于从这个角度来看待一切。我相信,在这里隐藏着那些哲人们——他们在古代能够摆脱命运的掌控,不顾贫穷苦难而活得比诸神还幸福——的秘密。因为,通过不断地反思自然强加给他们的局限,他们完全确信,除了自己的思想,没有什么是在他们的能力之内的,仅仅这点,就足以防止他们被其他事情吸引。他们如此绝对地掌控了自己的思想，以至于他们有理由视自己为富有、强大、自由、幸福之人，远远超过其他那些人——因为缺少哲学，这些人虽然得到【27】自然或命运的偏爱，却从未对自己的欲望达到如此程度的掌控。

最后，为总结这个道德规范，我决定检查一下人们此生从事的各种职业，以便尝试选择一个最好的职业。由于不想对他人的职业说三道四，我以为，我能做的最好就是继续我正在从事的这个职业，将我的整个生命奉献给培养我的理性，在认识真理的道路上走得尽可能的远，遵从我为自己所规定的方法。自从开始使用这种方法以来，我感觉非常满意，以至于我并不认为一个人在此生还能够享受到其他更甜美、更纯粹的满足。每天，我借助它发现一些真理，在我看来这些真理非常重要，却没有被其他人认识到；它们带给我的满足感充盈了我的内心，以至于没有别的东西能让我上心。此外，上述三条准则的唯一基础，就是我必须继续我的自我教育的计划。因为，既然上帝已经给我们每个人一种光明去辨别真假，我就不应该以为自己哪怕在某一个片刻可以满足于别人的观点，只要我还没有打算在某个既定的时刻使用自己的判断来检查它们；对于遵从这些意见，我不可避免地要产生顾虑，只要我还没有希望失去发现更好的意见的机会，【28】假使有更好的意见的话。最后，如果我没有遵从这条道路——我以为由此道路我确信会获得我能获得的所有知识，并且以这种方式获得我能力范围内的所有真正的善——那我就不会限制我的渴望或者感觉到满意。因为，既然我们的意志趋于追逐或逃避的，仅仅是理智表象为好的或坏的东西，我们就只需要正确地判断以便正确地行动，尽我们所能地正确判断，以便尽全力行动——也就是说，以便获得我们能获得的所有德性和一般而言所有其他的善。当我们对此有了确信的时候,我们不可能不感觉满意。

　　一旦我确立了这些准则,并且将它们安放在信仰的真理的旁边——后者一直在我的各种信念中占据首要位置——我就判断我可以自由地着手清除我的所有其他意见了。我期望,与人交谈比关门待在那间我产生了所有这些想法的暖房里更容易达成清除工作,于是我在冬天结束之前再次开始了我的旅行。接下来的九年里,我只在世界各地漫游,试图只充当各处上演的各种喜剧中的观众而非演员。我仔细思考了每一个学科中可能产生疑惑的地方,或者可能给我们提供犯错机会的地方,不停地从我的心灵中拔除那些之前溜进去的错误。【29】我这样做并不是效仿怀疑主义者,他们仅仅是为了怀疑而怀疑,假装从来不做决定;相反,我的通盘打算是达到确定性——将松土和沙子清理掉以便露出岩石和黏土。在这方面,我以为我非常成功了。因为,我试图通过清楚确定的论证而非软弱的猜测来暴露我正在检查的命题的不确定性;我从未遇到任何命题是如此可疑,以至于我不能由它推出任何确定的结论,哪怕命题本身不包含任何确定的东西。正如在推倒旧房屋的过程中,我们总是留一点残余以备造新房的时候用得上,同样,在摧毁所有我判断为根基不稳的旧意见的过程中,我多方面观察并且获得许多经验,这些经验在建立更确定的意见的过程中发挥作用。此外,我继续演练我为自己规定的那个方法。除了在常规层面上根据它的规则小心地引导我的思想,我现在匀出一些时间把它特别地运用于数学问题。我还把它运用于其他问题,通过使这些问题脱离其他学科中的所有原则——我没有发现这些原则足够稳固——我可以将某种类似数学形式的东西输入这些问题,你们将会在这本书后面看到我就许多问题所做的讨论。这样,【30】我一方面就表现得像那些只想过舒心清白生活的人一样,小心地过着远离罪恶的快乐生活,老老实实地进行高尚的娱乐活动以便不至于无聊地消遣,另一方面却从未停止追求我的计划,就认识真理而言所取得的进步,很可能超过了只读书本及人们的来信而不采取行动。

　　九年一晃而过,然而,我没有就学者们通常讨论的问题表过态,也没有开始寻找一个比通常所接受的哲学基础更为确定的哲学基础。许多高贵的心灵从前也有过这个计划,但在我看来却没能成功,这种先例使得我想象这些困难非常之大,我都不敢很快地开始这项工作,如果我还没有注意到一些人正在散布我已经完成了这项工作的谣言的话。我没法说出他们拥有这种意见的根据何在。如果我的言谈促成了这种意见,那一定是因为,相比于那些有点学问的人的惯常做法,我更为老实地承认自己的无知,也可能是因为,我展示了我怀疑其他人确信的那些东西的理由,而不是因为我自夸有学问。但是,我足够诚实,并不希望被奉为某个自己并不是的人物,我认为我还是要用尽各种方法努力配得上自己被赋予的名誉。【31】正是八年前,这种欲望使得我决心远离任何我可能有熟人的地方,退居到此地。在这个国家,持续的战争已经建立了这样一种秩序,驻守的军队似乎仅仅服务于更为安全地享受和平的果实。生活在这里,待在大量忙碌的人中间——这些人对自身事务的关心远远超过了对他人的好奇——我可以如同在遥远的沙漠中那样过上一种孤独隐蔽的生活,另一方面又不缺少任何一种在人口稠密的城市中可以找到的舒适。

第四部分

    我不知道自己是否应该告诉你们我在那里进行的最初的沉思,因为它们也许太过形而上学了,不合众人的口味。然而,为了大家有可能去判断我所选择的基础是否足够稳固,我有责任谈谈它们。正如上文所说的,长久以来我注意到,在实际生活中,有时候必须按照某些明知不甚确定的意见来行事,就好像它们是不可置疑的一样。但是,既然我现在希望自己仅仅献身于追求真理,我以为我的做法就必须完全相反,将任何一种我能够想象到包含最小疑点的意见,都当作绝对虚假的而拒绝,目的就是去看看,是否最终我还能相信什么绝对不可怀疑的东西。因此,【32】由于我们的感官(sens)有时会欺骗我们,我愿意假设没有什么东西是感官引导我们去想象的样子。既然有人在推理中犯错,涉及到几何学中最简单的问题也会犯逻辑错误,而且由于我判断自己像其他任何人那样容易犯错,我将之前视为证明的所有论证都拒斥为无根据的。最后,我们在清醒时拥有的每一种想法都可以在我们睡着时出现,而此刻却没有一样是真实的,考虑到这一点,我决心要假装所有曾经闯进我心灵中的东西,都不比我梦中的幻象更真实。

但是,我立即注意到,在我试图这样把一切都认作假的时候,正在这样思考的我,却必然是某种东西。注意到"我思考,于是我存在"(je pense, donc je suis)这条真理是如此稳固确实,以至于怀疑主义者所有夸张的假设都不可能动摇它,我决定,我可以毫无疑虑地将它当作我正在寻找的哲学的首要原理。

接下来我小心检查我是什么。我看到,虽然我可以假装我没有身体(cors),并假设没有世界(monde)以及我所待的地方,但我根本不能假装我不存在。相反,我看见,仅仅根据我想到怀疑其他事物的真实性这个事实,就可以非常明确而确定地推出我存在;另一方面,如果我仅仅【33】停止思考,即使我曾经想象过的其他一切都是真实的,我应该也没有理由相信我存在。由此,我知道我是一个实体(substance),其完整的本质(l'essence)或本性(l'nature)仅仅是思考,且不需要任何位置,也不会为了存在(estre)而依赖任何物质性的东西(chose materielle)。相应地,这个"我"——也即我成为我所是者所凭借的灵魂——完全不同于身体,其实比身体更容易认识,而且不会停止成为其所是者,即使身体不存在了。

此后我就考虑,一般而言,必须具备哪些条件,一个命题(proposition)才能成为真实确定的;因为,既然我已经找了一个我认为真实确定的命题,于是我认为,我还应该知道这个确定性(certitude)之实质何在。我观察到,"我思考,于是我存在"这个命题中根本没有什么能向我保证我正在讲述真理,除了我非常清楚地看到,为了思考就必须存在。于是,我决定,我可以将"凡是我非常清楚明晰地领会到的都是真实的"确定为一条普遍的规则;仅有的困难在于确认哪样事情才是我明晰地领会到的。

接下来,反思到我正在怀疑因此我的存在就不是完全完满的(parfait),因为我清楚地看到,认识比怀疑更为完满,我决定去探寻我思考那比我完满者的能力之源泉;我非常清楚地认识到,这只能【34】来自某种事实上更为完满的本性。说到我所拥有的关于许多外在于我的事物——比如天空、大地、热以及许多其他东西——的想法,我毫不困难地知道它们来自哪里。因为我观察到,在它们里面没有什么显得优于我;并且我可以相信,如果它们是真实的,它们就依赖我的本性,就它们有任何完满性而言;如果它们不是真实的,那我就是从虚无(neant)那里获得它们——换言之,它们在我里面是因为我有某种缺点。但是,说到那个比我自己更完满的存在者的观念(l'idée),同样的说法就不能成立了。因为,明显不可能从虚无中获得这个观念;而且我不能从我自己这里获得它,既然,更完满者应该来自并且依赖更不完满者,这个说法包含的矛盾不亚于说某物应该来自虚无。因此,仅仅剩下一个可能,那就是,这个观念被一个实际上比我更完满的本性放进我里面,这个本性自身中拥有所有我能想象到的完满,而我对此可以有某个观念。我自己用一个词来解释的话,这就是上帝。我还要补充一点,既然我知道某些我未曾拥有的完满性,我就不是唯一实存的存在者(le seul estre qui existast)(此处请原谅我自由地使用一些经院术语),必定还有其他某个更完满的存在者,我依赖它并且从它那里获得我所拥有的一切。因为,如果我单一且独立地存在,并且不依赖任何其他存在者,因而【35】由自己获得了我所分享到的完满的存在者的一小部分,那么,出于同样的原因,我就可以由我自己获得其他任何我知道我所缺少的东西,这样我自己就是无限的(infini)、永恒的(eternel)、不变的(immuable)、全知的(tout connoissant)、全能的(tout puissant);总之,我就可以拥有我在上帝那里所观察到的所有的完满。因为,根据我刚刚提出的论证,为了认识上帝的本性,只要我自己的本性能够认识到它,我就只需要去考虑,每一样我在自身中发现的关于其观念的事物,拥有它到底是不是一种完满;而且我确信,没有一种展示了任何不完满的东西是在上帝里面的,而所有其他的即展示了完满的东西都在上帝里面。于是我看到,怀疑、易变、悲伤等等不可能在上帝里面,既然我自己非常高兴能够摆脱它们。此外,许多能被感觉到的有形事物,我都拥有关于它们的观念;因为,即使我假设我正在做梦并且我看见、想象的一切都是假的,我仍然不能否认,这些观念实实在在地在我心灵中。但是,既然我已经由我自己的例子非常清楚地认识到,理智的本性完全不同于形体的本性,而且正如我注意到的那样,所有的组合都见证了依赖,而且依赖明显是一种缺陷,于是我可以得出结论,由这两种本性组成不可能是上帝里面的一种完满性,因此上帝不是由它们组成。但是,如果世上有任何形体(cors),或者任何智能的存在者(intelligences),或者其他并不完全完满的本性,【36】它们的存在必须以这样一种方式依赖上帝,以至于它们不能离开上帝而持存片刻。

此后,我希望寻求其他真理,我思考几何学家研究的对象。我将它领会为一个连续的形体,或者一个在长、宽、高或深这三个维度不定延伸的空间,可以分成不同的部分,每个部分可以有不同的形状及大小,并且可以以各种方式被挪动或调动:因为几何学家在研究对象的过程中假定了所有这些。我浏览了他们的一些比较简单的证明,注意到,人们归于它们的巨大的确定性,仅仅立足于它们被领会为明确的。根据上述规则,我还注意到,在这些证明中,根本没有什么能让我确信它们的对象之实存。例如,我清楚地看见,任何给定的三角形的三个角必须等于两个直角;可是,尽管如此,我看不到什么可以让我确信在世界上存在任何三角形。另一方面,当我再次审视我所拥有的关于一个完满的存在者(un Estre parfait)的观念,我发现,这个观念中包含着实存的方式同于——甚至更明确于——三角形的观念中包含着三内角等于两直角的方式,或者球形的观念中包含着球面各点与中心距离相等的方式。于是我得出结论,作为这个完满的存在者的上帝存在或者实存,至少像任何几何学证明一样确定。

【37】但是,许多人认定,认识上帝,甚至认识他们的灵魂为何都是有困难的,原因在于,他们从未将他们的心灵提升至那些能被感觉到的事物之上;他们是如此习惯于仅仅借助想象——这是一种特别适用于物质性的事物的思考方式——来思考事物,以至于任何不可想象的东西在他们看来都是不可理解的。这一点由这个事实来看就足够明显了,那就是,甚至在各经院学派中,哲学家都将"在理智中的没有一样不先在感觉中"奉为一条公理;然而,确定无疑的是,关于上帝以及关于灵魂的观念从未在感觉中。在我看来,为了理解这些观念而试图使用自己的想象力,这就好比为了听到声音或闻到气味而试图使用眼睛——尽管这其中还是有一点区别,就是视觉提供给我们的关于对象之真实性的保证同于嗅觉和听觉——但是,无论我们的想象力还是感觉都不能在没有理智介入的情况下向我们保证任何事物。

最后,如果还有人不能因我给出的论证而充分信服上帝以及他们的灵魂之实存,我会让他们知道,任何他们以为他们自己更为确信的其他东西——比如他们拥有一个身体、存在星星和地球,诸如此类——也都不那么确定。因为,尽管我们对这些东西有一种道德上的保险性(une assurance morale),以至于【38】我们不能怀疑它们而不显得狂妄,但是同样,等到它成为一个关于形而上学上的确定性(une certitude metaphysique)的问题时,如果不想显得不合理,我们就必须承认,因为没有得到彻底的保证,这一确定性是没有足够根据的;并且,我们只需要注意,在睡梦中我们能以同样的方式想象,我们拥有一个不同的身体并且看见许多不同的星星和一个不同的地球,而实际上根本就没有这些东西。因为,既然那些在梦中出现的思想通常并不比其他思想少一些生动和明晰,那我们如何能知道它们更为虚假呢?无论那些聪明的心灵对这个问题做了多少研究,我都不相信他们可以给出足够充分的理由消除这个怀疑,如果他们没有设定上帝之实存。因为,首先,我刚才将"凡是我清楚明晰地领会到的都是真的"当作一条规则,该规则获得确信的唯一理由是,上帝存在或实存,祂是一个完满的存在者,我们里面的一切都来自祂。由此推出,我们的观念或概念,只要是实在的东西并且来自上帝,就不可能不是真实的,就它们在每一方面都是清楚明晰的而言。这样看来,如果我们经常拥有一些包含虚假性的观念,发生这种情况只是因为在它们里面有了某种模糊混乱的东西,因为在那一方面它们分有了虚无,也就是说,它们以这种混乱状态出现在我们里面仅仅因为我们还不是完全完满的。并且显然,说这类虚假或不完满【39】来自上帝,其矛盾不逊于说真理或完满来自虚无。但是,如果我们并不知道,我们里面的一切实在和真实的东西都来自一个完满且无限的存在者,那么,就算我们的观念是清楚明晰的,我们还是没有理由确信它们拥有真实存在这种完满性。

　　但是,一旦关于上帝和灵魂的知识如此让我们确定了这条规则,就很容易认识到,我们在入睡时所想象的梦幻,根本无法让我们怀疑我们清醒时所拥有的思想之真实性。因为,如果有人碰巧在睡着时有了某个非常清晰的观念,比如说,一个几何学家构想了某个新的证明,入睡状态并不妨碍这个观念是真实的。至于我们睡梦中最常见的错误,不过在于它们借以向我们表象对象的方式同于我们的外感官,这也无甚要紧,这给我们提供了机会去怀疑这类观念的真实性,因为通常它们也可能在我们没有睡着时误导我们——就如同那些黄疸病人看什么都是黄的,或者星星或其他远处的物体在我们看来比实际样子小很多。毕竟,无论我们清醒还是熟睡,我们都应该永远不要让自己信服我们的理性确定性之外的东西。还要注意的是,我说的是"我们的理性"而非"我们的想象"或"我们的感觉"。即使我们非常清楚地看见了【40】太阳,也不能以此为根据就判断太阳仅仅像我们看见的那么大;我们能够明晰地想象一头羊身上有一个狮子的头,却不能由此就得出结论这样的怪物存在于世上。因为理性并没有坚持说我们这样看到的或想象到的就是真实的。但是,理性确实坚持说,我们所有的观念或概念都应该有真实性的基础;因为,否则的话,就不可能是完全完满、完全真实的上帝将它们放进我们里面。而且,我们的理性从来不会在熟睡中如同在清醒的生活中那样明确而全面,尽管有时在熟睡中我们的想象之生动明晰几乎同于甚至超过了在清醒的生活中。因此,理性也会要求说:由于我不是完全完满的,因而我们的思想不可能全都是真实的,既然如此,它们所拥有的那种真实性,一定不可避免地在我们清醒时所拥有的思想中被发现,而不是在我们的梦中被发现。

第五部分

我很高兴继续前进，并且揭示从这些最初的真理我所推演出的一整串其他的真理。但因为，为了做这件事，我不得不讨论许多学者尚有争论的问题，而我并不想和他们争吵。于是我想，我最好还是不要做这件事，而仅仅一般地说说这些问题是什么，这样就可以让那些更明智的人来决定，让公众更详细地获知这些是不是有益。我【41】一直坚守我已经下定的那个决心，就是除了刚刚用来证明上帝和灵魂之实存的那条原则之外不再假设任何原则，并且不将任何在我看来不比迄今为止几何学家的证明更清楚确定的东西接受为真的。然而，我斗胆说，就哲学中通常讨论的那些主要难题，我已经在短时间里找到一种让自己满意的解决方法。还有就是，我已经注意到上帝已经在自然中如此确立的几条规律，并且祂将这类关于规律的概念(notions)植入我们的灵魂之中，以至于经过充分的反思我们不能怀疑，在一切存在于或发生于世上的事物中都能准确地观察到它们。而且，通过考察那些衍生于这些规律的内容，在我看来，我已经发现许多更有用、更重要的真理，远胜于我之前学到的甚或希望学到的一切。

　　但因为我曾经尝试在一部专著——几个顾虑阻止我发表它——中解释这些真理中最重要的部分，并且我知道让它们被人知晓的最好办法就是概述那本书的内容。在我写作该书——涉及物质性事物的本性——之前，我曾经的计划是要包含我认为知道的全部内容。但就像画家一样，他们不能在自己的平面画布上同等完美地展示一个固体的所有不同的面，于是选择一个主要的面，让这一面对着光而其他各面处于阴处，【42】这样一来，仅仅从被选择的这个面来看它们才显得突出。以同样的方式，由于担心我不能将我脑子里所有的东西都拿来讨论，我仅仅着手充分地阐述我对光的理解。然后，随着时机的到来，我增加一些关于太阳和恒星的内容，因为几乎所有的光线都来自它们；还有关于诸天的内容，因为它们传播光线；还有关于行星、彗星和地球的内容，因为它们反射光线；还有关于地球上各种物体的内容，因为它们或是有色的或是透明的或是发光的；最后是关于人的内容，因为他观察这些物体。但是，为了对所有这些事物只覆盖一点点，因为我希望可以自由地说出我对它们的想法，而不必跟随或拒绝学者们已经被接受的观点，于是我将我们的世界整个留给学者们去争论，仅仅谈论在一个全新的世界中可能发生的情况。因此，我假设，现在上帝在某些想象的空间中创造了足够的物质去组成这样一个世界；祂以各种不同方式随机地搅动这种物质的不同部分，这样就形成了一个如同诗人能够构想的那般混乱的混沌状态（vn Chaos）；然后祂什么也不做，只是向自然提供寻常的照料，让它按照祂所确立的规则来活动。然后，我首先描述这个物质，试图这样来表述它：除了刚才说过的上帝和灵魂之外，绝对再没有什么比它更清楚、更明白易懂了。事实上，我明确地设定，【43】这种物质缺少经院学者所争论的所有的形式或性质，也没有一般而言的任何东西，对这些东西的认识于我们的灵魂而言是如此自然，以至于我们甚至不能假装不知道它。进一步，我揭示自然的法则是怎样的，并没有将我的论证建基于除上帝之无限完满之外的任何其他原则，我试图证明所有那些我们可能抱有任何怀疑的东西，并且揭示出它们就是如此这般状态，即使上帝创造了许多世界，也不可能有那样一个不能在其中观察到它们的世界。此后，我揭示出，由于这些法则，这个混沌中的物质的主要部分如何不得不以某种方式被处理安排，这就使得它类似于我们的诸天，以及这些物质的某些部分如何形成地球、某些行星和彗星，以及其余部分如何形成一个太阳和其他恒星。此处，我仔细讨论光这个主题，以相当长篇幅解释了那个必须出现在太阳和星星里的光的本性，光如何从那里瞬间穿越诸天中的广大距离，它如何从行星和彗星那里反射至地球。对此我还补充了许多关于实体、位置、运动以及诸天和星星的所有各种性质的知识点；我以为我已经说了足够的内容使人认识到，对于这个世界中的一切，没有任何东西不应该或者至少不可以在我所描述的世界中有完全类似的东西出现。【44】从这里我继续特别地说到地球：尽管我已经明确地设定上帝没有将重力放进构成地球的物质之中，地球各部分是如何仍然准确地趋向其中心；既然地球表面有水和空气，诸天和星星——主要是月亮——之构造如何必定引起一种涨潮与退潮，在各方面都类似于在我们的大海中可以观察到的循环，又如何引起一种类似我们在热带所观察到的水和空气的起落；山脉、海洋、泉水、河流如何自然地形成，金属如何出现在矿山中，植物如何生长于田野上，以及一般而言所有我们称为"混合的"或"组合的"形体如何在地球上形成。在其他所有事物中间，我煞费苦心地使得每一种属于火的本性的东西能够被清楚地理解，因为我认为除非来自天体，这世上只有火能产生光。于是，我弄清楚了它如何形成、如何提供养料，有时它如何只有热而无光，而有时只有光而无热；它如何能在不同的形体中产生不同的颜色和各种其他性质；它如何熔化一些形体，又让另外一些形体变硬；它如何能消耗几乎所有形体，或者说把它们变成灰和烟；最后，它如何能够仅仅通过自身活动的暴力从这些灰烬中形成玻璃——因为【45】这种从灰烬到玻璃的转变是我兴致盎然地描述的事情，在我看来它和发生在自然界中任何其他变形一样奇妙。

然而，我并不希望，由所有这些推出我们的世界就是按照我所提出的方式被创造，因为更为可能的是，上帝从一开始就让它成了它不得不是的样子。但是，确切无疑的是，而且神学家普遍接受的意见也是，上帝现在由以保持世界的行动同于祂由以创造它的行动。因此，即使上帝起初只向世界提供了混沌这种形式，只要祂建立了自然的法则，并且向自然提供照料，让自然能够正常运行，我们就可以在不损害创世奇迹的前提下相信，仅凭这种方式，所有纯粹物质性的东西都可以在时间之流中成为我们如今所见的样子。如果我们看见它们以这种方式逐步发展，我们也更容易领会它们的本性，相比于我们仅仅在它们完成了的形式中来思考它们而言。

描述了无生命物体和植物之后，我继续描述动物，特别是人。但是，我还没有足够的知识让我用讨论其他事物的方式来讨论它们——也就是由原因来证明结果，并且表明从什么样的种子、以什么样的方式自然必定产生它们。于是我满足于假设上帝组构了一个和我们完全相似的人的身体，【46】无论在肢体的外形上，还是器官的内部安排上，而用来组成它的材料就是我已经描述过的那种物质。我还假设，一开始上帝并没有在这个身体中放进任何理性灵魂(ame raisonnable)或任何其他东西充当植物(vegetante)灵魂或感觉(sensitiue)灵魂,而是在它的心脏中点燃了一种我已经解释过的无光之火,按我的理解,这种火的本性与加热变干之前被储藏的草、煮沸压碎的葡萄发酵而成的新葡萄酒所用的火没有什么区别。当我注意查看什么样的功能会出现在这样的身体里,我发现的恰恰就是那些不需要我们思考它们,因此也不需要来自我们灵魂——也就是来自我们的那个不同于身体的部分,其本性就如我之前所说的仅仅是思想——的任何贡献就可能出现在我们里面的功能。这些功能就是无理性的动物说来与我们类似的那些方面。但是,我没有能够发现任何一种依赖于思想、仅仅属于人的功能;反而,后来,一旦我假设上帝创造了一个理性灵魂,并且以一种我所描述的特殊方式将它与这个身体相连,我就发现了所有这些功能。

但是,为了使人们可以看到我如何处理这个问题,我愿意在此给出我对心脏和动脉运动的解释。作为我们在动物中观察到的最基本的、最普遍的运动,它很容易使我们决定应该如何【47】思考所有其他的运动。但是,首先,为了大家在理解我所说的内容的过程中少一点困难,我希望不熟悉解剖学的人在阅读这个之前费心去搞一个大动物的心脏连带着肺,将它切开放在面前——因为这种心脏在各方面都与人的心脏足够相似——展示出心脏中的两个室(chambres)或腔(concauitez)。首先,右边有一个腔,两个非常粗的管子与之相连:这些就是腔静脉,是血液的主要容器,好像一棵树的树干,而身体的其他静脉就是其树枝;还有就是动静脉——这是个错误的名字,因为它其实是一根动脉——从心脏出发,离开心脏之后发散为许多支脉,遍布于整个肺部。然后就是左边的腔,同样连着两根血管,与刚才说的管子同样粗甚至更粗:有静动脉——也是个错误的名字,因为它不过是一根静脉①——来自肺部,在那里有很多分支,并且与那些动静脉和所谓气管——我们呼吸的空气就是通过气管进入的——的分支纠缠在一起;还有大动脉,从心脏出来,其分支遍布于全身。我还希望读者看看十一片小薄膜,它们就好像许多小门一样,打开并且关闭这两个腔里面的四个开口。【48】其中三片以这种方式位于腔静脉的入口,以至于它们无法阻止腔静脉里面的血液流进心脏的右边却可以有效地阻止它们流出。有三片以相反的方式位于动静脉的入口,允许右心里面的血液流进肺部,却不允许肺部的血液流回右心。同样,另外两片位于静动脉的入口,允许肺里面的血液流入心脏的左腔,却阻止它返回肺部;还有三片位于大动脉的入口,允许血液离开心脏却阻止它返回心脏。也不需要寻找别的理由来解释这些薄膜的数量,事实明摆着的:静动脉的开口受其位置影响而呈椭圆形,只需要两片薄膜就可以轻松地关闭,而其余的开口是圆形的,需要三片才能更有效地关闭。我希望读者还能注意到,大动脉和动静脉的组织比静动脉和腔静脉更密实坚固,而且后二者进入心脏之前被扩张

---

① 译注:"动静脉"现在称为"肺动脉","静动脉"现在称为"肺静脉",关于这两根血管的名称及其演变,涉及一些生理学史的知识。欧洲人最早区分静脉与动脉,因为他们盛行放血疗法,一刀挖下去,如果是动脉,血流如注容易死人,如果是静脉,则没准会缓解病情,所以了解动脉和静脉的区别,是行医安全的第一要务。盖伦在描述人体生理循环系统的图解中,第一次用红色表示动脉,用蓝色表示静脉,引导血液从右心进入肺部的那根血管里流动的是静脉血,标为蓝色,称为"动静脉",而引导血液从肺部进入左心的那根血管里流的是动脉血,标为红色,称为"静动脉"。应该说,盖伦的这种标注对古代医生来说还算直观实用。后来哈维发现了体循环与肺循环的区别,第一次详细描述了血液在血管中的运行情况:静脉血从腔静脉进入右心,再经肺动脉达到肺部,在那里与新鲜空气发生作用,变成新鲜的动脉血;然后动脉血从肺部经肺静脉达到左心,再经主动脉流出心脏达到全身各处,动脉血在全身各处的毛细血管里又变成静脉血,最后经腔静脉回到右心。由此可见,肺动脉里流的是静脉血,而肺静脉里流的是动脉血。之所以称为"肺动脉"和"肺静脉",是因为引导血液流出心脏的血管都叫"动脉",引导血液进入心脏的血管都叫"静脉"。

并形成两个囊,被称为心耳,构成它的肌肉类似于心脏。读者还观察到,心脏里的热总是多于身体的其余部分,最后,这种热可以使得血滴一进入心脏的腔室就迅速地膨胀【49】扩张,就好像液体一滴一滴地进入某个热的容器中经常会发生的那样。

　　这之后,为了解释心脏的运动我就不需要说太多了。当它的腔室中尚未充满血液的时候,必然有一些血液从腔静脉进入右边腔室,并且从静动脉进入左边腔室,因为这两条血管里总是充满了血液,并且它们通往心脏的入口也不能闭上。但是,只要有两滴血以这种方式进入了心脏,一个腔室一滴,由于它们进入心脏所经由的开口非常宽并且它们所来自的血管也总充满了血液,这些血滴就会由于心脏中的热而变稀膨胀。以这种方式它们使得整个心脏膨胀,并且将它们所来自的血管入口处的五扇小门推上合拢了,这样就阻止更多的血液进入心脏。这两滴血继续变得越来越稀,它们推动并打开了另外两条血管入口处的另外六扇小门,由此而流出心脏,并且几乎在引起心脏膨胀的同一瞬间使得动静脉和大动脉的所有分支膨胀。在这之后心脏立刻收缩,这些动脉也要收缩,因为进入其中的血液变冷,它们的六扇小门又关闭了,而腔静脉和静动脉的五扇小门重新打开,【50】并且允许后面两滴血通过,这两滴血立刻使得心脏和动脉膨胀,与之前完全相同。正是因为这样流入心脏的血液要经过两个被称为心耳的囊,因此心耳的运动与心脏的运动正相反,当心脏膨胀的时候它们就收缩。那些忽视了数学证明的力量并且不习惯于区别真实推理与可能推理的人,很可能试图不检查就拒绝这个解释。为了防止这个情况,我要向他们建议:我刚刚解释过的心脏的运动,来自用肉眼就可以看见的心脏各部分的结构,来自用手指就能感觉到的心脏里面的热,来自通过经验就可以知道的血液的本性。这种运动就如同由钟摆与齿轮的力、位置、形状所决定的时钟的运动那般必然发生。

也许有人要问：为何静脉里的血液不断地流进心脏却不会枯竭呢？为何所有的血液由心脏流经动脉，动脉却从来不会太满呢？对这个问题，我给出的答复就是一位英国医生已经发表了的那些内容，他理应为自己在这个问题上的破冰行动受到赞扬。他第一个指出，在动脉的末端有许多小通道，正是经由这些通道，那些来自心脏的血液得以进入静脉的分支，并且再由静脉立刻回到心脏，这样血液的流动就是一个永不停止的循环。【51】他参考外科医生的常规经验有效地证明了这点：外科医生在一段已经切开的静脉上方松紧适度地捆绑手臂，使得血液比不捆绑手臂时流出得更多。但是，如果他在手臂的下方即在手和切口之间捆绑手臂，或者他在切口的上方紧紧地捆绑手臂，结果就完全相反。很明显，松紧适度的止血带可以阻止手臂里已有的血液通过静脉回到心脏，但是不能阻止新鲜血液通过动脉来到手臂。因为，动脉位于静脉的下面，并且动脉壁更坚硬因此更不容易被压缩；而且，来自心脏的血液带着更大的力量流向手，相比于血液通过静脉流回心脏而言。既然血液通过一根静脉的切口从手臂往外流，在止血带的下方也即靠近手臂的末端必然有一些通道，而血液从动脉经由这些通道而到达此处。他还对他的血液循环说给出了一个非常有力的证明：他指出有一些细小的薄膜沿着静脉不同部位以这样一种方式被安排，以至于它们不允许血液从身体中间部分流向末端，只允许血液从末端流回心脏。此外，他通过一个实验来证明其理论，这个实验表明，身体里的所有血液可以通过一根动脉——当它被切开时——在很短的时间里流出身体，即使这根动脉在靠近心脏的地方被紧紧捆住并且在心脏和止血带之间被切开，以至于【52】没有人有任何理由想象流掉的血液来自心脏以外的其他部位。

但是,有许多其他事实证明血液这样运动的真实原因是我说的那种。首先,我们看到流自静脉的血与流自动脉的血是不同的。这只能根源于这个事实:血液在经过心脏的过程中被稀化(rarefié)并且被精炼了(distilé),因此在离开心脏之后——也即处于动脉中的时候,相比于进入心脏之前——也即处于静脉中的时候,变得更精细(plus subtil)、更活跃、更热。如果你仔细观察的话,你会发现,这个区别在靠近心脏的地方比远离心脏的地方表现得更明显。还有就是构成动静脉和大动脉的膜更为坚硬:这就充分表明血液对它们的冲击比对静脉的冲击要大。为何心脏左腔以及大动脉应该比心脏右腔和动静脉更大更宽,难道不是因为,静动脉里的血液在流经心脏之后曾经在肺里面呆过,于是就比那些直接来自腔静脉的血液更精细也更容易稀化? 如果医生根本不知道,随着血液的性质改变了,相比于之前而言,它在多大程度及多大速度上被心脏的热所稀化,那么医生通过感受脉搏又能获知什么呢? 如果我们检查这种热是如何被传到身体的其余部分,我们不是必须承认,【53】这是通过血液在经过心脏时被重新加热并且从那里散布至全身才得以发生吗? 因此,如果我们把血液从身体某个部分清除掉,那么结果就是我们也赶走了那部分的热;即使心脏热得像一块发红的铁,除非它持续不断地将新鲜血液送至手和脚,否则它也不能让这些部位变热。于是,我们也由此知道了,呼吸的真实作用就是向肺部输送充足的新鲜空气,使得那些在心脏的右腔里已经被稀化且几乎转化为蒸汽的血液,在进入肺部之后立即变得浓厚,并且在回到心脏左腔之前再次变成血液。因为,如果不发生这个情况,那么血液就不适合充当心脏里面的火的燃料。观察以下情况就可以证实这一点:那些没有肺的动物的心脏里就只有一个腔,那些密封在母亲子宫里还不能使用自己的肺的胎儿,就有一个开口使得血液从腔静脉流入心脏左腔,还有一个管子使得血液从动静脉直接进入大动脉而无需绕道肺部。还有,胃部的消化作用如何发生,如果心脏不通过动脉将热量混合着血液中最流畅的部分——这部分血液有助于分解我们放入胃部的食物——一起输送到胃部? 如果我们考虑到出入心脏的血液每天也许被提炼不下一两百次,那不就很容易理解将这种食物的汁液转化为血液的活动了吗?【54】为了解释营养以及出现在身体里的各种体液之产生,我们还需要多做些什么呢? 我们只需要说,随着血液被稀化了,它携带着一股力量从心脏流向动脉的末梢,这样一部分血液就停在身体的各个部分,在那里驱赶并取代了血液的其他部分;而血液的一些部分之所以流入身体的某些部位而非其他部位,这取决于它们所遇到的孔隙的位置、形状以及大小,就好比那些带着大小各不相同的孔的筛子被用来分离不同的谷物。但是,所有这些事实中最值得注意的是动物精气(esprits animaux)的产生:它们就像一股非常精细的风,或者更像一团非常纯净而活跃的火焰,以很大的体量连续地从心脏进入大脑,然后从大脑通过神经进入肌肉,将运动传递到各肢体。血液中最灵动、最有穿透力因此也就适于组成精气的那些部分只通往大脑而不去别处。对于这一点我们不需要想象别的原因只需注意这个事实:它们通过那些直接来自心脏的动脉而被输送至大脑。因为,根据力学规律——这些就等于自然规律——如果许多物体一起朝一个地方运动而该处没有足够的空间将它们全部容纳,就如同来自心脏左腔的所有血液流向大脑,【55】那么最强壮的必定把最弱的并且最不灵活的推开,自己到达那个位置。

我在之前打算发表的那部论著中详细地解释了所有这些问题。然后,我揭示出,人体的神经和肌肉必须保持何种构成才会使得它们内部的动物精气强健到可以驱动肢体，就好比我们看到被割断的头颅尽管已经不是活的却继续乱动并且啃咬地面一样。我还表明，大脑里必须发生哪些变化才会使人清醒、睡着或做梦；光、声音、气味、味道、热以及关于外在对象的其他性质，如何能够借助感官的中介而将不同的观念印刻在大脑里；饿、渴以及其他内在激情如何也能将它们的观念送至大脑。并且我解释了，大脑的哪个部位用于"共通"感觉（le sens commun）以接受这些观念；哪个部位用于记忆以保存这些观念；还有哪个部位用于幻想（fantaisie），这种幻想同样能够以不同的方式改变这些观念，将它们组成新的观念，同样还能够将动物精气分散到各处肌肉，从而以许许多多各不相同的方式，并针对呈现在这些感官中的对象以及在它里面的各种内部激情而使身体各肢体得以活动，而不必意志的指引，就像我们身体的各部分一样。这些根本就不显得奇怪，在那些知道人的技艺可以利用很少的部分构造许多种自动机（automates）或活动的机器的人看来，【56】比较下来只是动物身体里的骨头、肌肉、神经、动脉、静脉和所有其他部分的数量非常大。因为，他们会将这个身体视为由上帝之手制造的机器，相比人设计的任何机器是无可比拟地合理有序，并且自身中包含的运动也比任何这类机器要奇妙得多。

我特别花了功夫去表明，如果任何这类机器拥有一只猴子或任何其他无理性动物的器官和外形，我们应该无从知道它们并不完全拥有同于这些动物的本性；相反，如果任何这类机器外形与我们的身体非常相似，并且为了各种实践目的尽可能相似地模仿我们的行动，我们应该还有两个非常确定的手段知道它们并不是真正的人。第一，它们永远不可能使用词汇，也没有任何将词汇加以组合而形成的意义记号，就像我们向别人宣布自己的思想所做的那样。因为,我们确实可能构想一台如此组构的机器,以至于它能说出词汇,甚至说出一些词汇对应于那些引起器官改变的行动。例如,如果你触摸它的某处它就问你对它有何需要,如果你触摸它另外一处它就叫喊你弄疼了它,如此等等。但是,根本无法构想的是,这台机器可以按不同的方式对词汇进行排列,从而【57】对于当下所说的任何内容给出一个意义恰当的回答,就像那些最愚蠢的人可以做的那样。第二,即使这类机器可以做许多事情,和我们做得一样好,也许更好,它们却不可避免地在别的事情上会失败,这就暴露出它们的行动不是出于知识,仅仅只是来自器官的布局。因为,理性是一个在各种场合都可以被利用的普遍工具,而这些器官为了每一个特殊的行动需要某种特殊的布局;因此,为了所有的实践目的,一台机器不可能拥有那么多不同的器官,以便它在生活中所有偶然场合的行动都采取我们的理性让我们采取的方式。

现在,仅仅由这两个方面我们也可以知道人和野兽之间的区别。因为,非常显著的是,没有人如此愚蠢痴呆——甚至包括那些疯子——以至于不会将各种词汇排列在一起并形成一句源于他们自己的话,以便他们的思想能够被理解;相反,其他任何动物,无论多么完满多么有天赋,都不可能做类似的事情。这种情况不能出现,并不是因为它们缺少必要的器官,因为我们看见喜鹊和鹦鹉也能像我们一样说出词汇,然而它们不能像我们那样说话:也就是,它们不能表示它们正在思考自己所说的内容。另一方面,有人生来既聋又哑,被剥夺了的【58】说话器官同于甚至超过了野兽,却常常发明出他们自己的记号,让自己被那些经常陪伴他们并且有时间去学习他们的语言的人所理解。这就表明,不仅仅是野兽比人拥有更少的理性,而是它们根本就没有理性。因为,显然只需要很少的理性就能够说话;既然在同一类动物相互之间能被观察到的不平等与人类相互间的不平等一样多,并且有些动物比其他动物更容易受训练,猴子或鹦鹉中最优秀的样本都不能像最愚蠢的小孩那样说话,甚至不能像大脑有缺陷的孩子那样说话,如果它们的灵魂不是完全不同于我们人类的本性的话,那真是难以置信。我们不应该将语言混同于表达激情的自然运动以及机器和动物都能模仿的自然运动。我们也不应该像某些古人那样以为,动物也说话,只是我们理解不了它们的语言。因为,如果这是真的,那么,既然它们拥有许多与我们的器官相对应的器官,它们就能够让它们自己既被我们也被它们的同伴所理解。还有一个非常显著的事实,尽管许多动物在它们的某些活动中表现得比我们灵活,然而同样的动物在许多别的活动中却根本没有任何表现;因此,它们做得更好的那些事情并不证明它们拥有任何心灵,因为,如果这点能证明的话,那么它们就会比我们中的任何一个【59】更有心灵了,并且会在所有事情上超过我们。这点能证明的不过是,它们根本没有心灵,是自然在它们里面按照它们的器官的布局而起作用。以同样的方式,那仅仅包含齿轮和发条的时钟能够计算小时并测量时间,比我们花尽心思计算要准确得多。

此后,我描述了理性灵魂,并且表示,它不同于我已经讨论过的其他东西,不可能以任何方式来自物质之潜能,必须特别地被创造。我还揭示出,"它待在身体里就好比舵手待在其船上"这个说法何以是不充分的,除了可以说明它驱动其肢体。相反,它必须与身体更紧密地连接并合一,这样才会不仅拥有运动能力,还会拥有与我们相似的情感和欲望从而构成一个真正的人。此外,我对灵魂这个主题再稍作讨论,因为它至关重要。因为,那些否认上帝的人所犯的错误,我相信我已经充分地驳斥过了,在那些错误之后,引导懦弱的心灵远离有德行的正道无非就是想象野兽的灵魂与我们的灵魂本性相同,因此此生结束之后,我们像苍蝇、蚂蚁一样没有什么可畏惧的或可期盼的。但是,一旦我们知道野兽与我们的差别有多大,对于那些关于我们的灵魂在本性上完全独立于身体并且一定不会与身体一起死亡的论证,我们就能更好地理解了。【60】既然我们不能看到毁灭灵魂的任何其他原因,我们很自然地被引导下结论说它是不朽的。

第六部分

我写完那篇包含这些内容的论著已经三年了。在我着手修改它以便交付出版的时候,我得知,有一些我很尊重的人,他们对我的行动的权威性几乎超过了我自己的理性对我的思想的权威性,他们不赞同另外有人稍早发表的物理学理论。我不会说我接受这些理论,只是说,在他们的审查之前,我没有在其中注意到任何我可以想象到的对宗教和政府有害的东西,因此也没有注意到任何东西阻止写作该书,如果理性使我对此抱有信心的话。这就使我担心我自己的理论中可能会有一些错误——尽管我一直怀揣着极大的谨慎,绝不采纳任何我没有得到确切证明的新意见,绝不写下任何可能对任何人不利的东西。这个担心足以使我改变了之前发布我的见解的决定。因为,尽管我已经有了非常强烈的理由做出这个决定,但是我禀有的那种使我不喜从事写作的倾向,促使我找到足够的借口改变决定。无论从哪方面来说,改变决定的理由都是【61】不仅我有兴趣在这里陈述的,而且也是公众有兴趣知道的。

我从未看重我自己心灵的产物;只要我使用这种方法能收获的唯一成果只是自鸣得意地解决了思辨科学中的一些困难,或者只是我试图根据我由此获知的原则来掌控我的行为,我就不认为我有责任就它写下只言片语。因为,说到行为,每个人都有一套自己的认知,如果允许由上帝授权统治人民的君主或那些被赋予足够的恩典与热情的先知之外的每个人都对这些事务进行革新,那么我们就会发现众人皆为改革家。说到我自己的思辨,尽管它们让我非常满意,可我认识到其他人自己也会有让他们自己更满意的想法。但是,一旦我在物理学中获得了一些普遍概念(notions generales),并且,当我开始在各种不同的特殊问题上检验它们的时候,我注意到它们可以导向何种结果,并且它们与至今还在使用的原则(principes)如何大相径庭,于是我相信,我做不到将它们保守为秘密,而不严重触犯那条迫使我们尽己所能地谋求人类福利的法则。因为它们使我睁眼看到了获取那些在生活中非常有用的知识的可能性,以及发现一种实践哲学以取代学院里正在讲授的思辨哲学的可能性。【62】通过这种哲学我们可以知道火、水、气、星星、诸天以及我们周围所有形体的力量和作用,就好像我们明晰地知道我们的工匠的各种手艺一样;并且我们可以像工匠使用他们的手艺那样使用这种知识来达到它所适宜的所有目的,并且由此使得我们成为自然的主人和掌控者。我们可以指望的,不仅仅是发明无数的设备,使得我们可以轻松地享受大地的果实以及在此出现的各种便利,而且更重要的还是保持健康,健康无疑是此生主要的善以及所有其他善的基础。因为,甚至心灵都是如此依赖身体器官的气质与布局,以至于我认为,如果有可能找到某些方法使得人总体上变得比目前更为聪明、更加灵巧,那我们就必须在医学里去寻找它。确实,当下医学实践中没有包含多少有用的东西;但是,我根本不打算贬低医学,我确信,没有一个人——即使在执业医师中间——不会承认,我们在医学里知道的所有知识与那些未知的知识相比几乎等于零。并且我确信,我们可以免除无数的身体以及心灵上的疾病,甚至可以免除由年老带来的虚弱,如果我们充分地了解了各种疾病的起因以及自然提供的所有治疗。然而,随着我打算【63】将自己的生命奉献给追求这种必不可少的知识,我发现了一条道路,我以为这条道路不可避免地会引导人达到这种知识,除非受到生命之短暂或实验(experiences)之缺乏的阻碍。我断定,对抗这两大障碍的最好的补救,就是诚实地向大家交代我已有的一点发现,并且敦促邀请最优秀的心灵继续尝试,每个人按照各自的倾向和能力,投入到必要的实验中,并将他们所学到的东西与公众交流。这样,通过继承前人的工作并且结合许多人的生命和劳动,我们可以一起努力取得更大进步,远超过任何人自己所能取得的进步。

我还注意到,关于实验,我们在知识中取得的进步越大,就越需要它们。因为起初,我们宁可诉诸那些自发地呈现在我们感官面前并且只要我们稍作反思就不可能不认识的内容,而不要去寻求那些异乎寻常的、更费努力的内容。这样做的原因是,在我们尚不清楚那些异乎寻常的实验之更为普遍原因之时,它们很容易误导我们,并且它们所依赖的因素几乎总是非常特殊非常微妙以至于很难辨认它们。但是,我在这个问题上所遵循的次序是这样的。首先,我试图发现【64】存在于或能够存在于世上的一切事物的普遍原则(en general les Principes)或第一因(Premieres Causes)。为达到这个目的,我考虑的只是创造了这个世界的上帝;并且我仅仅从自然地处于我们灵魂中的真理之种子出发推出这些原则。接下来,我检查了可以从这些原因推演出来的最初的以及最常见的结果。在我看来,以这种方法我揭晓了诸天、星星、地球,还有地球上的水、气、火、矿物以及其他这类东西,它们是所有事物中最常见的、最简单的因此也是最容易认识的。然后,当我想要下降到更为特殊的事物之时,我遭遇到如此大的多样性,以至于我并不认为人类心灵有可能把存在于地球上的形体之形式或属类(Especes),与无限多其他可能存在的事物——如果上帝的意志将它们放置于地球上的话——相区分。因此也不认为可以使它们为我们所用,如果不是由结果(effets)回溯至原因,并且从事许多特殊的实验的话。现在,回顾我心灵中所有曾经呈现给我的感官的对象,我大胆地说,我从未看到其中有任何东西是我不能用我已经发现的原则就能轻松地解释的。但是,我也必须承认,自然的能力是如此强大广阔,而这些原则又是如此简单普遍,以至于我几乎不再注意到,任何一种我起初不了解的特殊结果能够【65】以许多不同的方式从那些原则推演出来;而我的最大困难通常就是要去发现,它到底以这些方式中的哪一种方式而依赖它们。因为我知道想发现这一点没有其他的途径,只能通过寻求进一步的实验,这些实验的结果根据这些方法所提供的关于这些实验的这种或那种解释而各不相同。此外,我现在已经达到这样一个关键点,在此我以为我可以非常清楚地看到,在创造那些可以服务于这个目的的大多数实验的过程中我们应该遵循什么样的界线;但是我也看到,它们是数量如此多的一类,以至于无论是我的双手之灵巧还是我的收入——即使我的收入超过目前一千倍——都应付不了所有的实验。因此,我在关于自然的知识中取得的进步,将取决于我能得到的创造这些实验的机会是多些还是少些。我决定在自己已经写完的那本著作中让大家知道这一点,并且清楚地揭示出公众如何能够从这类知识中获益。这就可以迫使所有渴望人类共同福祉的人——也就是所有真正有德行的人,而不是仅仅看上去有德行或者被传闻有德行的人——既向我传达他们已经创造的实验,也帮助我寻找那些有待去创造的实验。

但是,那以后一些其他考虑使得我改变了心思。我不得不认为,我必须继续写下任何自己认为重要的东西,只要我发现了它的真理,还有就是,如果我打算出版我所写的东西,那我就应该更为小心地对待它们。【66】因为,这就给了我更多的理由去仔细检查它们,就好比我们无疑总是更仔细地查看我们认为别人会看到的东西,相比于那些我们仅仅写给自己看的东西;而且,那些我最初构想的时候看上去为真的东西,常常在我试图把它写在纸上的时候就成为假的了。这个计划还可以确保的是,我既不会失去我可能有的造福公众的机会,还可以让那些在我死后获得我的著作的人能够最为恰当地利用它们,假如我的著作还有点价值的话。但是我决定决不在我活着的时候同意出版它们,这样既不会有它们所引起的反对和争论,也不会有它们为我挣得的荣誉来浪费我计划用于自我教育的宝贵时间。因为,尽管每个人一定要尽己所能地为他人谋福利,并且一个对任何他人都没有用处的人严格说来是毫无价值的。可是同样确实的是,我们的目光应该超越当下,如果我们的目标是做一些福泽后代的事情,那么忽视一些也许惠及今人的事情也是好的。无论如何,我愿意承认,迄今为止我已经收获的一点知识,与我尚不知道并且希望能够知道的知识相比,几乎等于零。那些在科学中逐渐发现真理的【67】人,就好像那些发财致富人,当他们还很穷的时候想赚一点钱都要大费周折,一旦开始富起来就会发现不费力气也能大把赚钱。或者也可以把他们比作那些军队首领,其实力总是与胜利成正比增长,在一次败仗之后需要更多的技巧来坚守阵地,而一次胜利之后则比较容易占领城池。因为,试图克服所有妨碍我们认识真理的困难和错误,其实就和打仗一样:每当我们在一个具有普遍意义的重大问题上接受了某个错误的意见,我们就输了一场战斗,我们就需要在之后花费更多的心机来重新获得之前的阵地,而一旦我们已经掌握了坚实可靠的原则,我们就不必向前推进很多。说到我自己,如果说我已经在科学中发现了一些真理(我希望本书的内容可以保证我已经发现了某些真理的这个判断),我可以说,这些发现仅仅源于并且取决于我在战斗中有好运在身边,攻克了五到六个难题。我甚至敢大胆地说,我只需要另外再打赢两到三场这样的战斗,就可能全面实现我的目标,并且我还不算年事已高以至于在正常的自然进程中没有时间去做这些。【68】但是,我越是感到有希望能够有效利用剩余的年岁,我越是觉得有责任仔细地安排我的时间;而且,如果我发表了我的物理学的基础原理,那无疑会出现许多浪费时间的机会。因为,尽管这些原理几乎全都是非常明确的,只需要理解了就会相信,尽管我认为我可以证明所有原理,然而,由于它们不可能与其他人的所有不同的意见相一致,我预见它们引起的争论将会常常骚扰我。

也许有人会说这种争论是有益的。争论不仅可以让我意识到我的错误,而且可以让他人更好地理解任何我可能发现的有价值的东西;而且,既然许多人比单个人能看到更多东西,因此这些他人也许开始利用我的发现,并且用他们的发现来帮助我。但是,尽管我承认我非常容易犯错,并且我几乎从不信任自己的那些最初冒出来的想法,但是,我在那个时刻还是很熟悉那些很可能被提出来的反驳,这些反驳使我根本不期望从它们那里有所获益。因为,我已经充分体验过各种评判,不仅出自我视为朋友的人,也出自我认为和我无甚关系的人,甚至出自其他一些人,我知道这些人的恶意和嫉妒会充分暴露连我的朋友也无从得知的感情。但是,几乎没有发生过的是,有一种被提出来的反驳是我完全没有预料到的,

【69】除非它实在太离谱了。这样，我遭遇的所有批评我的观点的人，几乎都显得或者不如我严谨或者不如我自己公正。我也从未观察到，任何从前未知的真理，是通过经院各派践履的争论而被发现的。因为，只要每一方都追求获胜，更多的努力都用于确定似真性(la vraysemblance)，而不是衡量赞同以及反对的理由；那些长期充当优秀出庭律师的人，并不必然成为更好的法官。

说到其他人由传播我的思想可能获得的好处，也可能没有那么大。因为，我还没有让这些思想充分发展：在将它们运用于实践之前我还需要添加很多东西。我觉得我可以毫不自负地说，如果任何人能够做这些添加，那必定是我自己而不是其他人。不是说世上没有许多心灵无可比拟地胜过我的心灵，而是因为，任何人从他人那里学习知识，都做不到彻底领会，并且把它转化为自己的知识，比起他自己去发现知识。在这方面这一点尤其真实：尽管我曾经常常向一些非常聪明的人解释我自己的一些观点，在我向他们诉说的时候他们显得非常明晰地理解了它们；但是，一旦他们重复这些观点，我注意到，他们几乎总是严重地改变了它们，以至于我不再承认它们是我自己的观点。出于这个原因，【70】我很想恳求后人，永远不要相信我是他们听到的任何一种意见的源头，除非我自己发表了它。对于那些被归结为所有我们不能拥有其著作的古代哲学家的荒谬观点，我丝毫不觉得吃惊；我也不会由此就说他们的思想是极为不合理的。既然他们是他们那个时代的一些最优秀的心灵，我宁愿下结论说他们的思想被误传了。我们也看到，几乎从未发生过他们的继承者超越他们的事情；我非常肯定，当代那些最热烈的亚里士多德追随者，如果拥有和亚里士多德一样多的自然知识，就会自视非常幸运了，即使在他们永远不能知道得更多的情况下。他们就好像常春藤一样，永远不会努力爬得比那些支撑它们的树更高,甚至经常在达到树冠之后向下逆行。因为,在我看来,那些逆行的人,也就是说,那些把自己变得比不从事研究还更缺乏智慧的人,他们不满足于仅仅知道他们的创始人著作中被清楚地解释过的一切,而是希望在那里另外找到针对许多他并未说过甚至从未想到的问题的解答。但是这种研究哲学的方式非常适合于那些才智平庸的人,因为他们所使用的区分和原则是模糊的,这就使得他们能够大胆地谈论一切,好像他们真的知道,【71】又为他们所说的一切辩护,反对最敏锐最聪明的思想家,任何人都无法说服他们。在这方面,他们看起来像一个盲人,为了与那个能看见的人打架而不处于劣势,就引诱那个人进入黑暗的地窖深处。我可以说,我克制自己,不发表我所使用的哲学之原理,就会让这些哲学家满意。因为,我的原理是如此简单明确,以至于发表它们我就打开了窗户,并且容许日光进入到他们潜入打架的地窖。但是,即使最优秀的心灵都没有机会希望知道我的原理。因为,如果他们想要能够谈论所有这些事物,并且获得博学的美名,他们可以更为轻松地达到这个目的,只要继续满足于那种在各类主题中可以不费太多周折找到的似真性,而不是寻找真理;因为真理只是在某些主题中一点一点地显露出来,这就迫使我们坦率地承认,我们对其他主题所涉及的领域是无知的。但是如果他们更喜欢关于少数真理的知识,而不是看上去无所不知的自负——无疑前者更让人喜欢——并且如果他们希望跟从一个类似于我的计划,那么,在这种情况下,我需要告诉他们的不过是我在这本论著中已经说过的。因为,如果他们能够比我取得更大的进步,他们将更有可能自己来发现我以为我已经发现的一切。由于我已经以一种有序的方式检查了每样东西,可以肯定的是,那等着我去发现的东西【72】,一定比我至今能够发现的东西更为困难和隐蔽;他们从我这里获知它，一定比他们自己获知它少了一些快乐。此外，先研究容易的问题，然后逐渐转移到更困难的问题，借此他们会获得一种习惯，该习惯比我的所有指令对他们更有益。拿我自己来说，我可以确信，如果从幼年起我就被传授了所有我一直力图证明的真理，并且毫无困难地学会了它们，那么我也许永远不会知道其他东西，或者，至少我永远不会获得一种我以为我拥有的习惯和才能，一种每当我致力于寻求真理的时候就总能发现新的真理的习惯和才能。总之，如果世上还有一种工作除了开创者没人能好好完成，那就是我正在从事的这项工作。

至于那些确实能在这项工作中发挥作用的实验，确实是一个人不可能全部做完的。但是，一个人也不能有效地使用自己之外别人的双手，除非是那些匠人的手，或者那些他可以雇佣的人的手，这些人可以被赚钱的希望——一个最有效的动机——引导着严格地按照他的命令去做。至于那些自愿帮忙的人，也许是出于好奇或求知的渴望而去帮助他，通常总是承诺多于实干，提出一些永远没有成效的漂亮建议。【73】还有，他们不可避免地希望有些回报，向他们解释一些难题，或者来几句恭维话和无意义的闲聊，结果不过是浪费了他的时间。至于说别人已经做过的实验，即使他们乐意将它们传达给他——那些称它们为"秘密"的人绝不肯这样做——这些实验的大部分内容一定充满了繁杂的细节和多余的成分，以至于他将要非常艰难地从其中辨认出真理。此外，他还会发现，由于那些做实验的人急切地想让它们看上去符合他们的原理，几乎所有这些实验都被解释得非常糟糕，甚至被错误地解释了，他还要花时间去挑出那些他可能觉得有用的实验，这完全是不值得的。因此，如果世上真的有那么一个人，我们确切地知道他能够做出最重大的、造福公众的发现，并且相应地其他人热切地在各个方面帮助他达到这个结果，我看不出来，除了资助用于实验所必需的费用，并且阻止不受欢迎的拜访者浪费他的时间，他们如何还能为他做点什么。但是，我还没有妄自尊大到想要承诺任何特殊的贡献，或者怀着如此自负的想法以至假设众人都应该对我的计划充满兴趣。除此之外，我还没有卑鄙到愿意从任何人那里接受【74】一份也许我被视为配不上的恩惠。

　　三年前，所有这些考虑加起来，使得我决定不要发表我那时已亲手完成的著作，并且让我下决心，在有生之年不发表任何通用于各个范围，或者据此可以理解我的物理学之基础的著作。但是，那之后，另有两个理由迫使我在此收集几篇讨论特殊论题的文章，并且向公众解释我的行动和计划。第一个理由是，如果我不这样做，许多得知我之前打算发表著作的人也许会假设，我不发表著作的原因比实际情况更有损我的名誉。因为，尽管我并不过度爱荣耀，事实上或者甚至我敢说，我讨厌它，因为我认为它会妨碍我最为看重的宁静；但是，我从未试图隐藏自己的行动，如同犯了法那样，或者小心翼翼不让人知道。因为，如果我已经这样做了，我认为我对自己不公平，而且这样会给自己带来某种不安，这种不安又与我正在寻找的心灵的平静相冲突。既然我对自己是否出名所持的冷漠态度却使得我不可避免地要获得某种名声，我想我应该尽力至少不要落个坏名。另一个迫使我写这本书的理由是，【75】由于需要那些没有他人的帮助我不可能完成的无数的实验，我的自我教育计划正在被迫推迟，每天我越来越清醒地意识到这一点。尽管我没有自以为是到希望公众可以和我有同样的兴趣，然而我同时也不愿意对自己如此不忠诚，让我的后来者有一天有理由指责我说，如果我没有疏于让他们理解他们如何能够为我的计划出力，那么我原本可以给他们留下许多更好的东西。

我以为，我还是可以很方便地选出几个主题，在既不会引起高度争论，也不会迫使我更多地揭示我不愿意揭示的原则的情况下，它们仍然可以非常清楚地表明，在这些学科中我能收获什么，不能收获什么。我不能说我是否在这方面取得了成功，我也不希望在任何人对我的著作下判断之前，自己就对它们大发议论。但是，我会非常高兴，如果它们得到考察。为了提供更多的考察机会，我恳请有任何反对意见的人费心将它们送至我的出版者，一旦他将它们告知我，我将同时附上我的答复，这样读者就可以一起看到两个方面，并且更容易确定真理。我不能承诺给出很长的答复，而仅仅是在我认识到我的错误的情况下诚恳地承认它们；【76】在那些我不能看到错误的地方，我将会简单地说出我认为辩护我的观点所需的东西，而不是引出任何新的材料，以免被无休止地拖入一个又一个话题。

如果任何人震惊于我在《屈光学》（*Dioptrique*）和《天象学》（*Meteores*）开头所做的一些陈述——因为我称它们为"假设"（suppositions）且显得不关心对它们的证明——希望他们有耐心仔细地读完整本书，我相信他们将会感到满意。因为，我将我的推理如此紧密地相互连接，以至于最后的被最初的也即它们的原因所证明，正如最初的反过来被最后的也即它们的结果所证明。不能够认为我此处犯了逻辑学家所谓的"循环论证"（cercle）的错误。因为，由于经验表明这些结果中的大多数是非常确定的，而我由以推出结果的那些原因，与其说是要证明它们，不如说是为了解释它们；确实，正好相反的是，恰恰是原因被结果证明了。我称它们为"假设"，仅仅是想让大家知道，我认为我可以从上面解释过的基本原理中推出它们；但是我刻意避免这么做，目的就是防止某些头脑灵活的人，立足于那些他们以为来自我的原理来建构某种夸张的哲学,却把责任归咎于我。这些人想象他们可以用一天就学会别人花掉二十年才想出来的东西,只要别人仅仅告诉他们两到三个相关的词语;相反,【77】他们越是敏锐尖利,就越容易犯错,越不能发现真理。至于那些完全属于我的意见,我并不为它们的新奇道歉。如果它们的理由被好好地考虑了,我确信大家会发现,它们是如此简单、如此符合常识,相比于人们在同样主题上可能持有的其他见解,它们显得更少一些夸张和古怪。我并不吹嘘自己第一个发现它们,我只是宣称,我接受了它们,并不是因为它们已经被或尚未被其他人表达出来,而仅仅因为理性使我相信它们。

如果工匠不能立即将《屈光学》中的那个发明付诸实践,我并不认为因此就可以说它是有缺陷的。因为,制造和调节我描述过的那个机器,需要相当程度的机智和积累,尽管我的描述没有遗漏任何细节;但是,如果他们一出手就成功了,我反倒觉得震惊,不亚于看到一个人得了一张指法图就在一天内学会了弹一手好琉特琴。如果我用我的母语法文写作,而不用我的老师们的拉丁文,是因为我希望,那些仅仅使用他们完全纯粹的自然理性的人,会比那些仅仅相信古书的人能够更好地判断我的意见。至于那些将良知与应用相结合的人——这是我希望【78】拥有的唯一法官——我确信,他们不会如此偏爱拉丁文,以至于仅仅因为我用本国语言就拒绝倾听我的论证。

至于说剩下的东西,我并不想在此详谈我希望未来在科学中取得的更多进步,或者做出任何我不能确保实现的承诺而将自己置于众目睽睽之下。我仅仅说,我已经决定将余生只奉献给一样事情:试图获得一些关于自然的知识,由此我们可能推出一些医学中的规则(des regles pour la Medecine),这些规则比我们至今所拥有的那些规则更可靠。而且,我的倾向使我如此强烈地反对所有其他的计划,尤其反对那些仅仅通过伤害一些人才能助益另一些人的计划,以至于,如果环境迫使我从事这类职业,我并不认为我能够胜任。关于这一点我在此做一个公开声明,我充分认识到它不能用来助我在此世声名显赫;但是我对此根本没有欲望。而且,我将一直更为感激那些开恩让我得享不被打扰之闲暇的人士,而不是那些赐予我尘世中荣耀地位的人士。

第一哲学沉思集[①]

① 译注:《第一哲学沉思集》是笛卡尔用拉丁文撰写的,1641 年在巴黎首版,标题是:"第一哲学沉思集,其中证明上帝实存及灵魂不朽"(*Meditationes de Prima Philosophia in qua Dei existentia et animae immortalitas demonstrator*)。这本书次年在阿姆斯特丹再版,标题是:"第一哲学沉思集,其中证明上帝实存及人的灵魂与身体之间的区别"(*Meditationes de Prima Philosophia in quibus Dei existentia et animae humanae a corpore distinctio demonstrator*),除标题外,再版的修改并不多,AT 版的《笛卡尔全集》第七卷所收的就是阿姆斯特丹再版。1647 年,这本书被翻译成法文出版,这个法文本得到了笛卡尔的认可,被学界称为法文第一版,收在 AT 版的《笛卡尔全集》第九卷。法文本与拉丁文本分段有很多不同,且在不少句子中增加了同位语和修饰语。笔者的翻译参考了如下文献:René Descartes, *Meditations on First Philosophy*, tr. by Michael Moriarty, Oxford University Press,2008; René Descartes, *The Philosophical Writings of Descartes*, Vol. II, tr. by John Cottingham, Robert Stoothoff, Dugald Murdoch, Cambridge University Press,1984; René Descartes, *Œuvres de Descartes*, Vol. VII, publiées par Charles Adam et Paul Tannery, Paris, Leopold Cerf, Imprimeur-Editeur, 1904; René Descartes, *Œuvres de Descartes*, Vol. IX, publiées par Charles Adam et Paul Tannery, Paris, Leopold Cerf, Imprimeur-Editeur, 1904。本译本标注的页码来自 *Œuvres de Descartes*, Vol. VII,分段同样按照这个版本,法文本增加的内容大多在脚注中标出,少数在正文中用尖括号标出。

致巴黎神学院的信

致最为博学杰出的人们，巴黎神学院的
院长及博士们，来自勒内·笛卡尔。

（AT VII）【1】我有很好的理由将这本书献给你们，而且我确信，一旦你们理解了我撰写它的目的，你们将会有同样好的理由将它置于你们的保护之下；鉴于此，我在此推荐它的最好办法是简短地说说我的目的。

我一直以为，有关上帝（Deo）和灵魂（Animâ）这两个问题是那些应该借助哲学（Philosophiæ）而非神学（Theologiæ）来予以清楚证明的主题中最重要的两个。因为，我们这些信仰者【2】凭信仰就足以接受人的灵魂不和身体（corpore）一起死亡以及上帝实存（Deumque existere）；然而无信仰者显得确实不能被宗教真理、甚至很少被任何道德价值说服，除非自然理性（ratione naturali）向他们证明了这两条首要真理。既然在此世邪恶获得的回馈常常大于德行，如果不是害怕上帝或者有来世的期盼，很少有人喜欢正确而

非有用的东西。当然,千真万确的是,我们应该相信上帝实存,因为这是《圣经》的一个教义,并且反过来说,我们必须相信《圣经》,因为我们从上帝那里得到它——因为,既然信仰是上帝的礼物,那个给予我们恩典去相信其他东西的上帝也能给予我们恩典去相信祂实存——可是,向无信仰者宣称这个没有用处,因为他们会称之为循环论证(circulum)。而且,我确实已经注意到,不仅你们和所有其他神学家都断言上帝实存是能够被自然理性证明的,而且从《圣经》中也能推出,关于上帝的知识比关于许多受造物的知识更容易获得:事实上是如此容易以至于没有获得这种知识的人只是由于自身的过错。根据《智慧篇》第 13 章中的这段话,这一点非常清楚:"他们仍然不能推辞无过:以为他们既然能知道得如此渊博,甚至能探究宇宙,为什么不能及早发现这些东西的主宰?"还有《罗马书》第 1 章也说他们是"无可推诿"。在同一章"认识上帝于他们是很明显的事"这段话中,我们似乎被告知,关于上帝能被认识到的一切,都能够被各种仅仅源于我们自己心灵(mente)的推理所揭示。那么,这是如何可能的? 上帝又何以比世上其他东西更容易被认识? 我以为探究这些问题不是不合适的。

　　说到灵魂,许多人认为发现其本性(naturam)【3】是不容易的,有些人甚至胆敢断言,人类理性说服我们相信灵魂随着身体一起死亡,我们仅凭信仰才相信相反的观点。但是,利奥十世主持的拉特兰大公会议第八次会议谴责了这些人,明确责成基督教哲学家反驳他们的论证,并且尽全力证明这一真理;于是,我也毫不犹豫地尝试承担这个任务。

　　此外,我知道,许多不虔敬之人不愿意相信上帝存在(Deum esse)以及人的心灵(mentemque humanam)有别于身体,他们所说的唯一理由就是,这两个观点迄今没有被任何人证明。我根本不同意他们这个说法：相反，我以为，那些伟大的人物在论辩中提出来的几乎所有的推理，只要得到合适的理解，就会有论证的威力，而且我几乎不能让自己相信还能发现尚未被其他人提出来的论证。虽然如此，我以为，在哲学里能获得的最大收益就是，一劳永逸地仔细地搜寻一遍任何人提出来的最好的论证，并且清楚而准确地陈述它们，以便今后大家一致同意它们拥有论证的威力。最后，既然有些人知道我已经发展出一个用于解决科学中所有困难的特别方法——其实这并不是一个新方法，因为没有什么比真理（veritate）更古老了，不过他们看见我运用这个方法在其他领域获得一些成功——于是他们强烈要求我去做这件事；因此，我认定，我有责任也在这个领域中做一番努力。

【4】我能取得的一切收获都在眼前这本论著中。我在书中并没有尝试将所有能被推出来证明这两个观点的不同论证都收集在一起，因为这样做显得没有必要，除非没有一个论证被视为充分确定。但是我以这样一种方式进入那个基本的、最重要的论证，以至于我现在敢冒险将它们作为最确定和明确的（certissimis & evidentissimis）论证而提出来。我还要说的是，它们就是这样一类论证，以至于我不认为还有其他途径可以让人类理智发现更好的论证了。这个问题之必要性，以及上帝之荣耀——整本书就是为此而写的——迫使我在此以不同于平常的方式更为自由地谈谈自己的作品。但是，尽管我认为这些证明非常确定且明确，我不能因此就告诉自己它们适于被所有人掌握。但在几何学中，阿基米德（Archimedes）、阿波罗尼乌斯（Apollonius）、帕普斯（Pappus）以及其他人留下的许多论证被所有人都视为明确确定的，因为它们包含的每项内容，如果单独考察的话都是非常容易认识的，并且后面的部分都完全契合前面的部分；然而，由于它们有些长，并且要求非常

专注的读者，它们实际上只被很少的人掌握。同样，我在此使用的证明之明确确定，尽管在我看来就算不超过至少也同于几何学证明，我还是担心许多人不能充分明确地把握它们，一方面是因为它们确实太长且一部分依赖另外一部分，更主要是因为，它们需要心灵能够完全摆脱偏见，并且可以很快地远离感官（sensuum）之缠绕。确实，这世上擅长形而上学（Metaphysicis）的人不会多过擅长几何学（Geometricis）的人。并且【5】这二者之间还另有一个不同。在几何学中每个人都信服这点，未经严格的论证没有什么可以作为规则被写下来，因此不熟练者更常犯的错误是证明虚假的东西——由于他们想要被当作已经理解了它——而不是反驳真实的东西。相反，哲学中持有的信念是一个人可能从两个方面来论证任何问题，于是少数人才追求真理，而大多数人则是通过大胆挑战那些最可靠的观点来寻求天才的盛名。

因此，无论我的推理的价值几何，因为它们处理哲学问题，我根本不指望它们会有很大的影响，除非你们以你们的庇护来帮助我。贵院的声望在所有人心中如此之稳固，而索邦（Sorbonæ）的威名又如此之盛，以至于，不仅在信仰的问题上，历届神圣的大公会议之后再无一群人发挥的影响超过你们，而且在属于人的哲学这个领域，也找不到一处在下判断的时候有着超过你们的敏锐、精确、完整、智慧。鉴于此，我毫不怀疑，如果你们屈尊关心这本书的话，也就是说，首先你们去纠正它——因为留心到我只是人并且尤其是我的无知，我不敢宣称它不包含错误。其次，碰到任何有缺漏、不完善或者需要进一步解释的部分，你们补充它、完善它和澄清它，或者向我指出这些缺点以便我自己承担这个工作。最后，一旦书中证明上帝存在以及心灵有别于身体的论证达到了我相信它们可以达到的清楚程度，【6】以至于它们可以被视为非常精确的论证,此刻你们愿意宣布出来,并且向公众证明这一点。我毫不怀疑,如果所有这些都发生了,曾经存在于这些问题中的所有错误将迅速地从人们的心灵中清除。因为,真理自身很容易让那些聪明博学之人赞同你们的判断;而你们的权威会引导那些无神论者——他们通常比真正聪明博学之人更会佯装有学问——放下对立情绪,甚至有可能支持那些他们知道聪明人也认可了的推理,以免显出不能理解它们的样子。最后,其他所有人将会很快相信如此多的声明,这世上再没有人胆敢置疑上帝之实存和人的灵魂与身体之间的实在区别。这将会多么有益,你们凭着你们杰出的智慧将会比其他人对此做出更好的判断;似乎我也不合适进一步向你们推荐上帝及宗教的起因,因为你们一向是作为天主教会最坚固的支柱。

致读者的前言

【7】关于上帝和人类心灵这两个话题，我已经在1637年出版于法国的《谈谈正确引导自己的理性并且在各门科学中寻找真理的方法》那本书中简短地讨论过了。我在那本书中的目的不是详细讨论它们，而是提供一个先例，以便我可以由读者的反应来获知随后应该如何处理这些话题。这些问题在我看来是如此重要，以至于我判断应该不止一次讨论它们；而且我的解释所遵循的路线是如此人迹罕至且远离常轨，以至于我认为，在一本以法语写成的书中详细阐释它以便所有人都来阅读，这是无甚益处的，我担心理智孱弱的人认为他们也该踏上同样的道路。

在那本书里，我请求凡是在我的书中发现值得批评之处的人要仁慈地向我指出来。就我对这些问题的讨论而言，大家只向我提出两个值得提起的反驳，在开始更彻底地解释这两个问题之前，我在此简短地答复它们。

第一个反驳是：尽管人的心灵（mens）在指向【8】自身的时候只能将自己知觉（percipiat）为一个思维的东西，但是由此推不出它的本性或本质（essentiam）纯粹在于它是一个思维的东西，纯粹

（tantùm）这个词在此排除了其他一切可以说是属于灵魂（animæ）本性的东西。我对这个反驳的回答是：在那个地方，我并不希望从事情的真实情况（ipsam rei veritatem）（这不是我在那个阶段所处理的）这个角度，而仅仅从我自己的知觉（perceptionem）这个角度来排除这些其他东西，因此我的意思是，除了我是一个思维的东西（res cogitans），或者一个自身中拥有思维功能的东西，我根本没有意识到任何我以为属于我的本质的东西。但是，在现在这本书中，我将表明，由我意识到没有其他东西属于我的本质这个事实，如何推出实际上真的没有其他东西属于它。

另一个反驳是：由我里面有一个比我自己更完满的东西的观念这个事实，推不出观念自身比我更完满（perfectiorem），更不用说观念所表象（repræsentatur）的东西实存了。但我的答复是，此处观念（ideæ）这个词意义模糊。观念可以是在质料意义上的（materialiter），作为理智的活动，它不能被说成比我更完满。另一方面，它也可以被客观地（objective）理解为那个活动所表象的东西；即使这个东西并没有被视为实存于我的理智（intellectum）之外，它仍然可以凭借其本质而比我自己更完满。至于说，仅仅由一个比我更完满的东西的观念在我里面这个事实，如何推出这个东西真实地实存，这是我接下来要充分解释的内容。

除了这些反驳，我还看到两篇相当长的文章，但它们攻击我的证明要少于攻击结论，而且使用的论证来自无神论者的【9】一堆陈词滥调。而且，既然这类争论对那些理解我的证明的人而言没有可信度——此外，许多人的判断力是如此愚蠢和微弱，以至于他们更容易被他们最初碰到的观点说服，不管它是多么虚假和不合道理，却不愿意相信他们后来遇到的真实的、不可动摇的反驳——因此我不希望在此回应它们，由于这样做我就必须首先陈述它们。

我仅仅给出一个概括性的要点,无神论者翻来覆去地攻击上帝实存的那些反驳,总是取决于以下两点之一,或者在上帝之中想象人类的情感,或者宣称我们自己的心灵如此强大明智以至于我们可以试图决定并理解上帝能够或应该做的一切。因此,只要我们记住我们的心灵必须被视为有限的,而上帝是无限的并且超出了我们的理解力,这些争论就不会给我们带来任何困难。

但是,现在,既然我已经一劳永逸地审查过大家的反应,我再次来对付有关上帝与人类心灵的这些问题,并且同时还要处理整个第一哲学的基础。但是,我将以这种方式来做这件事,以至于我不应该指望大众的赞同以及大量的读者。我会走得如此之远,以至于我要说,我不会寻求任何人读这本书,除非是那些能够并且愿意和我一起进行严肃沉思,并且让心灵从感官以及所有成见中抽离出来的人。我很清楚,这类读者相当稀少。而至于那些不肯费力把握我的这些论证的线索以及相互之间的关联,【10】仅仅试图在个别句子里挑毛病的人——正如当下流行的那样——绝不会因阅读这本书而有任何益处;他们也许会发现许多机会吹毛求疵,却不容易提出一些引发真正困难或值得答复的反驳。

但是,我确实不会向其他类型的读者承诺,首次阅读就可以让他们彻底满意,并且我也没有傲慢到相信我能够预见到所有让人感到困难的地方。因此,在这本《沉思集》里,我首先要解释那些特殊的思想过程,正是借助它们的帮助,我以为我已经达到了关于真理的确定、明确的知识,这样我就可以来测试一下,我是否能用那些说服了我的论证来说服他人。但是,之后我将答复来自智力及学识都超群的几个人的反驳,这些沉思在付印之前已经被呈送给他们受审。因为他们提出的反驳是如此多、如此各不相同,以至于我大胆地希望,任何他人很难再想到这些批评者尚未触及的任何问题——至少是有点意义的问题。因此,我请求我的读者,在费心读完了所有这些反驳以及我对它们的答复之前,不要对这本《沉思集》下判断。

六个沉思的内容提要

【12】在第一沉思中，我提出了我们可以怀疑一切——尤其是物质性的东西（materialibus）——的理由：那就是，对于各门科学只要我们没有别的基础，除了目前已有的那些之外。尽管如此广泛的怀疑的各种好处乍看并不明显，但它的最大益处在于使我们摆脱了所有偏见，并且开辟了一条非常轻松的道路使得心灵可以远离感官。最终，它意味着，我们再不必进一步怀疑我们随后发现为真的一切东西了。

在第二沉思中，心灵运用自己的自由，假设其实存哪怕受到最轻微怀疑的所有事物都是不实存的，并且心灵意识到，这件事情不可能发生除非与此同时它自己实存。这样做也是极为有益的，既然借此心灵可以很容易区别，什么东西属于其自身也即属于理智的本性，什么东西属于形体（corpus）。① 但是，因为有些人也许期望在此有一些灵魂不朽（animæ immortalitate）的论证，我认为我应

---

① 译注：在笛卡尔这里，"身体"与"形体"是同一个词（corpus），这一点让笔者非常纠结。笔者只是在有些能够确定指代人的身体的情况下译成"身体"，在大多数不是非常明确的地方都译成"形体"。

该立刻提醒他们,【13】在这本书中我努力不写下我没有确切证明的东西。因此我只遵守几何学家通常采用的次序:在得出有关命题本身的任何结论之前,我先处理我们正在探讨的命题(propositio)必须依赖的每一个前提。而发现灵魂之不朽的第一个也是最重要的前提就是,我们必须形成一个关于灵魂的概念(conceptum),这个概念要尽可能清楚,而且完全不同于关于形体的任何概念;这就是这一部分所做的工作。进一步,我们还必须知道,我们清楚明晰地理解(clare & distincte intelligimus)到的一切就是按照我们所理解的那样是真实的;但是在第四沉思之前不可能证明这一点。此外,我们还必须拥有一个关于形体的本质的清楚的概念,这一点部分地形成于第二沉思中,部分地形成于第五及第六沉思中。由这些要点可以得出结论,我们清楚明白地领会(concipiumtur)为不同的实体(substantiæ)——正如我们在心灵与形体那里所做的那样——的所有东西实在地(realiter)都是彼此真正相互不同的实体;我在第六沉思中得出这个结论。在那里同样的要点还可以由这个事实得到证实,即我们只能将一个形体理解为可分的,相反我们只能将一个心灵理解为不可分的:因为我们不能领会半个心灵,但我们可以领会半个形体,不管它多么小。这一点的结果就是心灵与形体的本性不仅被认为是不同的,而且在某种意义上是完全相反的。但是在这本书中我没有深究这个主题。首先,因为这些论证已经足以表明,身体的腐朽并不引起心灵的毁灭,这样有死者就可以拥有来世的期盼。其次,因为推演出灵魂不朽的那些前提还依赖对于整个物理学的阐述,这个阐述揭示出,第一,【14】所有实体——即事物,也就是那些必须由上帝创造才会实存的东西——就其本性而言都是不可毁灭的,并且不能终止其存在,除非上帝否认对它们的支持从而将它们变为虚无(nihilum);第二,一般意义上的形体就是一个实体,永不毁灭;但是人的身体,就其不同于其他形体而言,仅仅由肢体之排列以及这一类其他偶性组合而成;相反人的心灵则不是以这种方式由任何偶性组成,而是一个纯粹的实体。因为,即使心灵的所有偶性改变了,比如说,它理解、意欲、感知不同的事物,它仍然还是同一个心灵;相反一个人的身体仅仅由于它的某些部分的形状的改变,就会使得它失去其同一性。由此可以推出,身体可能很容易毁灭,但是心灵①就其本性而言是不朽的。

在第三沉思中我已经解释了我关于上帝实存的主要论证,我以为这个解释已经相当长了。但是,因为想要读者的心灵尽可能地远离感官,我不愿意使用任何取自形体事物(rebus corporeis)的类比,许多模糊之处也许还保留着。我希望在随后我答复这些反驳的过程中它们会被完全排除:比如说,我们拥有的那个至上完满存在者的观念是如何拥有如此多的客观的实在性(realitatis objectivae),以至于它仅仅来自一个至上完满的原因? 在答复中,这一点是由一个完满的机器的类比得到说明的,关于机器的观念在某个工匠的心灵中。因为,正如属于这个观念的客观构思(artificium objectivum)必须有某个原因,也即工匠的科学知识,或者把这个观念传递给他的其他人的知识,【15】同样我们里面的上帝的观念不能不以上帝自身作为它的原因。

在第四沉思中,我证明了凡是我们清楚明晰地知觉到的都是真实的,同时还解释了虚假性在于什么。所有这些要点都是必须知道的,既是为了证实之前的内容,也是为了之后的内容能够被理

---

① 译注:在法文版中,心灵后面插入了一个分句:"或者人的灵魂,在我这里二者是没有区别的"。

解。(但是,我必须在此指出,在这个过程中我根本没有处理罪[peccato],即在追求善[boni]恶[mali]过程中所犯的错误,仅仅处理了在分辨真[veri]假[falsi]的时候出现的错误。而且那里根本没有讨论信仰或生活行动,仅仅讨论了思辨性且仅凭自然光明之助而被认识到的真理。)

在第五沉思中,除了解释一般意义上形体的本性之外,还用一个新的论证证明了上帝实存。这里又出现了几个困难,不过都在答复反驳的过程中予以解决了。最后还展示了,"甚至几何学证明的确定性都取决于对上帝的知识"这话是如何为真的。

最后在第六沉思中,我区别了理智活动(intellectio)与想象活动(imaginatione),还规定了各自的特征;我证明了心灵实在地有别于身体,但又表明,尽管如此,心灵却如此紧密地联系到身体之上以至于两者构成了一个整体;我详细列出了通常来自感官的所有错误,并且解释了避免这些错误的方法;最后,我提出了所有能够推出物质性的东西实存的理由:并非我以为,当这些论证证明了它们要证明的东西的时候有相当大的益处,【16】它们要证明的是世界真的存在、人拥有身体等等,这些东西没有一个心灵健全的人曾经严肃地怀疑过;这些论证之所以有益,只是因为,在考察它们的过程中,我们认识到,它们并不像我们由以认识自己的心灵及上帝的那些论证一样稳固清楚;确实,后者才是能够被人类理智把握到的所有推理中最为确定明确的。这就是我在这些沉思中打算证明的所有内容。这也是为何在此我没有提及这本书中还顺便讨论过的几个问题。

第一沉思　可以引起怀疑的事物

【17】多年以前,我意识到,有大量的错误是我自幼就当作真理接受下来的,并且我在这种不可靠的基石上建立起来的任何东西都是高度可疑的。因此,我认识到,在我一生中必然有一次要彻底拆除整个建筑,而且,如果我想要在各门科学中建立某种持久且不可动摇的东西,我就必须再从地基重新开始。但是这看上去是一个巨大的工程,因此我一直把它向后推迟,直到我达到了一个适合人把握各种不同学科的年纪。因此,我拖延得太久了,以至于我现在可能会面临谴责,如果我还在左思右想浪费了余下的行动时间的话。这个时机已经来到了,今天,我特意让自己的心灵【18】摆脱所有的烦恼,为自己安排了一段闲暇的时光。我一个人呆在这里,让自己严肃地、毫无保留地投身于全面拆除旧见解的工作。

但是,为达到这个目的,我没有必要去表明我的所有见解都是假的,这是一项我可能永远不会去做的工作。理性引导我这样思考:我应该小心翼翼地阻止自己赞同那些不完全确定的、可疑的东西,就如同不赞同那些明显是虚假的东西。对于拒绝我的所有见解这个目的而言,这就足够了,只要我在每一条旧见解中都至少能找到某个怀疑的理由。为了做这个，我就不需要一个个地浏览它们了，这可是一项没有尽头的工作。一旦建筑物的基础被动摇了，立足于其上的一切就自然而然地垮塌了；因此，我将直接抓住我的所有旧信念得以立足的那些基本原则。

迄今为止我当作最真实的而接受下来的那些东西，我或者是从感官（a sensibus）或者是通过感官（per sensus）获得的。但是，我时不时地发现感官是骗人的；谨慎起见，对于那些曾经骗过我们一次的东西就永远不能完全相信。

然而，尽管感官常常在那些非常小或非常远的对象上欺骗我们，可是有许多其他的信念，怀疑它们几乎不可能，即使它们来自感官——比如，我在这里，坐在火炉旁，穿着暖袍，手里拿着一张纸，诸如此类。怎么能否认手或整个身体是我的呢？除非我把自己比作疯子，【19】他们的大脑受到黑胆汁持续的蒸汽如此大的损坏，以至于他们在穷困潦倒之际却坚决声称自己是国王，或者在他们赤身裸体之时却说自己身着紫袍，或者说他们的头是陶土做的，或者说他们是南瓜，或者说自己是玻璃做的。但是，这些人精神错乱了，如果我从他们那里弄些东西作为我的榜样，那我就会被认为同样发疯了。

这真是一个绝妙的推理！难道我不是这样的一个人，他在晚上睡觉，并且在睡着时经常拥有的各种经验就如同疯子在醒着时的经验一样①——甚至有时更为荒唐。多少次当我夜里睡觉时，我却相信发生了这类熟悉的事情——我在这里、穿着暖袍、坐在火炉边，可事实上我当时正光着身子躺在床上！此刻，当我正在看这

———————

① 译注：这个分句在法文本中是："并且在我的睡梦中经常向自己呈现的东西就如同疯子在醒时呈现的东西一样"。

张纸的时候,我的眼睛确实清醒地张开着;我摇晃着脑袋,它没有睡着;由于我伸展四肢并且特意地感觉到了我的手,我知道我正在做什么。所有这些不会以这样的明晰性发生在一个睡着的人身上。千真万确! 难道我没有回忆起其他的场合,我在睡觉时被完全类似的想法欺骗? 由于我更为仔细地思考这些,我明显地看到,从来没有任何可借以区分睡梦与清醒的确切标记。结果就是,我开始觉得茫然,这种感觉甚至强加给我"也许我现在睡着了"这样一个念头。

那么,假设我们正在做梦,所有这些个别现象——我们的眼睛睁开着、我们正在摇晃脑袋并且伸出手——都不是真的。也许,确实我们根本没有这样的手或这样的身体。虽然如此,确定必须承认的是,那些进入睡梦中的意念就如同图画,必须根据真实事物的样子而塑造成形,因此,至少事物的这些共相(generalia)——眼睛、头、手以及整个身体——总是某种真实的、非想象的东西并且实存(existere)。因为,即使画家【20】试图构想出有着最为奇怪的身体的人鱼(Sirenas)和人羊(Satyriscos),他们也不能将各个方面都是全新的本性赋予它们;他们只是简单地把不同动物的躯体拼凑起来。或者,如果他们努力想出全新的以至于之前从未见过近似者的某种东西——某种因此完全是虚构的、不真实的东西——那么,至少作品中所使用的颜色必须是真实的。根据类似的推理,尽管事物的这些共相——眼睛、头等——可以是想象的,至少必须承认另外某些更简单、更普遍的东西总是真实的。这些就是真实的颜色,由这些颜色我们构想了关于事物的所有图像——无论真还是假,这些图像都出现在我们的思想中。

这类东西看来包括:形体之普遍的本性(natura corporea in communi)及其广延(extensio);有广延的物体的形状(figura);这些

物体的量(quantitas)、大小(magnitudo)和数目(numerus);它们实存的位置(locus),以及它们得以持续(durent)的时间(tempusque),①等等。

由此也许可以得出一个合理的结论:物理学(physicam)、天文学(Astronomiam)、医学(Medicinam),以及其他所有取决于对复合物体进行研究的学科都是可疑的;然而算术(Arithmeticam)、几何学(Geometriam)以及其他这类,仅仅处理最简单、最一般的事物,不管这些事物是否真实地存在于自然中,它们总该包含某种确定的、不可怀疑的东西。因为,无论是醒着还是睡着,二加三总是等于五,正方形只有四条边。这类显而易见的真理似乎不可能会引起人怀疑它是假的。

【21】然而,有一个长期存在的意见在我心里根深蒂固:有一个全能的上帝,祂把我创造成我实存的这类物种。我怎么知道祂没有造成这种局面:根本就没有地、没有天、没有广延物体、没有形状、没有大小、没有位置,然而,与此同时,祂却保证所有这些东西向我表现得如同它们现在的模样而实存着? 还有就是,既然我有时相信,他人在他们以为自己拥有最完满的知识的情况下会走入歧途,我难道不会犯类似的错误,每当我把二加到三上,或者数正方形的边,或者在某种可以想象的更简单的问题上? 但是,也许上帝不会允许我以这种方式受骗,既然祂被说成是最高的善。但是,如果把我创造成一直出错是不符合祂的善良的话,那么允许我偶然出错同样也是异于祂的善良的;然而这最后的断言却是不能说的。②

---

① 译注:这个分句在法文本中是:"它们所待的位置,测量它们之持续的时间"。

② 译注:这最后一个分句在法文本中是:"然而我不能怀疑祂会允许这种情况发生"。

　　也许有人宁愿否认某个强大的上帝，而不愿相信其他一切是不确定的。让我们不要与他们争论，而是认可他们，也说关于上帝所说的一切都是虚构的。根据他们的假设，那么，我是由宿命（fato）或运气（casu）或一连串的事件（continuatà rerum）或某种其他方式而到达目前的状态；然而，既然欺骗和错误似乎是不完满，他们让我的最初原因越是无能，越有可能我是不完满的以至于总是出错。对于这些论证，我无法答复，最终只能被迫承认：关于我之前所有信念的怀疑都是可以被合理地提出的；这不是一个轻率的或欠考虑的结论，而是立足于强有力的、深思熟虑的理由。今后，我必须像拒绝明显的虚假【22】那样，小心翼翼地拒绝同意这些从前的信念，如果我想要发现任何确定性的话。①

　　但是，仅仅注意这点还不够；我必须努力记住它。我惯常的意见不断地回来，它们会不顾我的意愿，捕获我的信念，由于长期的使用以及习常之法则，我的信念被绑定于它们。我将永远不能摆脱安心地赞同它们的习惯，只要我假设它们是它们实际所是的样子，也即是一些高度可能的意见——尽管存在着它们在一个意义上是高度可疑的这个事实，正如刚刚揭示过的，可还是有很多的理由去信任而非否定这些意见。出于这个考虑，我认为这将是一个好的计划：将我的意愿掉转到完全相反的方向并且欺骗我自己，在一段时间内构想从前这些意见完全是虚假的、想象的。我将这样行事，直到先入为主的意见之分量已经被抵消了，习惯的扭曲影响不再阻止我的判断正确地领会事物。在此期间，我知道没有危险和错误会来自我的计划，并且我不可能以我的怀疑态度走得太远。

―――――――――

　　①　译注：这最后一个分句在法文本中是："如果我想要在科学中发现任何确定性的话"。

这是因为眼下手头的工作并不关乎行动,仅仅涉及获取知识。

因此,我将假设,不是那个至善的并且作为真理之源泉的上帝,而是某个最有能力最狡猾的恶魔运用其一切能力来欺骗我。我将认定,天空、空气、地球、颜色形状、声音以及所有广延物体都不过是他设计出来诱骗我判断力的梦中幻象。我要把【23】自己当成本来没有手、眼、肉、血、感官,却错误地相信我拥有所有这些。我将顽强地、坚决地持守这种沉思;即使认识任何真理不在我的能力范围之内,我至少要做那些在我能力范围内的事情,①也即坚决防止自己同意任何虚假,这样无论多么强大狡猾的骗子都不能对我实施丝毫的欺骗。这是一项非常费力的任务,有种惰性会把我带回平常状态。我就像一个在睡梦中享受虚幻自由的囚徒;当他开始怀疑他处于睡梦中之时,他又害怕被唤醒,只要有可能他就继续苟同这些愉快的幻象。以同样的方式,我也幸福地溜回我的旧见解,害怕醒来,因为害怕我平静的睡梦之后紧跟着的是清醒的艰苦劳作,而且我将长时间不在光明中跋涉,而是身处我刚刚提出的那些问题引起的无法逃脱的黑暗。

---

① 译注:这个分句法文本是:"我至少有能力悬置我的判断"。

第二沉思　人的心灵的本性,以及心灵 如何比身体更容易被认识

昨天的沉思让我跳进了如此多的怀疑之中,以至于我既不能将它们从我的心中赶走,也没有看到任何解决它们的办法;【24】我就像突然掉进了一个很深的漩涡,陷入了如此大的困境,以至于我既不能在底部站稳也不能游回到水面。虽然如此,我还是要做一番努力,再一次试着走上我昨天已经开始的道路,也就是说,我会把任何有一丁点可疑的东西都搁在旁边,就好像我已经发现它完全是假的一样;我将以这种方法前进,直到我发现有某种确定的东西,或者,如果我没能发现别的东西的话,我也发现了唯一确定的就是根本没有确定的东西。阿基米德(Archimedes)宣称,他只要有一个稳固的、不可移动的点,就可以撬动整个地球;我也可以希望更伟大的东西,如果我想办法只找到一样东西,尽管微小,却是确定的且不可动摇的。

因此,我假设我看见的一切都是虚假的;我以为,我那个骗人的记忆表象给我的所有东西中,没有一样曾经实存过;事实上我根本没有感官;身体、形状、空间中的广延、运动和位置都是虚构物。那么,还剩下什么是真的呢? 也许唯一的事实就是没有什么是确

定的。

　　但是,我怎么知道,没有某种不同于我刚才列出的东西存在,对于它不能有丝毫的怀疑? 难道没有某个上帝,或者无论被称为什么,将我现在拥有的思想放进我里面?① 但是,为什么我要这样想呢,既然我自己很可能就是这些想法的作者? 但是,至少,难道我根本就不是某种东西? 但是,我刚刚已经否认了我有感官和身体。【25】现在,我迷茫了,因为从这里可以推出什么呢? 难道我与身体及感官是如此地紧密相连以至于没有它们我就不能存在? 但是我曾经说服自己相信,在这世上什么都没有,没有天、没有地、没有心灵、没有身体。因此,我是不是也要说服自己相信我也不存在吗? 不:如果我说服自己相信什么,②那么我确定存在。——但是,有某个骗子,或者其他无比强大且狡猾的东西,他一直故意骗我。——如果他正在欺骗我,那么,无可怀疑的是,我也存在;让他尽其所能地骗我吧,他永远不会使得我成为虚无(ut nihil sim),只要我想到我是某种东西。因此,在充分地甚至是过分充分地权衡了所有这些考察之后,我最终决定提出这个命题:我存在,我实存(ego sum, ego existo),每当它被我说出来,或者在我心灵中被领会到,它必然是真的。

　　但是我还没有充分地认识到这个现在必然存在的"我"到底是什么;因此从现在开始我必须小心从事,不要粗心地把某种不是我的东西当成这个"我",不要在这条被我认为是所有知识中最确定最明确的知识上犯错。因此,在我踏上这条思想旅程之前,我现在要重新思考,我曾经以为自己是什么。我将从这里剥离出任何

---

　　①　译注:这个分句在法文本中是:"将我现在拥有的思想放进我心灵中"。
　　②　译注:这个分句在法文本中是:"如果我说服自己相信什么,或者我仅仅想到什么东西"。

可能被刚刚提出的推理所质疑——哪怕是最低程度的质疑——的内容,这样最后留下来的恰恰是也只能是那些确定的、不可动摇的东西。

那么,我从前认为我是什么呢? 当然,是一个人。但是,一个人是什么呢? 我可以说是一个有理性的动物(animal rationale)吗? 不:因为,此后我就必须探讨动物是什么、有理性的是什么,这样我就会从一个问题跌入越来越多更困难的问题。眼下我也没有这么多空闲时间浪费在这种细微的问题上。相反,在此我将注意力集中于这些想法,【26】也就是,每当我过去考虑我是什么之时,那些自发地且自然地进入我心中的想法。首先就是,我有脸、手、胳膊,以及由骨头和肉组合成的这么一整套机器,就像从一具尸体上看到的那样;我将这个叫做身体。其次就是,我获得营养、我到处移动、我有感觉与思考,我将所有这些行动都归到灵魂上去。但是,这个灵魂是什么,或者我没有思考过,或者我想象它是某种非常稀薄、精微的东西,类似风、火或以太,渗透到我的更为坚硬的部分。但是,对于身体本身,我倒是没有任何疑问,反而认为我明晰地识别了它的本性,如果我试图描述我如何在心中领会其本性,我就会这样解释它:对于身体,我理解的是这样的东西,它能够被某个形状包围、存在于某个确定的位置、以这种方式占据一个空间以至于排斥了其他形体;它能够被触觉、视觉、听觉、味觉或嗅觉知觉到,并且能够以许多种方式被移动,不是被它自身而是被其他与之接触的东西;因为,根据我的判断,自我移动的能力,以及由感觉或思想而知觉的能力,都根本不属于身体之本性;相反,这些能力要是在某些身体中被发现,则会让我非常困惑。

可是,现在我假定某个骗子,极其强大,并且非常邪恶——如果我可以冒险这样说的话——他尽其所能地在各个方面欺骗我,那么我到底是什么呢？我刚才所说的归结为身体之本性的所有东西，我能肯定我拥有其中一点点吗？【27】我关注它们，思考它们，一次次地检查它们，但是没有一个会出现。再次罗列它们纯粹是浪费力气。那么，我过去归结为灵魂的那些属性呢？是营养或行走？但是，既然现在我并没有身体，那么这些就无非是幻觉。是感觉？没有身体这个当然也不会发生，而且，此外，当我睡着时我曾经通过感官知觉到的许多东西，后来我都意识到我其实根本没有感觉到。是思维（cogitare）？在此我发现某种东西，它就是思想（cogitatio）；只有这个不能从我这里被剥离。我存在，我实存，这是确定的。但是，多长时间？我思考多长时间，就存在多长时间；因为，假如我完全停止思考，也许很可能我就完全停止了存在。现在，我什么都不承认，除了那必然真实的东西：因此，准确地说，我仅仅是一个思维的东西（res cogitans），也即，是一个心灵（mens）、精神（animus）、理智（intellectus）或理性（ratio）——这些词的意思我以前是不知道的。因此，我是一个真实的东西，一个真实的实存者；可是，是什么种类的东西呢？我已经说过了：一个思维的东西。

　　我还是别的什么呢？我将发动我的想象力：①我不是被称为人体的那种肢体之结构；我不是渗入肢体中的某种稀薄的气体（aër），或者一种风、火、蒸汽、呼吸（halitus），或我为我自己假想的任何东西：因为我已经假设这些东西并不存在。但是，即使我坚持这个假定，我仍然是某种东西。② 然而，情况会不会是这样：我假

---

　　① 译注：这句话在法文本中是："我将发动我的想象力来看看我是不是某种有更多内容的东西"。
　　② 译注：这句话在法文本中是："不改变这个假定，我发现我仍然很确定我是某种东西"。

定并不存在的这些东西——因为它们并不为我所知——其实并不异于我已经所知的我？也许吧：我不知道。但是，这不是当下讨论的要点。我只能对那些被我认识到的东西下判断。我已经认识到我实存；我所探究的是，我已经认识到的那个我到底是什么？如果这个我严格地按照我们已经检查过的那样来理解，那么非常明确的是，这个知识不能取决于我还不知道其是否实存的那些东西，【28】因此也不能取决于任何我在想象中构想的东西。构想（effingo）这个词就表明我正在犯错误。因为，如果我构想我自己是任何东西，那么我确实就是一个想象的东西，既然想象仅仅是沉思一个有形物体的形状或图像（imaginem）。现在，既然我已经确切地知道了，我存在，与此同时所有这类图像，以及一般而言与身体之本性相关的一切，都很可能不过是梦幻（insomnia）。现在，这一点对我而言是清楚的，那么我这样说似乎就是愚蠢的：我将运用我的想象以便更清楚地认识我是什么；这就如同说：现在我醒着并且看到了某个真实的东西，但由于我看得还不够清楚，我要努力睡着以便我的梦境可以将它更真实、更清晰地呈现给我。这样，我就意识到，我凭想象能把握到的东西中，没有一样相关于我所拥有的关于自己的知识，并且我必须尽可能彻底地让自己的心灵远离这类东西，①如果心灵要尽可能明晰地知觉到自己的本性。

可是，那么我是什么呢？一个思维的东西。这又是什么呢？就是一个怀疑（dubitans）、理解（intelligens）、肯定（affirmans）、否定（negans）、愿意（volens）、不愿意（nolens）、还想象（imaginans）并且感觉（sentiens）的东西。

---

① 译注：这个分句在法文本中是："它就必须极为小心地离开这种领会事物的方式"。

　　这是一个相当可观的清单,如果所有位列其中的都属于我的话。但是,为何它们不应该属于我呢?难道不是这个我,现在几乎正在怀疑一切,却仍然理解某些东西,确认这一样东西是真实的,否认其他一切,愿意认识得更多,不愿意受骗,甚至不由自主地想象许多东西,意识到许多明显地来自感官的东西?【29】所有这一切难道不是像我存在这个事实同样真实——即使我总是睡觉,即使我的创造者尽其所能地骗我?这些活动里面哪一个不同于我的思维?它们中的哪一个可以说是同我自己分得开呢?正是这个我在怀疑、在理解、在愿意,这个事实是如此明显,以至于根本无需更多的东西将它解释得更清楚。不过,确实也是这同一个我正在想象;因为,即使像我曾经假定的那样,没有一个被想象的东西是真实的,然而想象这种实际的能力确实实存,并且也是我的思维的一部分。最后,也是同一个我感觉,或者说犹如凭感官而关注到形体性的事物。例如,现在我看见了光、听到了声音、感觉到热。但是所有这些都是假的,因为我正在睡觉。可是我确实显得(videor)在看、在听、在变热。这不可能是假的。说感觉活动在我里面的恰当意义就在于此;从这个严格意义上来理解,它不过就是思维。

　　由此,我确实开始更好地理解到我是什么。但是,情况似乎是,并且我禁不住也这样想,在我的思想中形成其形象并且感觉自身所探究的有形物体,远比不能被想象所表现的那部分我——无论它是什么——更为明晰地被认识到。确实令人吃惊的是,那些我认为可疑的、未知的、外在于我的东西,竟然被我更为明晰地把握到,相比于那个真实的、可知的东西而言,甚至相比于我自己而言。但是我明白正在发生的事情。我的心灵乐于到处游逛,总不甘心被限制在真理的界限之内。好吧,让我们再次尽可能远地放松缰绳,【30】以便于回头收紧缰绳的时候它更容易被掌控。

让我们来考察那些通常被认为比其他东西更为明晰地被把握到的东西：我指的是我们触摸到并且看到的形体；我指的并不是一般的形体（corpora in communi）——因为一般的知觉通常被视为更模糊——而是一个特殊的形体。让我们以这块蜡为例。它刚刚被从蜂房里拿出来；它还没有完全失去蜂蜜的味道；它保留了一点那些花——它被采集自这些花——的气味；它的颜色、形状和大小都明白可见；它是硬的、冷的，可以毫无困难地拿在手上；如果你用指节去敲的话，它会发出声音。总之，一个形体能被尽可能明晰地认识所必需的一切，它都有。但是，等一等，在我说话的时候，它被拿到火边。残留的味道消失了，气味散发了，颜色改变了，形状没有了，尺寸增加了；它变成了液体而且热了；你几乎不能触摸它了，如果你敲打它，它不再发出声音。但是，同一块蜡不是还保留着吗？我们必须承认它确实保留着；没有人会说或者会以为它没有保留着。那么，我以如此的明晰性在这块蜡上所把握到的是什么呢？很明显，不是任何一种我借助感官所达到的东西；因为，落于味觉、嗅觉、视觉、触觉或听觉之下的所有东西现在都改变了——然而蜡保留着。

也许事情的真相就在于我现在所想到的：也就是说，蜡自身根本就不是蜂蜜的甜味、花的香气、白的颜色、形状、声音，而不过是一个形体，它刚才在这些样式（modis）中、现在又在另一些样式中向我展现为可知觉的。但是，在我现在以这种方式想象时，它确切地是什么呢？【31】让我们这样来考察，把不属于蜡的一切都去掉，看看还剩下什么。不外乎某种有广延的（extensum）、可伸缩的（flexibile）、可改变的（mutabile）东西。但是，此处"可伸缩的"和"可改变的"意指什么呢？是不是在于这个事实：我可以想象这块蜡形状的改变，从一个圆形变成一个方形，或从一个方形变成一个三角形？这不可能是正确的：因为我理解蜡能够经历无数次这样的改变，然而我却不能运用我的想象来记录所有这些改变。因此，我对这些特性的理解不是运用想象功能而获得的。那么，有广延的呢？是不是蜡的广延也是未知的？因为，如果蜡融化了，其广延就增加了，如果它沸腾了，广延又增加了，如果热量继续增加其广延就更大了。我不会正确地判断（judicarem）蜡是什么，如果我没有看到，就广延而言它能接受很多变化，甚至超出了我在想象中曾经把握到的。这样，我就没有别的选择，只能承认，我根本不能想象这块蜡是什么，只能借助心灵来知觉它：我在个别的意义上来说这块蜡，因为，就一般的蜡而言，这一点甚至更为清楚。但是，仅仅由心灵而知觉到的这块蜡又是什么呢？① 当然它还是我看见、我摸到、我想象的那块蜡，简言之就是一开始我判断其所是的那块蜡。然而，值得注意的是，关于它的知觉②既不是视觉，也不是触觉，也不是想象——不是曾经所是的任何一种知觉，尽管以前看上去像是——而是一种仅仅由心灵做出的检查；它可能像之前那样不完美并且模糊不清，也可能像现在这样清楚明晰，取决于我以更多的还是更少的专注程度来思考蜡的本质何在。

但是，与此同时，我很惊讶我的心灵是如何容易犯错。因为，即使我内心中正在思考这些事情，未发一言地沉默进行，【32】我仍然会被语言本身陷害，被我们通常表达事物的方式欺骗。因为，如果蜡出现了，我们总说我们看见了蜡本身，却不说我们根据其色彩形状而判断它在那儿。由此我可能已经迅速地下结论说，我借助眼睛的视觉而不仅是心灵的检查而知道蜡，如果不是我碰巧往

---

① 译注：这句话在法文本中是："但是，仅仅由理智或心灵才能领会的蜡又是什么呢？"
② 译注：法文本在"关于它的知觉"后面增加了"或者知觉到它所凭借的行动"。

窗外瞥见那些走在路上的行人的话。如果使用习惯的表达,我说我看见他们,就如同我看见蜡那样。可是,除了可以遮盖住一些自动机的帽子和外套之外,我实际上还看见了什么?我判断他们是一些人。因此,那些我以为我正在用我的眼睛观看的东西,事实上只是被我心灵中的判断能力(judicandi facultate)把握了。

但是,一个想要获得超出一般水准的知识的人,应该羞于把日常谈话方式当作怀疑的基础。让我们从我们停留的地方继续往前,考虑一下,在我最初遇到蜡并且相信我借助外感官(sensu externo),或者至少借助他们所谓的常识(sensu communi)即想象能力来认识它的时候,我是不是更完满、更明确地知觉到蜡是什么?或者,在更为仔细地研究过蜡是什么以及如何认识蜡之后,现在我是否更好地知觉到它?确实,怀疑我现在更好地把握到它,那是愚蠢的。因为,在我最初的知觉中,什么东西是明晰的呢?在那其中,什么东西是任何动物所没有的呢?但是,另一方面,当我区别了蜡与它的外在形式的时候,就好像脱掉它的衣服那样赤裸裸地考虑它的时候,尽管我的判断中仍然会有错误,不过我不可能以这种方式知觉到它,除了借助人的心灵。

【33】可是,关于这个心灵,或者说关于我自己,我将要说些什么呢?因为,我仍然不承认我里面存在任何别的东西,除了心灵。我要问:这个看来如此明晰地知觉到蜡的"我"到底是什么呢?我对于我自己的意识,难道不是比我对于蜡的意识,不仅更为真实更为确定,而且更为明晰更为明确?因为,如果,由于我看见蜡,我判断蜡实存,那么,由我看见蜡这个事实,确实更为明确地推出我自己实存。因为,有可能我正在看的并不真的是蜡;也有可能我连看东西的眼睛都没有;不过,确实不可能的是,当我正在看东西或者当我想到我正在看东西(此刻我不作区分了)的时候,这个在思维

着的我倒不是个什么东西。出于类似的理由，如果我根据我正在触摸蜡这个事实而判断蜡存在，也会有同样的结果：即我存在。如果我根据我正在想象它这个事实或其他原因而判断它存在，都会有同样的结果。并且，我在蜡这个例子中所认识到的结果，可以适用于外在于我的任何东西。进一步，如果我对蜡的知觉显得更为明晰①了，在蜡不仅仅由视觉或触觉而且由许多其他原因而被我知道之后，那么，我现在对自己的认识将会明晰②得多——这是必须承认的。因为，没有一个能够增强关于蜡或关于任何其他形体的知觉，不会同时更好地向我证明我自己心灵的本性！但是，除了由身体流向心灵的这知觉以外，在心灵中还有许多其他东西，可有助于对心灵了解得更为清楚，这些东西似乎不必一一列出了。

但是，现在我看到，【34】不知不觉地我已经回到了我期望的地方。因为，现在我已经知道了，形体本身严格说来不是被感觉或被想象能力而仅仅被理智所知觉，而且它们被知觉到不是因为它们被摸到或被看到而是被理解到，我清楚地认识到没有什么比我自己的心灵更容易或更明确地被我知觉到。但是，习惯并不能轻易摆脱旧有的意见，我打算在此稍作停留，以便长久的沉思可以将这个新获得的知识更深地固定在我的记忆中。

---

① 译注：此处的"明晰"在法文本中是"清楚明晰"。
② 译注：此处的"明晰"在法文本中是"明确、明晰且清楚"。

第三沉思 关于上帝,祂实存

现在我要闭上我的眼睛,堵住我的耳朵,并且撤回我的所有感官,我甚至要从我的思想中清除所有形体的图像,或者,由于这几乎是不可能完成的,我至少要视这类图像为空洞和虚假的;并且,我将尝试着,通过仅仅与自己对话并且深入地审查自己,我要逐渐更好地认识自己并且更为熟悉自己。我是一个思维的东西;也即,一个怀疑、肯定、否定、理解少数东西、不知道很多东西、①意愿某些事物、不要某些事物、也会想象并且感知的东西;因为,正如我已经注意到的,尽管我感知或想象为外在于我的东西也许并不存在,然而,我可以确定,我称为感觉或想象的那些思维样式(modos),【35】纯粹并且仅仅作为思维样式来考虑,确实存在于我里面。

这个清单虽然简短,却完整列出了我真正知道的东西,或者至少迄今我已经意识到我知道的东西。现在,我要更为仔细地检查,在我之中是否还有一些东西却没有被我注意到。我确定我是一个思维的东西。但是,是不是因此我也认识到为了确定某物我必须

---

① 译注:法文版在此处插入了"爱、恨"。

具备什么？在这最初的思想中,所存在的无非是一个关于我正在断言的东西的清楚明晰的知觉;如果我如此清楚明晰地知觉到的东西最终发现是虚假的,那么这点确实就不足以使我确定该问题的真实性了。于是我觉得现在可以确定这样一条普遍的规则:凡是我非常清楚明晰地知觉到的东西都是真的。①

　　然而,还是有许多我曾经当作完全明显确定的而接受下来的东西,后来我认识到都是可疑的。这些东西都是什么呢？地球、天空、星星,以及其他一切我通过感官意识到的东西。但是,我对那些东西清楚地知觉到的又是什么呢？确实,就是关于这类东西的观念或思想,呈现给我的心灵。即使现在我也不否认这些观念存在于我里面。但是,另外还有某种我过去断言的东西,并且出于习惯的信念我也以为我清楚地知觉到的东西,尽管事实上我并没有真正地知觉到它;也就是说,有一些东西存在于我之外,这些观念源于它们并且完全类似于它们。我的错误就在这里;或者,如果我在思考这一点的过程中是对的,至少这种正确不是归功于我的知觉。②

　　可是,当我考虑某种在算术或几何学【36】中非常简单直接的东西之时,比如二加三等于五等等,难道我不是足够清楚地知觉到这些东西从而断定它们是真实的？事实上,我后来判断这类东西是可疑的,仅仅是因为我突然想到,也许某个上帝给了我一个这样的本性,以至于我甚至在那些显得最为明显的事情上都会受骗。但是,每当关于上帝之至高能力的旧信念冒出来的时候,我禁不住承认,如果祂愿意,祂就很容易造成这个局面:甚至在我认为自己

---

　　①　译注:法文版此处是:"我非常清楚、非常明晰地领会到的所有东西都是真的"。

　　②　译注:法文版最后一个分句是:"至少这种正确不是因为我所拥有的任何知识"。

以心灵的眼睛（mentis oculis）尽可能明确地直觉（intueri）到的事情上我都会犯错。另一方面，每当我将注意力转向那些我认为我清楚地知觉到的东西本身的时候，我是如此地被它们说服，以至于我禁不住要宣布：让任何能骗我者想怎么骗我就怎么骗我吧，他永远不能把我弄成什么都不是，只要我认为我是某种东西；他也不能在未来某天使得我从未存在这件事情成为真的，只要我现在存在这件事是真的；他也不能使二加三之和多于或少于五，也不能产生出任何我在其中看见明显矛盾的事情。确实，既然我没有理由认为存在任何骗人的上帝——事实上我还不能充分地认识到是否有上帝——那么，怀疑的理由完全取决于相信有一个骗人的上帝，这样的理由是非常轻率的，并且可以说是形而上学的。但是，为了取消这个理由，一旦时机合适，我就必须检查是否有一个上帝，并且，如果有上帝的话，祂是否可能是一个骗子。因为，如果我不知道这一点，似乎我永远不能确信任何其他事情。

不过，现在，为了以有序的方式前进，我似乎应该首先【37】将我所有的思想分成确定的几类，①并且检查真实和虚假可以被恰当地说成属于其中哪一类。这些思想中的一部分是关于事物的图像，仅仅在这些情况下观念这个术语（ideæ nomen）才严格适用，比如，当我想到一个人，或一个怪物，或天空，或天使，或上帝。别的思想还包含其他的形式；这样，当我意愿，或害怕，或肯定，或否定的时候，事实上我总是把某种东西理解为这个思想之主体（subjec-tum），不过我在这个思想中还包含了比这类东西本身含义更广的

---

① 译注：此段开头这个分句在法文版中被扩充为："为了我有机会去检查这个而不打断我已经决定了的那个沉思之次序——它仅仅从那些我首先在自己心中找到的概念出发，并且逐渐过渡到那些我后来发现的概念——我必须在此将我的思想分成几类"。

事物;关于这类思想,一些被称为意志(volontates)或情感(affec-
tus),而另一些则被称为判断(judicia)。

现在,就观念而言,只要它们纯粹在其自身中被考虑,并且只
要我不将它们联系到任何外在于其自身的东西,严格说来它们不
可能是虚假的;因为,无论我正在想象一只山羊还是一个妖怪,我
对这一个的想象与对另一个的想象是一样真实的。还有,根本就
不必担心在意志和情感里面有虚假;因为,尽管我可能渴望坏的东
西,甚至根本不存在的东西,这并不意味着我渴望它这件事不是真
的。那么只剩下判断了:单单在这里面我必须小心避免出错。在
判断中可能发现的最为显眼和广泛的错误就在于,我认为我里面
的观念类似于或符合于存在于我之外的事物。因为,确实,如果我
将观念自身纯粹地并且简单地考虑为我的思维样式,而不将它们
联系到任何其他东西,它们很少能给予我犯错的机会。

在这些观念中间,有些在我看来是与生俱来的(innatæ),有些
是外来的(adventitiæ),①【38】其他的是由我自己创造的(a me ipso
factæ mihi)。因为,理解事物是什么、真理是什么、思想是什么,这
似乎是某种纯粹由于我的本性自身就拥有的东西。但是,如果我
现在听到了一个声音,看见了太阳,感觉到了火,迄今为止我都判
断这类感觉来自那些外在于我的事物。最后,人鱼(Syrenes)、鹰
头马身有翼兽(Hippogryphes)以及类似者,都是我自己构想的。
但是,也许我会认为,所有我的观念都是外来的,或者都是与生俱
来的,或者都是被我创造的:因为我尚未清楚地发现到它们的真实
起源。

关于那些我视为来自实存于我之外的事物的观念,在此要追

---

① 译注:法文版这个分句是"有些是异于我并且来自外面的"。

问的关键问题是：我有什么理由认为这些观念类似于那些事物呢？确实，自然本身似乎教导我这样想。此外，经验向我揭示出，这些观念并不取决于我的意志，因此它们并不取决于我本人。因为，它们常常不顾我的意愿而闯进来。举例来说，现在我感觉到热，不管我愿意还是不愿意，这就是为什么我认为，这个关于热的感觉或观念是从不同于我的某个东西——也就是我在其旁边就坐的火的热——那里来到我这里。能够做出的最明显的判断就是，那个东西正在发送给我的是它自己的相似性（suam similitudinem）而非别的东西。

现在，我来看看这些论证是否足够有力。当我在此说我被自然教导着（me ita doctum esse a naturâ）这样想的时候，我的意思仅仅是我被某种自发的倾向（spontaneo quodam impetu）推动着相信这点，而不是说由某种自然之光（lumine aliquo naturali）向我揭示出它是真的。这两者很不相同：由自然的光明揭示给我的任何东西——比如由我正在怀疑这个事实推出我存在——根本不能被怀疑，因为，不可能有另外一种功能①——我可以像相信自然之光一样相信它——【39】能够告诉我这类事情根本不是真的。但是说到自然的倾向，此前我经常断定我过去曾经被它们带往错误的方向，当事情是选择善的时候，那么我也看不出为何在其他问题②上我应该更信任它们。

另外，尽管这些观念并不取决于我的意志，这并不能推出它们必定来自外在于我的东西。因为，正如我刚才说到的那些倾向，尽管它们内在于我，但它们似乎也不同于我的意志，这样，也许在我

---

① 译注：法文版此处增加了一个同位语："或者区分真实与虚假的功能或能力"。
② 译注：法文版此处增加了一个修饰语："涉及到真和假"。

里面有某个其他功能,我对它尚未充分了解,它产生了这些观念;就好比,到现在为止我总觉得,在我睡着时它们无需来自外物的任何帮助就在我里面形成了。

最后,即使这些观念确实来自不同于我自己的东西,也不能推出它们一定类似于那些东西。确实,在许多情况下我似乎已经发现了〈对象与观念之间的〉巨大差别。例如,我在我里面发现了关于太阳的两个不同观念。一个看上去来自感官,它绝对应该属于那种我归类为"外在的"观念。这个观念将太阳表象为非常小。另外一个则来自天文学推理,也就是说,它来自某些我与生俱来的概念,或者它是被我用某种其他方式创造的。这个观念将太阳表象为比地球大许多倍。但是,确实,不可能这两个观念都类似于那同一个实存于我之外的太阳;理性说服我相信,那个似乎直接来自太阳自身的观念事实上是最不像太阳的一个。

所有这些考虑足以证明,【40】到现在为止,并非确定的判断而仅仅是盲目的倾向使得我相信,一些不同于我的东西实存着,它们通过感觉器官,或以某种其他方式,将它们自己的观念或图像发送给我。

但是,现在我又想到,还有另外一种方法来探究,在我里面有其观念的那些东西中,是否有任何一个实存于我之外。确实,就观念仅仅作为我的思维样式来考虑,我承认它们处于完全相同的地位,它们看上去都以同样的方式源于我。但是,说到一个观念表象一样东西,而另一个观念表象另一样东西,很明显它们相互之间差别很大。因为,毫无疑问,将实体(substantias)表象给我的观念是某种更大的东西,并且在自身中包含着更多的"客观实在性"(realitatis objectivæ)——如果我可以使用这个术语的话——相比于那些仅仅表象样式(modos)或偶性(accidentia)的观念而言。而且,同样,那个我借以理解一个至高无上的上帝(summum aliquem Deum),永恒的(æternum)、无限的(infinitum)、〈不变的(immuable)、〉全知的(omniscium)、全能的(omnipotentem),以及自身之外的一切事物的创造者(rerumque omnium, quae praeter ipsum sunt, creatorem)的观念,其自身中确实比那个表象有限实体的观念拥有更多的客观实在性。

现在,由自然之光非常明显的是,在动力及总体因(in causà efficiente & totali)中一定有着至少和结果(effectu)中同样多的〈实在性〉。因为,我要问,结果如果不从原因中又能从哪里得到其实在性呢? 除非原因自己拥有实在性,否则它又如何能够将其给予结果呢? 从这里可以推出,不仅一物不可能来自虚无,而且更完满——也即自身中包含更多实在性——【41】的东西不可能来自更不完满的东西。这明显是真实的,不仅相关于那个拥有〈哲学家所谓的〉现实的或形式的实在性(realitas actualis sive formalis)的结果,而且相关于那个其中只考虑客观的实在性(realitas objectiva)的观念。例如,一块之前不存在的石头不可能现在开始存在,除非它被某个东西产生,在那个东西中,被置入石头的一切都形式地(formaliter)或卓越地(eminenter)存在着。热也不可能在一个之前不热的主体中被产生,除非它被某个东西产生,这个东西就完满性而言至少隶属于和热相同的等级;同样的情况在别处也是这样。但是,同样,热的观念或者石头的观念不可能存在于我里面,除非它被某个原因产生于我里面,这个原因里的实在性至少同于我在热或石头中所领会到的实在性。因为,尽管这个原因不能将它的任何现实的或形式的实在性传送给我的观念,但我们不应该因此就假设它更不真实;相反,观念的本性乃在于,它不需要外在于自身的其他形式的实在性,除了借自我的思想的内容,它是我的思想的一种样式。① 但是,这个观念包含着这种或那种、而非其他种类的客观的实在性,这个事实确实必须被归结为另外某个原因,在这个原因中存在着的形式的实在性至少同于观念中所包含的客观的实在性。因为如果我们假设在观念里面发现的某种东西并不在原因里面,那么它必须从虚无中(a nihilo)得到这个东西;然而,一物以观念的形式而客观地存在于理智中所凭借的那种存在样式,尽管并不完满,但确实不是无,并且因此它不可能来自无。

尽管我正在考虑的我的观念中的实在性纯粹是客观的实在性,但我不应该因此就假设说:【42】同样的实在性并不需要形式地存在于这些观念的原因中,而只要客观地存在于观念的原因中就足够了。因为,正如存在之客观样式(modus essendi objectivus)由于观念的本性而属于观念,同样存在之形式样式(modus essendi formalis)也由于观念的原因的本性而属于这些原因,至少属于那个最初、最重要的原因。而且即使一个观念可能源自另一个观念,在此也不可能有无限的倒退,最终我们必须达到某个原初观念,其原因呈现为一个原型(archetypi),该原型形式地〈且实际地〉包含着仅仅客观地〈或表象地〉出现在观念之中的全部实在性〈或完满性〉。这样,由自然之光我清楚地看到,我里面的观念如同〈图画或〉图像的本性那样,它们很容易失去那些它们所源自的东西的完满性,但不可能包含任何更大或更完满的东西。

我越是长时间且更仔细地检查所有这些,我越是清楚明晰地认识到它们是真实的。但是,由这些我将得出什么结论呢? 确实,如果我的某一个观念的客观实在性表现得如此之大,以至于我确信这个实在性既不是形式地也不是卓越地存在于我之中,从而我

---

① 译注:法文版此处增加了一个同位语:“也即思维的一种方式或方法”。

自己不可能是它的原因,那么必然意味着这世上并非只有我一个人,而是还有作为这个观念之原因的其他东西实存。但是,如果在我里面没有发现这种观念,我就找不到证据使我确信不同于我的其他东西实存;因为,我已经仔细地检查了所有这些,迄今为止我没有发现其他这类证据。

在我的观念之中,除了那个将我表象给我自己的观念在此没有困难之外,【43】还存在其他一些观念分别表象上帝、形体性且无生命的东西、天使、动物及其他,最后就是与我类似的他人。

至于那些表象其他人、动物或天使的观念,我可以很容易发现,它们可以由我所拥有的那些关于我自己、有形物体、上帝的观念组合而成,哪怕这个世上没有其他人、没有动物、没有天使。

至于那些关于有形物体的观念,它们并没有包含如此伟大的〈和卓越的〉以至于明显不能来自我自己的东西;因为,如果我更为仔细地考察它们,就像昨天检查蜡的观念那样逐一检查它们,我就会意识到,在它们里面只有很少的东西是我清楚明白地知觉到的:只有大小,或者说长、宽、厚的广延;广延的边界所产生的形状;有形状的不同东西相互之间的关系也即位置;以及运动或者说位置的变化;还可以加上实体、绵延、数目。其余的东西,例如光、颜色、声音、气味、味道、热、冷以及其他触觉性质,我仅仅以一种非常混乱模糊的方式想到它们,以至于我甚至都不知道它们到底是真的还是假的,即我所拥有的关于它们的观念到底是关于真实事物的还是关于那些不存在的事物的。① 因为,虽然我不久之前提出过,严格意义上的假或者说形式的假仅仅在判断中被发现,但是在观念中确实还有另外一种假即质料的假(falsitas materialis),当它

① 译注:此处"不存在的事物"在法文版中是"那些不可能存在的虚幻的事物"。

们把不存在的东西表象为好像是某种东西的时候。例如，我拥有的关于热或冷的观念是如此不清楚【44】不明晰，以至于我都不能根据它们说出，到底冷是热的缺失或热是冷的缺失，或者是否二者都是真实的性质，或者都不是。但是，由于不可能有观念似乎不向我们表象某种东西，①因此，如果确实冷不过是热的缺失，那么，这个将冷作为某种真实的、肯定的东西而表象给我们的观念，就应该被称为假的。其他这类观念情况也相同。

确实，我不需要给这类观念指定一个不同于我自己的作者。因为，一方面，如果它们是假的，即表象了某种不存在的东西，借助自然之光我就知道它们源自无，即它们在我之中仅仅是因为我的本性中的缺陷，而我的本性确实很不完满。另一方面，如果它们是真的，那么它们表象给我的实在性是如此之弱，以至于我确实都不能将它与非存在事物相区别（a non re possim distinguere），因此我就看不出为何它们不能源于我自身。

说到我所拥有的关于形体事物的观念中的清楚明晰的要素，有些似乎我能够借自关于我自己的观念，实体、绵延、数目以及它物都属于这一类。因为，一旦我想到石头是一个实体，也就是一个能够自身独立实存的东西，并且同样地我自己也是一个实体，尽管我将自己领会为一个思维的且没有广延的东西，另一方面我将石头领会为一个有广延且不思想的东西，于是这两个概念之间有着巨大的差别，但是，它们看上去有这个共同点：即都在说明一个实体。还有，一旦我知觉到我现在存在，并且也记住了此前我已经存在过一段时间，并且一旦我拥有各种我知道其数目的不同思想，

---

① 译注：这句话在法文版中是："既然观念都像图像一样，在每种情景下似乎都必须表象某种东西"。

【45】我就获得了关于绵延与数目的观念,然后我就可以将这些观念转移给其他事物。另一方面,组成形体事物的观念中的所有其他要素,即广延、形状、位置和运动,这些并不是被形式地包含于我之中,因为我不过是一个思维的东西。但是,因为它们仅仅是实体的诸样式,①并且我也是一个实体,因此很有可能它们被卓越地包含在我之中。

于是只剩下上帝的观念了;我必须考虑在这个观念中是否有什么东西不能够源于我自身。用"上帝"这个词我理解的是这样一个实体,它是无限的、〈永恒的、不变的、〉独立的(independentem)、全知的(summe intelligentem)、全能的(summe potentem)、我自己以及其他一切存在物——如果存在其他东西的话——的创造者。所有这些性质如此这般存在,以至于我越是仔细地考察它们,越是觉得它们②不可能仅仅源于我自己。因此,我必须下结论说,由上面所说的一切推出上帝必然实存。

因为,确实,即使我里面的实体观念根源于我是一个实体这个事实,但是一个无限的实体的观念并不因此就在我里面,既然我是有限的(finitus),除非它来自某个真正无限的实体。

我不应该认为,正如我通过否定运动和光明而得出了静止和黑暗的观念,同样我不是凭借一个真实的观念而仅仅是通过否定有限而得出了无限的观念。因为,正好相反,我明白地理解到,无限的实体中比有限的实体中有着更多的实在性,因此我里面对于无限者的知觉必然以某种方式先于对有限者的知觉:换言之,对上帝的知觉先于对我自己的知觉。因为,我怎么有可能理解我怀疑

---

①　译注:法文版在这个分句之后增加了:"就好像是衣服一样,有形实体就是穿戴着它们出现在我面前"。

②　译注:此处的"它们"在法文版中是:"我所拥有的关于它们的观念"。

并且我渴望,【46】也就是说,在我里面缺少某种东西,并且我不是完全完满的,如果在我里面没有一个更完满存在者的观念,并且通过与之比较我能够认识到我的缺陷?

也不能说这个关于上帝的观念很可能质料上(materialiter)是假的,并且因此可能来自无,①正如同我刚才关于热与冷以及类似观念所说的那样。因为,正好相反,由于这个观念极其清楚明晰,并且比任何其他观念都包含着更多的客观实在性,因此再没有一个观念在其自身中更为真实,并且在其中能够发现更少的虚假之嫌疑。我说,这个关于无上完满、无限存在者的观念是无比真实的;因为,尽管有人也许会想象这样的存在者并不真的实存,却不可能想象它的观念没有向我表象任何真实的东西,就好像我曾说过的冷的观念那样。而且,这个观念也是无比清楚明晰的;因为任何我清楚明晰地知觉为实在的、真实的并且包含着完满性的东西,都完全地被包含在其中。即使我没有把握到无限,或者,即使在上帝里面有无数其他属性,是我既不能理解甚至也不能借我的思想稍微把握到的,但这丝毫不会减少这个观念的真实性;因为,不能被本来有限的我所把握,这是属于无限者之本性的。只要我理解了这个观念,并且只要我判断,我清楚地知觉到的一切属性,以及我知道包含着某种完满性的属性,也许还有无数我不知道的其他属性,都形式地或卓越地存在于上帝之中,我所拥有的关于上帝的观念就会成为我的所有观念中最清楚明晰的。

但是也许我是某种比我所理解的自己更为伟大的东西,我归之于上帝的所有完满性在某种意义上潜存于我里面,尽管它们还没有【47】显现自身,也没有被造成为现实(actum)。因为我

---

① 译注:法文版这个分句之后增加了:"也即是由于我有缺陷"。

正在经验到我的知识的逐步增长,并且我不能看到为何它不能够以这种方式越来越增加直至无限;我也看不出,如果我的知识如此增长,为何我不能借助它去获得属于上帝的其他一切完满性;最后,我也看不出,如果获得这些完满性的潜能(potentia)已经在我之内,为何它不应该成为足够的现实从而产生关于完满的观念?

但是所有这些都不可能是真的。因为,首先,即使承认,我的知识正在逐渐增长,并且我里面有许多处于潜能中的东西尚未成为现实,这些都是真实的,但这些都无关于那个关于上帝的观念,在那个观念中确实绝对没有潜能:①因为,逐渐增长这本身就是不完满的可靠标志。此外,即使我的知识在不断增长,我还是认识到它永远不会成为现实的无限,既然它永远不会达到那个再无增长之可能的点;但是,我却断定上帝以这样一种方式成为现实的无限,以至于其完满性之上什么都不能增加。最后,我知觉到,一个观念的客观存在不能产生于那个纯粹潜能的存在——严格说来潜能的存在是无——只能产生于现实的或形式的存在。

对于一个仔细考察这些的人而言,由自然之光这一切是非常明显的;但是,因为,一旦我放松了注意力,感觉的东西之图像就会蒙蔽我的心灵之眼,我就不容易回想起,为何关于一个比我更完满的存在者的观念必然来自某种真正完满的存在者,【48】因此我想要进一步探讨,如果没有这种存在者,是否拥有这个观念的我自己就不能实存。

确实,我可以从哪里得到我的存在呢?也许从我自己,或从我的父母,或从不如上帝完满的其他东西:因为没有比上帝更完满或

---

① 译注:法文版在这个分句后面增加了:"只有现实的和实在的"。

和上帝同样完满的东西能够被思考或被构想到。

　　如果我只是由自己而存在，①那么我就既不怀疑也不渴望，甚至根本不会缺少任何东西：因为我应该已经赋予自己所有的完满性——在我里面有着关于这些完满性的观念——于是我自己就是上帝了。我也不应该假设，我里面所缺少的那些东西，比我里面已有的那些更难获得，因为，正好相反，让我这样一个思维的东西或实体从无中产生，明显要难于让我去获取关于那许多我尚不了解者的知识，既然这种知识仅仅是这个实体的偶性（accidentia）。但是，确实，如果我由自己而拥有了这个更伟大的东西，那么我不应该否认自己至少拥有那些更容易获得的东西，而且，我不应该否认自己拥有任何我知觉到被包含于上帝的观念中的其他东西；因为在我看来，它们之中没有什么确实是更难获得的。但是，如果它们之中任何一种是更难获得的，它们确实就会向我显现为更难获得的，如果我确实已经从我自己那里获得了我的其他属性，我就应该经验到在这方面我的能力的局限。

　　我也不能逃避这些论证的力量，如果假设我曾经总是如同我现在这般存在着，似乎就可以推出没有必要寻找我的存在之作者的实存。因为，既然一生所有的时间【49】可以被分成无数个部分，每一个部分都完全不依赖于其他部分，那么，就不能从不久前我存在这个事实推出现在我必须存在，除非可以说有某种原因在这个时刻重新创造了我，或者，换言之，维持了我的存在。因为，如果一个人考虑过时间的本性，那么非常清楚的是，无论是何种事物，在它持续的每一个单独的瞬间，保存它所需要的力量和行动，完全同于在它尚未实存时从头创造它所需的力量和行动。因此保

---

　　①　译注：法文版在这个分句之后增加了："并且不依赖所有其他存在"。

存与创造之间的区别仅仅是理性上的区别，这是由自然之光看来非常明显的事情之一。

因此现在我必须问我自己，是否我拥有某种能力，凭借它，我可以使得那现在存在的我在不久的将来仍然存在。因为，既然我不过是一个思维的东西，或者说得更准确一些，既然我现在仅仅处理我作为思维的东西的那个部分，如果这种能力确实在我里面，无疑我应该意识到它。但是，我没能发现这种能力，由此我非常明确地认识到，我依赖某种不同于我的存在者。

但是，也许这个存在者不是上帝，也许我是被我父母或是不如上帝完满的其他原因创造的。不：因为，正如我之前说过的，很明显，结果里有的东西至少和原因里一样多；①因此，既然我是一个思维的东西，并且在我自身中拥有关于上帝的观念，那就必须承认，无论最终指定给我一个什么样的原因，那个原因自身必须也是一个思维的东西，并且也拥有我归之于上帝的所有完满性。接下来，关于这个原因，我们也可以追问，它到底是由自身而存在还是借助其他东西而存在？如果它由自身而存在，根据上面所说的，很清楚它自己就必须是上帝，因为，【50】既然它由自身获得了实存的能力，那么无疑它就有能力现实地拥有所有的完满性——关于这些完满性的观念在它自身里面，也就是拥有所有我领会到在上帝里面的完满性。但是，如果，另一方面，它借助其他东西而存在，那么我们可以追问，这个东西到底由自身而存在还是借助其他东西而存在，直到最终我们达到那个终极原因，这就是上帝。

很显然无限地追溯下去在此是不可能的，尤其是因为我正在

---

① 译注：最后这个分句在法文版中是："结果里有的实在性至少和原因里一样多"。

讨论的,不只是在过去某个时刻产生我的原因,首先并更重要的还是在当下维持我的原因。

也不能构想说,也许很多部分的原因合在一起产生了我,由其中一个原因,我获得了我归之于上帝的诸完满性中的一个完满性的观念,由另一个获得了另一个完满性的观念,这样一来,所有这些完满性被发现于宇宙各处,而不是结合于一个单独的存在者即上帝那里。因为,正好相反,这种统一性(unitas)、简单性(simplicitas),或者上帝之中所有东西的不可分离性(inseparabilitas),恰恰就是我所理解的内在于上帝之中的基本的完满性之一。确实,关于上帝所有完满性之统一体的观念,也不可能被任何一个我没有由之而获得其他完满性的观念的原因置于我里面:因为,这样一个原因不能使得我将所有完满性理解为同时结合为一体且不可分离,除非它同时使得我认识到这些完满性都是些什么。

最后,说到我的父母,即使我关于他们曾经所想的一切都是真实的,确实他们没有维持我的存在,他们也没有以任何方式产生我,就我是一个思维的东西而言;他们仅仅将某些配置(dispositiones)安放于那些质料之中,我断定我自己——也就是我的心灵,因为此刻我只认为它等同于我——【51】居于这种质料之中。这样,关于他们就没有任何困难了;反之,我们必须下一个必然的结论,仅仅由我实存,以及我里面有一个最完满的存在者即上帝的观念这个事实,就毫无疑问地证明了上帝也实存。

对我而言,剩下的就只是检查我以何种方式从上帝那里接受了这个观念。因为,我并不是由感觉而获得它的,它也从未自发地冲进我的注意力,就像可感事物的观念,那些事物自身给外感官留下印象,或者显得如此;它也不是由我所造,因为我不能从它这里拿走什么,或者给它添加什么。因此,必然只能是,这个观念我生来就有,就如同关于我自己的观念我生来就有那样。

确实,这也没什么可奇怪的,如果上帝在创造我的过程中将这个观念刻在我里面,就好像工匠为了让自己被知道而在其作品中刻上标记那样。这个标记并不是必须成为某种不同于作品自身的东西。但是,只要有上帝创造了我这一个基本事实,那就可以相信我是以某种方式按照上帝的形象及相似性而被创造的,并且可以相信,我凭借知觉自己的官能来知觉这种相似性,而关于上帝的观念就包含在这个相似性之中。也就是说,一旦我将我的心灵之眼转向我自身,我不仅认识到我是一个不完全的、依赖于他者的存在,而且还无限地渴望更伟大更好的东西;但是与此同时我也认识到,那个我所依赖的存在者拥有所有那些更伟大的东西,不是不确定地、潜在地拥有,而是现实地、无限地拥有,这样他就是上帝。这个论证的所有力量就在于:我认识到,我不可能【52】以这种本性——即在我里面拥有上帝的观念——而实存,除非上帝实际上也实存,恰恰就是这同一个上帝,关于祂的观念在我里面,也就是说这个上帝拥有所有的完满性——我不能完全理解这些完满性,但可以在我的思维中对它们有一定程度的了解——这个上帝不可能沾染任何缺陷。① 由这些就足以看清楚,祂不可能是一个骗子,因为所有的诡计和欺骗都预设了某种缺陷,这是由自然之光看得很明白的。

但是,在更仔细地彻查这一点,并且探究由此而推出的其他真理之前,我想要在此稍作停留,花一些时间去沉思上帝,去反思祂的属性,去注视、惊叹、崇拜这束巨大的光芒之美妙,就如同我那被

---

① 译注:法文版这个分句中还增加了:"并且不会拥有任何显示出不完满的东西"。

笼罩在黑暗中的精神的力量所能做的那样。因为，正如我们由于信仰而相信来世的最高的福祉（summam alterius vitae fœlicitatem）在于纯粹沉思这神圣的威严，我们也由经验而发现，这个沉思——尽管更不完善——却向我们提供了我们在此世（in hac vitâ）所能拥有的最伟大的快乐。

第四沉思　真理与虚假

在过去这几天我已经习惯于带领我的心灵远离感官；并且已经彻底认识到，【53】有关形体事物（de rebus corporeis）的真实知觉是非常罕见的，对于人的心灵则能够认识得更多，对于上帝则认识得还要多，这样一来，现在我可以毫无困难地将我的心灵从可想象的东西①那里转向纯粹可理解的且脱离所有物质的东西。确实，由于人的心灵是一个思维的东西，没有沿着长、宽或高延伸，并且没有其他的形体的特点，我对于它所拥有的观念比对于任何形体事物的观念更为明晰。当我想到我怀疑，或我是一个不完整的并且有依赖性的东西，一个清楚明晰的有关独立完整之存在者也即上帝的观念就出现在我里面；并且仅仅由我里面有这样一个观念，或拥有这个观念的我是实存的这种事实，我可以明白地下结论说，上帝也实存，并且我整个实存的每一个单独瞬间都取决于上帝；这个结论是如此明白，以至于我可以有把握地断言，人类理智

――――――――――

① 译注：此处"可想象的东西"在法文版中是"那些可以被感官知觉到或被想象到的东西"。

不可能认识到比这更明确确定的东西了。现在,我似乎瞥见了一条道路,顺着它,我们可以从沉思这个真实的上帝——一切知识和智慧的宝藏都隐藏于祂里面——而达到关于其他事物①的知识。

首先,我认识到,上帝欺骗我是不可能发生的;因为,在一切诡计或欺骗里都会发现某种不完满;尽管能够行骗似乎标志着聪明和能力,然而想要欺骗无疑证明了恶毒或虚弱,因此不可能出现在上帝中。

此外,我由经验知道,在我里面有一种判断的能力(judicandi facultatem),它与我里面的所有其他东西一样,【54】肯定都是我从上帝那里获得的;既然上帝并不想骗我,这个上帝赋予的功能一定是这样的,即,只要我正确使用我就永远不会犯错。

在这个问题上似乎没有什么可疑之处了,除了由刚才所说的明显可以推出我根本不会犯错的结论。因为,如果我里面的一切都来自上帝,并且祂没有赋予我任何犯错的能力,那么似乎我可以永远不出错了。确实,只要我仅仅想到上帝,并且将我的整个注意力都转向祂,我不能发现任何错误或虚假的原因;但是,当我此刻回到我自身,由经验我知道我会犯无数的错误。一旦我探寻这些错误的原因,我观察到,呈现在我面前的,除了一个关于上帝或关于一个至上完美存在者之实在而肯定的观念,还有一个可以说是关于虚无或者关于无限远离一切完满性之否定的观念;我还看到,我就是如此地被设定为处在上帝和虚无之间,或者说是至高存在者与非存在者之间,以至于,就我被至高存在者创造了而言,我里面确实没有什么使我受骗或引我犯错,但是就我分享了虚无或非存在者而言,也即就我自己不是至上的存在者而言,我

---

① 译注:此处"其他事物"在法文版中是"宇宙中的其他事物"。

还缺少很多东西,这样我会出错就是不奇怪的了。这样一来,我确实就理解了,错误,就其为错误而言,并非某种取决于上帝的真实的东西,不过纯粹且仅仅是一种缺陷;因此,为了犯错,我不需要有上帝为这个目的而给我某种特殊的犯错能力,我犯错这样的事情之所以发生,是因为上帝给我的判断真理的能力在我这里不是无限的。

　　但是,这仍然不能让我完全满意。【55】因为,错误并不是一种纯粹的否定(pura negatio),①而是一种缺失(privatio),缺少某种应该以某种方式在我里面的知识;当我考虑上帝的本性之时,我认为,似乎不可能祂会赋予我就其种类而言不完满的某种机能,或者被剥夺了某种应该归于祂的完满性。因为,如果手艺越熟练的工匠创造的作品越完满,那么,由一切事物的至高无上的创造者所产生的任何东西,怎么可能不是各个部分都完满呢? 同样毫无疑问的是,上帝可以把我创造成不可能出错;此外,毫无疑问的是,上帝总希望最好的东西,难道让我出错要强于不出错?

　　在我更仔细地考虑这些的时候,我首先想到的是,如果我理解不了上帝的某些行动的理由(rationes),我不应该感到奇怪。如果我或许发现了其他一些我不能理解上帝为何以及如何产生的事情,也没有任何理由可以怀疑祂实存。因为,既然我已经知道我的本性相当软弱而有限,相反上帝的本性是广大、不可思议且无限的,由此我非常清楚地知道,祂可以做成无数我不知道其原因的事情;仅仅出于这个理由,我可以断定,人们通过思考事物目的(fine)而习惯于寻找的整个那一类原因,在物理学研究中毫无用

――――――――
　　① 译注:此处法文版加上一个同位语:"不仅仅是缺陷或缺少某种我不应该认领的完满性"。

处（nullum usum）；因为，在我看来，让我去探究上帝〈深不可测的〉目的，那真是相当轻率。

　　我还想到，每当我们询问上帝的作品是否完满的时候，我们不要孤立地盯着任何一个单独的受造物，而是要看宇宙万物的整体。因为，那个单独看来也许显得——也不是毫无理由地——很【56】不完满的东西，如果被视为宇宙的一个部分则可能非常完满；而且，尽管在我决定怀疑一切之后我尚未确切发现上帝和我之外是否还有任何其他东西实存，但是，既然我意识到了上帝的巨大能力，我就不能否认许多其他东西已经或至少可能被祂创造出来，这样我也可能作为宇宙之一部分而存在。

　　最后，当我更贴近自身，并且检查我的错误到底是什么（这些错误充分证明了我里面有着不完满），我注意到它们取决于两个共同起作用的原因，即我所拥有的获取知识的能力（facultate cognoscendi），以及选择的能力（facultate eligendi）或自由裁决（arbitrii libertate）；也就是说，它们既取决于理智（intellectu）同时也取决于意志（voluntate）。因为，单单通过理智我仅仅知觉到①那些我将要对之下判断的观念；如果从这个精确的角度来考虑，在理智里面不会发现任何严格意义上的错误。因为，尽管很可能有无数其观念不在我里面的东西实存着，但是，我却不能在严格意义上被说成是被剥夺了这些观念，②而只能在否定的意义上被说成是没有它们；因为，我确实提不出理由来证明，上帝应该给我一个更强大的获得知识的功能，相比于祂已经给我的功能而言；尽管我将祂理解为一个最娴熟的工匠，我却不能因此就以为，祂应该将祂赋予一些作品

---

　　①　译注：法文版此处增加了："而不是肯定或否定任何东西"。
　　②　译注：法文本的这个分句是："不能说我的理智被剥夺了这些观念，好像它们是某种其本性赋予的东西一样"。

中的所有完满性都放进每一个单独的作品中。此外，我确实也不能抱怨，我从祂那里接受了一个不够宽广完满的意志或裁决之自由；因为我将它经验为不受任何界限所限制的。在我看来，尤其重要的是注意到，【57】在我里面，除了这个特性之外，没有其他特性是如此完满、如此伟大，以至于我不能理解它如何还能更完满或更伟大。因为，举例来说，如果我考虑理解功能（facultatem intelligendi），我立刻认识到它在我这里是非常微小极其有限的；与此同时，我还形成了一个更为广大，应该说是无比广大且无限的理解功能之观念，并且根据我能够形成关于它的观念这个事实，我知觉到它属于上帝的本性。同样，如果我检查记忆或想象功能（facultatem recordandi vel imaginandi），或任何其他功能，我认识到它们在我这里都是不充分且受限制的，但在上帝那里则是没有边际的。唯有意志或裁决的自由，我经验到它在我里面是如此巨大，以至于我不能形成一个更大的意志能力的观念；这样，我就理解到，主要是基于意志我理解到我表现出一点上帝之形象或相似性。因为，尽管在上帝里面的意志无可比拟地要大过在我里面的意志，无论是就祂里面与意志相伴并使之更为坚强有效的知识及能力而言，还是就其对象而言，既然它的范围要广得多，可是，如果它在形式上且严格地就其自身而考虑的话，那么它在上帝里面并不显得比在我里面更大。这是因为，意志纯粹在于我们做或不做（即去肯定或否定，去追逐或躲避）某个既定之事的能力；或者不如说，意志仅仅在于这一个事实：理智将那些要被肯定或否定，或者要被追逐或躲避的事情呈现给我们，我们则被驱使着以这样一种方式与这些事情发生关系，以至于我们感到我们不是被任何外在力量决定着朝向那个方向。为了能够自由，我没有必要被驱往两个方向；相反，我越倾向于某一个方向——或者因为我清楚地理解到【58】真和善的理由在那里，或者因为上帝如此安排我内心深处的思想——我的选择就越自由。确实，无论神恩还是自然知识都不会减少自由，相反它们增加并强化了它。另一方面，在没有理由将我推往一个方向而不是另一方向时，我所经验到的无所谓（indifferentia）则是最低等级的自由，它绝不标志着完满，只是标志着我知识中的不足或某种否定；因为，如果我总是清楚地看到什么是真和善，我就没有必要再三掂量如何下判断或如何选择行动；在那种情景下，尽管我是完全自由的，但我绝不是无所谓的。

从所有这些我知觉到，我犯错的原因既不是上帝赐予的意志能力——仅就这个能力本身而考虑的话，因为它是极为宽广的、就其种类而言是完满的；也不是理解能力，因为既然我的理解能力是上帝的礼物，无论我理解了什么，可以确定我正确地理解了它，在这里不存在我出错的可能性。那么，我错误的根源是什么呢？它只能是这点：既然意志的范围比理智的范围要广很多，我却没有把意志限制在与理智同样的范围里，却将意志扩展至那些我并不理解的问题；并且由于意志对这些东西是无所谓的，它就很容易背离真和善的东西，这就说明了我如何出错（fallor）以及如何犯罪（pecco）。

举例来说，过去这几天我检查了是否有什么东西在世界上实存，并且认识到，正是由于我检查这一问题，可以清楚地推出我实存，于是我就不得不做这样的判断，即我凡是理解得如此清楚的都是真的。【59】我这样判断不是受迫于外在的力量，而仅仅是因为紧跟在理智之巨大光明之后的那个意志之强烈的倾向；以这种方式，我越是不觉得无所谓，我的信念就越自由且越是自发的。但是现在，我不仅知道，就我是一个思维的东西而言我实存，而且某个关于形体之本性的观念也呈现给我，结果就是我开始怀疑，在我里面的这个思维的本性,或者说我自己所是的那个东西,是否不同于这个形体之本性,或者二者是否是一个东西。我在此假设,我的理智中尚未出现任何理由说服我赞同这个观点或那个观点。单单根据这个事实,对于肯定或否定这个观点或是那个观点,甚至对这个问题根本不下判断,我确实都觉得无所谓。

但是,确实,这种无所谓不仅延伸至理智根本就没有形成任何认识的问题,而且还延伸至那些意志正在仔细掂量但理智却没有足够清楚地认识到的事情。因为,无论各种可能的猜测强烈地将我推往一个方向,但是,只须认识到它们仅为猜测而非确定的、不可怀疑的理由,这就足以驱使我赞同相反的观点。这一点在我最近这些天的经验中得到了充分的证实,也就是,在我考察所有我曾经坚信为真的旧信念之时,仅仅因为我认识到它们在某个方面是可疑的,我就决定假设它们全都是虚假的。

现在,如果每当我没有足够清楚明晰地知觉到真理何在之时,我就限制自己下判断,那么很明显我行事正确并且不会出错。但是,如果在那种情况下,我或者肯定或者否定,那么我就没有正确地使用我的自由裁决。【60】如果我采纳了虚假的观点,那么显然我完全出错了;如果我选了另外一方,那也不过碰巧达到了真理,我仍然不能免罪,因为根据自然之光非常明显的是,理智的知觉应该总是先于意志的决定。构成了错误之形式的缺陷,就在于自由裁决的不正确的使用中。我以为,这种缺陷在于自由裁决的运用,就这种运用来自我而言,这种缺陷并不在于上帝赐予我的这种功能,也不在于该功能取决于上帝的那种运用。

我也没有理由抱怨说,上帝没有给我一个更强大的理智能力,或更大的自然之光,相比于祂实际上所给的而言,既然不能够理解许多事物正是有限理智之本质,而受造的理智之本质就是有限的。

相反,我应该感激祂,因为祂从未欠过我什么,却给了我巨大的奖赏。我没有理由认为我已经被祂剥夺了那些祂没有给我的东西,或者祂从我这里抢走了它们。①

我没有更多的理由抱怨祂赐予我的那个意志要远远大过我的理智;因为,既然意志纯粹在于一个可以说是不可分的简单特性,它的本性似乎就决定了不可能从它那里拿走任何东西。确实,我的意志扩张得越广,我就越要感谢那个将它赋予我的人。

最后,我也不能抱怨说,在产生这些意志活动或者这些判断——正是在其中我出了错——的过程中上帝与我合作了;因为,就这些活动取决于上帝而言,它们完全是真实的、好的;我能够执行这些活动,相对于我不能执行这些活动而言,这在某种意义上总是我里面的一个更大的完满性。至于这其中包含的缺陷——【61】虚假和罪责之形式的理由(ratio formalis falsitatis & culpæ)仅在于此——则不需要上帝的合作,因为它并不是一个东西,也不是以上帝作为其原因的缺陷:它应该被纯粹地、简单地划归为否定。② 因为,确实在上帝里面是没有不完满性的,既然在上帝没有给我的理智一个清楚明晰的知觉的情况下上帝给了我断定或不断定的自由;但是,无疑是我里面的不完满性没有恰当地运用这个自由,并且对我没有正确理解的东西下判断。但是,我能看到,上帝可以很容易产生这个局面,即我在保持自由并且仅仅被赋予有限的知识的同时绝不犯错误:比如说,如果祂使得我的理智对于我曾经试图思考过的任何东西都拥有清楚明晰的知觉;或者,如果祂仅仅在我的记忆中深深地刻下我永远不能忘记的一条,即不要对我

---

① 译注:这句在法文本中是:"我不应该不合理地持有这种想法,想象祂剥夺了我,或是不合理地扣留了其他那些祂没有赐予我的完满性"。

② 译注:此处法文本加上"根据经院的用法来理解这些术语"。

没有清楚明晰地理解的任何东西下判断。就我把自己考虑为一个整体而言，①我很容易理解到，如果我被上帝如此创造，那么我应该比我现在更为完满。但是，尽管如此，我不能否认说，宇宙中某些部分不能免于犯错而其他部分能够免于犯错，这就会使得宇宙作为一个整体更为完满，相比于宇宙的各个部分都完全相似而言。并且我不能抱怨说，上帝让我在这个世界所扮演的角色不是最杰出的或不是所有人中最完满的。

此外，即使我没有能力以刚刚提及的第一种方法避免错误，这种方法要求我对于我思考过的一切都拥有明确的知觉，我还能够以第二种方法避免错误，这种方法【62】仅仅要求我记住，每当事情的真相还不清楚的时候我都应该拒绝下判断。因为，尽管由经验我发现我本性中的一个弱点，即我不能总是集中注意力于同一个知识上，但是，通过专注的并且重复的沉思，我还是能够让我自己在一旦需要的时候记住这一点，这样我就可以获得一个不犯错误的习惯。

既然人的最伟大、最独特的完满性就在于此，我认为由今天这个沉思我获益不小，因为我已经追查到错误与虚假的原因。确实，这个原因只能是我已经解释的这一个。因为，每当我下一个判断的时候，我都如此地控制我的意志，以至于它将自己局限于理智清楚明晰地呈现给它的那些东西，这样就不可能发生我犯错这样的事情；因为每一个清楚明晰的知觉无疑是某种东西，②因此不可能来自无，而是必然有上帝作为其作者——上帝这个无比完满的存在，其本性与欺骗是不相容的。因此这一点毫无疑问是真实的。

---

① 译注：此处法文本加上"就好像这个世上只有我一个人"。
② 译注：此处法文本增加了"真实的和肯定的"来修饰"某种东西"。

今天我不但知道了为了免于出错我应该避免什么,而且同时知道了为了达到真理我必须做什么;因为,我确定会达到真理,只要我充分地关注我完全理解了的每样东西,并且将它完全区别于每一件我只是模糊混乱地了解到的东西。我今后将非常小心地做到这一点。

第五沉思　关于物质性的事物的
本质,再论上帝,祂是实存的

【63】还有上帝的许多属性,以及我自己或者我的心灵之本性的许多方面,都留待我去探查。但是,也许我应该另外找个时间回到这些问题(因为此刻,既然我已经明白了,为了获得真理要避免什么以及可以做什么),那么最紧急的事情,似乎莫过于让我摆脱过去这些天所陷入的怀疑,看看任何关于物质性事物的确定知识是否有可能。

确实,检查是否有这类事物在我外面实存之前,我应该首先考虑关于它们的观念——就这些观念存在于我的思想中而言,并且看看它们中哪些是明晰的,哪些是模糊的。

我确定可以明晰地想象到被哲学家通常说成是连续的(continuam)量(quantitatem):也就是,这种量,或者不如说是这个量所归属的事物,沿着长、宽、高延伸。我可以数出它里面的不同部分。我将不同的大小、形状、位置和位移赋予各个部分,并且将各种绵延赋予各个运动。

不仅这些事物——在此照一般情况来考虑——被我清楚地认识到并且观察到;而且,如果我投以更多的关注,我还知觉到与形状、数目、运动等等相关的无数特殊事实,【64】这些事实如此明显地是真实的,与我的本性是如此和谐,以至于我第一次发现它们的时候,似乎我不是获得了新知识,而不过是回想起我之前已经知道的内容,或者说,我不过是第一次注意到那些已经在我心里的东西,尽管我从前没有将我心灵的注意力转到那个方向。

我认为在此特别需要考虑的是这一点:我在我里面发现无数的关于各种事物的观念,哪怕这些事物也许不实存于我之外的任何地方,但它们却不能被称为无。尽管,在某种意义上,我到底是想到还是没有想到它们,这是由我决定的,然而它们并不是由我所构想,而是拥有它们自身的真实不变的本性。例如,当我想象一个三角形时,哪怕这样一个形状也许并不实存,并且从未出现于我思想之外的任何地方,但是它仍然有一个确定的本性或本质或形式,这是不变的、永恒的,并且不是由我创造的,也不取决于我的心灵。这是非常清楚的,根据以下这个事实,即完全可以证明这个三角形的各种特性,比如三角形三内角之和等于两直角,三角形最大的边对最大的角,等等,这些特性是一些无论我是否喜欢现在我都清楚地承认的特性,即使到目前为止我想象三角形时从来没有想到过它们。因此,这些特性不可能是我创造的。

如果我要说,三角形的观念很可能是经过感官由外在事物进入我之中,既然我曾经偶然看见有着三角形状的物体,那也没有什么区别。因为,我可以想到无数其他形状,几乎不可能怀疑这些形状是经由感官到达我的,但我仍然可以证明它们的一些特性,【65】就像我可以证明三角形的特性那样。所有这些特性确实是真实的,既然它们被我清楚地认识到,因此它们是某种东西,而不是纯粹的无。因为,很清楚的是,凡是真实的必定是某种东西;并且我已经充分地证明了我清楚地认识到的任何东西都是真实的。就算我还没有证明过这一点，但我的心灵的本性就是如此，以至于在任何情况下我都忍不住要认同我清楚地知觉到的东西，至少是当我清楚地知觉到它们的时候；而且我还记得，即使在我过去尽可能紧密地依附于感官对象的时候，我仍然总是认为，我明确地认识到的这一类真理，即关于形状，或数目，或其他属于算术或几何学或者一般而言纯粹抽象数学的问题，是所有知识中最为确定的。

但是现在，我可以从我的思想中产生关于某物的观念，如果仅仅从这个事实就可以推出，所有我清楚明晰地知觉到属于某物的那些东西都真正地属于某物，那么我难道不可以在此又发现了关于上帝之实存的另一个证据？确实，在我里面，我发现了一个关于上帝，也即关于一个至上完满的存在者的(entis summe perfecti)观念，就如同我发现了关于任何形状或数目的观念一样。并且我清楚明晰地理解到〈现实的和〉永恒的实存属于其本性，就如同我清楚明晰地理解我能证明某些形状或数目的特性事实上属于那些形状或数目之本性。因此，即使最终并非我在过去这些天里的所有沉思都是真实的，迄今为止我赋予了数学真理①多少确定性，【66】我就应该将同等程度的确定性赋予上帝之实存。

确实，乍看这一点好像并不是完全清晰的：它显得有点像诡辩。因为，既然我已经习惯于在所有其他事情那里都区分实存和本质，我很容易劝说我自己相信，上帝的实存也可以和其本质相分离，这样上帝可以被设想为不实存。但是，如果一个人更仔细地考虑这个问题，那么很明显，上帝的实存不能与其本质相分离，就如

---

① 译注：法文版此处增加了一个修饰语"那仅与图形和数字相关的"来修饰"数学真理"。

同我们不能将三角形的三内角和等于两直角与三角形的本质相分离一样，或者我们不能将山的观念与谷的观念相分离一样。因此，这一点是真实的：设想一个缺少实存（即缺少一个完满性）的上帝（即一个至上完满的存在者），这里面的矛盾不亚于设想一座没有谷的山。

但是，即使我不能思考没有实存的上帝，就如同我不能思考不带谷的山那样，可是确实无疑的是，也不能从我思考一个带谷的山这个事实，就推出有任何一座山实存于这个世上；类似地，从我思考作为实存者的上帝，似乎也不能推出上帝实存。因为我的思想并不能将必然性强加于事物上；正如我可以自由地想象一匹带翅膀的马，即使没有马真的拥有翅膀，同样也许我可以构想上帝之实存，即使没有上帝真的实存。

不：这里隐藏着一个诡辩。从我不能思想一个不带谷的山这个事实，并不能推出山和谷实存于任何地方，【67】仅仅能推出的是，无论山和谷实存与否，它们都是不可分的。但是从我不能思考上帝除非其实存这个事实，可以推出实存与上帝不可分，因此祂实在地实存着。并不是我的思想使其实存，或者我的思想将任何必然性强加于任何事物，相反，正是事物本身的必然性，即上帝自身的实存决定了我这样想。我也不能自由地思考不实存的上帝（也即一个缺少至上完满性却至上地完满的存在者），就如同我可以自由地想象一匹带翅膀或不带翅膀的马那样。

也不能在这里坚持说：一旦我设定上帝拥有所有的完满性，既然实存是诸完满性之一，那么我必然要认定上帝为实存者，但最初的设定并不是必然的；就好比说，我并非必然要去思考所有的四边形都能内接于一个圆；但是，只要我这样思考，那我就必然承认一个菱形可以内接于一个圆，而这显然是错误的。因为，尽管我并不是必然要开始思考上帝,但是,每当我选择去思考那个最初的并且至高的存在者,并且从我心灵的宝库——姑且这么说——中翻出上帝的观念,我就必然将所有的完满性归于祂,即使在那个时刻,我既不能将它们全部列出,也不能逐一考虑它们。这种必然性足以保证,当我后来认识到实存是一种完满性的时候,我就能正确地得出结论,最初的并且最高的存在者一定实存着。以同样的方式,我并不是必然地要去想象一个三角形,但是,每当我想要思考一个拥有三个角的直线图形时,我就必然赋予它那些特性,【68】由这些特性就可以正确推出三内角和不大于两直角,哪怕我在那个时刻并没有认识到这一点。相反,当我检查什么样的图形可以内接于圆时,绝对没有一种必然性使得我想到所有的四边形都隶属于这个类别:确实,我甚至不可能构想这是真的,只要我打算接受的仅仅是那些我清楚明晰地理解了的东西。因此,在类似这样的虚假设定与我里面与生俱来的真实观念——其中最初的、最重要的就是关于上帝的观念——之间存在着巨大的差异。因为,确实,我以许多方式理解到这个观念不是取决于我的思想的某种幻想,而是有一个真实不变之本性的图像:首先是因为,除了上帝自身,没有任何其他东西能够被我领会为其实存〈必然〉属于其本质;其次,因为我不能理解两个或更多这样的上帝,而且,因为现在承认了一个上帝实存,我明显看到,祂应该到现在为止始终实存着,并且祂还会在未来继续实存直到永远;最后,因为我在上帝里面知觉到许多其他特性,这其中没有一个是我可以去除或改变的。

但是,确实,无论我采取何种证明,问题总归要落到这一点:唯有我清楚明晰地知觉到的东西,才能使我完全信服。确实,在我清楚明晰地知觉到的东西里面,有几个对所有人都是明显的,其他一些则只能被那些更贴近地观察、更仔细地研究的人发现;但是,一且后面这些被发现了,它们就像前者一样被当作确定的。就好比说,如果我们处理直角三角形,【69】斜边构成的正方形面积等于另外两边构成的正方形的面积之和,这一点并不像斜边对应于最大的角那样容易辨认,虽然如此,可是一旦被把握到,两者也就同样地被坚信不疑。但是,说到上帝,确实,如果我没有被偏见征服,并且如果可感事物的图像没有从所有方面都压入了我的思想,那么我认识祂肯定会比认识其他事物更快、更容易。因为,最高的存在者存在,也就是说,实存属于其本质的那个上帝实存着,①难道还有什么比这个事实更为不证自明吗?

尽管在我能够知觉到这个真理之前需要仔细地思考,但是,现在,我不仅如同确信那些看上去最确定的东西那样同等地确信它,而且我还观察到,所有其他事物的确定性都完全取决于此,以至于离开了它就不能完满地认识任何东西。

尽管我的本性就是如此,以至于只要②我清楚明晰地知觉到某种东西我就不能不相信它是真实的,但是,我的本性还是这样的,以至于我不能将我的心灵的注意力长久地固定于同一个事物以便清楚地知觉它,而且通常发生的情况则是,我记住了我判断某种东西是真的,然后当我不再专注于那个让我下这个判断的理由之时,其他理由可能就被引用来轻易地动摇我原来的意见,如果我不知道上帝的话。这样一来我就永远不能对任何事情拥有真实确定的知识,而只有模糊易变的意见。例如,当我考虑三角形的本性时,由于我潜心研究几何学原理,在我看来三角形三内角和等于两直角是非常明显的;并且只要我专注于这个证明,我就不能不相信

————————

① 译注:法文版这个分句中上帝的修饰语是"仅仅在其观念中就包含着必然和永恒的实存"。

② 译注:这里的"只要"(quamdiu)在法文版中是"一旦"(dés aussi-tost)。

这是真的。【70】但是,只要我将心灵的眼睛转向其他方向,尽管我很好地记起我曾经清楚地把握到它,我仍然很容易怀疑它的真实性,如果我不知道上帝的话。因为我可以说服自己相信:我被自然创造成这样,以至于在那些我以为我最明确地知觉到的问题上,有时我都会出错,尤其我回忆起,我曾经将一些事物当作真实并且确定的,但后来又被其他理由引导着判断它们是虚假的。

但是,一旦我已经知觉到上帝存在,同时我已经知道其他任何事情都取决于祂,并且祂不是骗子,并且由此推出凡是我清楚明晰地知觉到的都必然是真的,那么,即使我不再专注于这个使得我判断它为真的理由,只要我记起我清楚明晰地知觉到了它,那就没有相反的理由可以被引用来诱导我怀疑它;而是说我对它有了真实而确定的知识。并且我拥有的不仅仅是关于这个问题的知识,而且还是关于所有我记得曾经证明过的命题的知识,比如几何学真理或类似的其他知识。因为,还有什么可以来反驳我呢?① 不就是说我如此被创造,经常会出错? 但是现在我知道,在那些我清楚地理解了的问题上我不可能出错。不就是说,我曾经视为真实确切的许多事情后来我又认为是虚假的? 但是我并未清楚明晰地知觉到这些事情中的任何一个,只不过从前我不知道这条真理的规则,我相信它们也许是出于其他理由,后来我发现这些理由并没有我以为的那么可靠。于是还能说什么呢? 或许就是那个不久前我向自己提出过的反驳:我可能正在睡觉,或者我正在思考的任何事情不会比睡梦中的人拥有的想法更为真实。但是,这一点也无济于事。因为,确实,【71】就算我在睡觉,如果有什么在我的理智看

---

① 译注:这句话在法文版中是:"现在还能提出什么样的反驳迫使我怀疑这些问题呢?"

来是明确的东西,那它也是完全真实的。

　　这样我就明白地看到,所有知识的真实性和确定性都仅仅依赖于我对真实上帝的知识,这种依赖到了这样的程度,以至于,在我发现这个知识之前,我根本不能获得关于其他事物的完满知识。但是现在,我能够以一种确定性明白地知道无数真理,不仅仅涉及到上帝自身以及其他理智方面的事物(rebus intellectualibus),而且涉及到作为纯粹数学之对象的整个形体事物之本性。①

---

　　①　译注:这最后一个分句在法文版中是:"而且还涉及到那些属于形体之本性的东西,就形体之本性可以作为几何证明之对象而言,而几何证明并不关心对象是否实存"。

第六沉思　物质性事物的实存,以及心灵①与身体之间的真实区别

对我而言,剩下的事情就是检查物质性事物是否实存了。现在我至少知道它们是有可能实存的,就它们是纯粹数学对象而言,既然我清楚明晰地知觉到它们。因为,毫无疑问,上帝能够将一切我能够以这种方式知觉到的东西创造出来;并且我从未断言任何东西不能被上帝创造出来,除非在我试图明晰地知觉它的过程中碰到了矛盾。此外,似乎可以由想象功能之实存而推出物质性的东西实存,在我处理物质性事物的时候我体验自己在使用想象功能。因为,如果我更为仔细地考虑想象是什么的时候,【72】它看上去不过是认识功能针对形体的某种运用,而那个形体直接呈现给那个认识功能,因此也是实存着的。

为了澄清这一点,我打算先来检查想象活动(imaginationem)和纯粹理智活动(puram intellectionem)之间的区别。例如,当我想象一个三角形时,我并不只是将它理解为一个由三条直线包围着的图形,而且同时我还借助心灵的眼睛直观三条直线似乎出现在

---

① 译注:此处的“心灵”在法文版中是“灵魂”。

我面前;这就是我所说的想象。但是,如果我试图去思考一个千边形,尽管我将它理解(intelligo)为一个包含了一千条边的图形,清楚程度就如同我理解三角形包含着三条边一样:但我却不可能以同样的方式想象一千条边,或者说直观到它们似乎出现在我面前。而且,由于我总是习惯于每当思考一个有形物体的时候都去想象某种东西,很可能我以一种模糊的方式给自己表象出某种图形,尽管如此,但很明显这不是一个千边形,因为它与我想到一个万边形或任何有多条边的图形时我可能向自己表象的图画根本没有差别。它也无助于认识那使得千边形得以区别于其他多边形的特性。但是,如果问题是有关某个五边形,我确实可以无需想象的帮助而理解其形状,就像我理解一个千边形那样:但是,我也能想象一个五边形,通过将我心灵的眼睛运用于它的五条边以及各边里面所包含的区域;在这里我非常明显地注意到,【73】为了想象我需要做出一种特殊的心灵的努力,而在理解的时候则不需要;这个心灵的额外的努力清楚地揭示出想象活动与纯粹理智活动之间的区别。

此外,我认为,我所拥有的这种想象能力,就其区别于理解能力,它并非内在于我的本质也即我的心灵的本质;因为,即使我缺少它,毫无疑问我也完全能够保持我目前之所是。由此似乎可以推出,想象取决于不同于我的某种东西。并且我很容易理解到,如果某个形体①实存着,心灵与该形体联系得如此紧密,以至于只要心灵愿意随时就可以让自己探查这个形体,很可能正是这个形体使得我去想象有形物体。因此这种思维方式与纯粹理智活动之间的区别可能仅仅在于:当心灵理解的时候,它以某种方式转向自

---

① 译注:此处以及后面几处"形体",似乎也可以翻译为"身体"。

身,并且注视着自身中包含的某个观念;但是当它想象的时候,它转向形体并且查看形体中的某种东西,这种东西或对应于它理解自身的观念或对应于借感官知觉到的观念。我以为,我可以很容易理解想象是如何以这种方式发挥作用的,只要形体实存。因为没有其他同等方便的途径可以用来解释它,因此我就以某种概然性(probabiliter)推测形体实存。但这仅仅是概然性,尽管我极为仔细地检查了整个问题,我仍然没有搞明白,根据这个我在自己的想象中发现的关于形体本性的明晰观念,如何能够推演出任何论证,从而引出必然的结论说某个形体实存。

【74】可是,除了这种作为纯粹数学之对象的形体本性之外,还有许多其他我习惯于想象的东西,比如颜色、声音、味道、痛苦等等,尽管都没有同等程度的明晰性。因为我借助于感官更好地知觉到这些东西,由感官出发在记忆的帮助下它们似乎达到了想象,为了更方便地检查它们,我应该同时检查感觉,来看看,由那些凭借我称为感觉的(sensum)思维方式(cogitandi modo)而被知觉到的东西,我是否可以推演出某个确定的论证,从而主张形体性的东西实存。

首先,我在此将回顾一下,在我的记忆中,那些从前我因为它们是由感官而知觉到的就以为是真实的东西,到底都是些什么,还要回顾一下我这样想的原因。然后,我要权衡一下后来我认为这些东西可疑的原因。最后,我将考虑一下现在我应该持什么样的观点。

首先我感觉到我有一个头、手、脚和组成这个身体的所有其余部分,我过去视这个身体为我自己的一部分,或者也许甚至是我的全部。然后,我感觉这个身体位于其他许多形体之间,它可能受到这些形体有害的或有利的影响:并且我凭借愉快的感觉(sensu voluptatis)估量是有利的影响,凭痛苦的感觉(sensu doloris)估量是不利的影响。除了痛苦和愉快,我还能感觉到我里面的饿、渴以及其他这类欲望,更不用说身体倾向于喜悦、悲伤、愤怒以及类似的激情。在我的外部,除了诸形体的广延、形状【75】和运动,我还感觉到它们的硬、热以及其他可触的性质(qualitates)。此外,我还感觉到光、颜色、气味、味道、声音,它们的各不相同使得我可以将天空、大地、海洋以及其他形体相互区别开来。由于所有这些性质的观念呈现给我的思想,并且关于它们我拥有个人的、直接的感觉,因此我也不是毫无道理地认定,我正在感觉到一些不同于我的思想的东西,也即感觉到这些观念所源自的那些形体。因为,我经验到这些观念根本不经我的同意就到达我:这种情形如此分明,以至于,我既不能在对象本身尚未被呈现给我的感觉器官的情况下拥有关于任何对象的感觉——无论我多么想拥有——也做不到当对象出现时我忍住不拥有关于它的感觉。由于这些经感觉而知觉到的观念更为生动鲜明,并且各自的方式也更为明晰——相比于那些我在沉思中经仔细考量而形成的观念或者我发现印在记忆中的观念而言——因此它们显得不可能源于我自己。于是,情况只能是,它们源于其他东西。既然我对于这些东西的知识的唯一来源就是这些观念自身,我只能假设这些东西类似于这些观念。而且,因为我记得我运用自己的感觉先于运用自己的理性,并且我也看见,我自己形成的观念非但不如那些由感觉知觉到的观念鲜明,而且其大部分还是由感觉观念组合而成的,这样我很容易说服自己相信,凡是在理智中的无不先存在于感觉中。至于那个由某种特殊的权利我称之为属我者(meum)之身体,【76】我也不是没有理由断定,这个身体比其他东西更应该属于我。因为我从未能够与之分离,像我与其他形体分离那样;并且我在这个身体里面也为了这个身体(in illo & pro illo)而感受到所有我的欲望与激情;最后,我在这个身体的各部分而不是在它以外的任何其他形体里意识到痛苦和快乐(dolorem & titillationem voluptatis)。但是,为何那种莫名的痛苦感觉后面会紧跟着精神之悲伤(animi tristitia),为何某种愉悦(lætitia)会跟随在一种瘙痒的感觉(sensu titillationis)之后,或者为何我称为饿的那种胃里面的莫名拉扯会驱使我去进食,或喉咙里的干驱使我去饮水,还有类似等等,我确实都不能给出一个理由,除非说是自然告诉我如此。因为在胃里面的拉扯的感觉与进食的意愿之间,或者在那个引起痛苦的东西之感觉与这个感觉引起的悲伤想法之间,明显没有某种至少我能理解的联系。但是所有其他我就感觉对象所下的判断,我以为我都是从自然那里获得的。因为,在思考任何能够证明这些的理由之前,我已经说服自己相信事物本身就是如此。

可是,后来的许多经验逐渐降低了我曾经对感觉委以的信任。因为,许多时候,那些远看是圆的塔近看却成了方的;那些矗立在塔顶的巨大雕像从地面看却显得不大;由无数其他这类经验,我意识到,在外在感觉的问题上我们的判断是错误的。并且这不仅适用于外在感觉,同样也适用于内在感觉。【77】因为,还有比痛苦更为内在的感觉吗? 可是,我曾经常常听说,那些有一条腿或一条胳膊被砍去的人,似乎还时不时会感觉到已失去的那部分身体中的痛;甚至在我自己里面,即使在我感觉到身体里面痛的时候,明显也不能非常肯定到底是哪部分肢体正在痛。在这些怀疑的理由之外,最近我又增加了另外两个一般的理由。第一,我曾经认为在我醒着时所拥有的感觉经验,有时我认为我睡着时也会拥有;而且,既然我并不相信,那些我似乎在睡梦中所见者源于我之外的东西,我也没有理由更应该相信这些我似乎在醒时拥有的感觉。第二个怀疑的理由是,既然我还不知道——或者至少我假装不知道——我的实存之作者,我就看不到理由为何我不会被自然构造成很容易出错，即使在那些对我而言显得完全真实的事情上。至于那些从前曾经说服我相信可感事物之真实性的各种理由，我可以毫无困难地回答它们。因为，既然我看到我被自然驱使着倾向于理性劝我远离的那些事情，我认为我就不应该过于信任自然的教导。并且，尽管感官知觉并不取决于我的意志，但我认为我不应该因此就下结论说，它们来自不同于我自己的东西，因为很可能我里面有某种自己尚不知道的功能产生了它们。

但是现在，我开始更好地认识了我自己以及我的实存之作者，尽管我并不认为感觉教导我的所有事情都应该【78】被草率地接受，但我也不认为任何事情都应该怀疑。

首先，既然我知道我清楚明晰地理解到的任何事情都可以被上帝创造成我所理解的那个样子，然后，如果我可以清楚明晰地理解到一样东西而不需要另一样东西，这就足以使我确信这二者是不同的，因为它们至少可以被上帝分开来创造。为了产生这种分离而需要何种力量，这个问题丝毫不影响二者是不同的这个判断。其次，由于我知道我实存，并且同时发现，除了我是一个思维的东西以外，没有其他什么属于我的本性或本质，我就可以正确地推出，我的本质仅仅在于此，我是一个思维的东西。而且，尽管我也许拥有（或者，就像我很快就要宣称的，我确实拥有）一个与我紧密相连的身体，然而，因为一方面我拥有一个关于自己的清楚明晰的观念，就我仅仅是一个思维而没有广延的东西而言，另一方面我拥有一个关于身体的明晰的观念，就这是一个广延的而非思维的东西而言，因此可以确定的是，我①实在地不同于我的身体，并且

---

① 译注：法文版中，这里的"我"后面增加了一个同位语"也即我的灵魂，由此我成为我之所是"。

可以不需要它而实存。

此外,我在我里面发现了几种特殊的思维功能,①即想象与感觉的功能,没有这些功能我也可以清楚明晰地将自己理解为一个整体。但是,反过来却不是真的,不能离开我即离开这些功能所依附的理智实体而理解它们;因为,它们在其形式的概念中包含了一定程度的理智活动。② 因此,我知觉到,它们区别于我,就如同样式区别于事物。③ 我还认识到其他几种功能,比如改变位置、采取各种姿势等等,【79】这些离开了它们所依附的某个实体就不能被理解,就像刚才提及的一样,因此它们也不能离开实体而实存。但是,很明显,如果这些功能确实实存,它们必须依附于一个有形的或是有广延的实体而不是一个理智实体;因为关于它们的清楚明晰的概念包含着广延,但是根本不包含理智。还有,在我里面存在一个被动的感觉功能,也即一种接受和认识关于可感事物之观念的功能;但是,我根本不可能使用这种功能,如果制造或产生这些观念的主动功能既不实存于我里面也不实存于其他存在者里面。现在,这个功能确实不可能存在于我里面,因为它根本没有预设任何理智活动,④还因为这些观念在完全没有我的合作并且甚至常常不期而至的情况下就被产生了。因此可以推出,主动的功能一定存在于另外一个不同于我的实体中,这个实体一定或者形式地

---

① 译注:此句中"几种特殊的思维功能"在法文版中是"几种非常特殊且不同于我的思维功能"。

② 译注:法文版中这一句是:"因为在我们关于这些功能的概念中,或者我用经院的术语,在它们的形式概念中,包含了一定程度的理智活动"。

③ 译注:此句中"就如同样式区别于事物"在法文版中是"就如同形体的形状、运动以及其他样式或属性区别于支撑它们的形体"。

④ 译注:"这个功能确实不可能实存于我里面,因为它根本没有预设任何理智活动"这句话在法文版中是:"这个功能不可能在我里面,就我仅仅是一个思维的东西而言,因为它没有预设任何来自我的思想"。

或者卓越地包含着所有那些客观地存在于观念中的实在性,而这些观念则是由这个功能产生的(正如我刚刚指出的)。这个实体或者是一个形体,或者是一个有形体的自然物(natura corporea),它形式地〈并且实际地〉包含着那些被客观地〈或表象地〉包含在观念中的东西;或者它是上帝,或某种比形体更高贵的受造物,它卓越地包含了那些在观念中的东西。但是,既然上帝不是一个骗子,很明显祂不会将这些观念直接传送给我们,或者经过某个受造物的中介,在该受造物中观念的客观实在性并非形式地而仅仅是卓越地被包含着。因为,既然上帝确实没有给我任何功能使得我可以认识到它,相反祂给了我一个巨大的【80】倾向去相信这些观念传自形体性的东西,于是我就不可能看明白,如果这些观念真的来自形体性东西以外的源头,那么除了把上帝当成一个骗子还能怎么去想祂。因此,形体性的东西必然实存。但是,也许它们并不完全像我通过感觉所了解的那样实存着,因为感觉的了解在许多方面是非常模糊混乱的。但是,至少所有那些我清楚明晰地理解到的是在它们里面的:也就是,所有那些一般而言被包括在纯粹数学的对象之中的东西。

至于剩下的那些特性,它们或是特殊的,例如太阳是如此的大小或形状,或是被理解得不够清楚的,比如光、声音、痛苦等等,尽管它们非常可疑和不确定,但是有这个基本事实,即上帝不是一个骗子,因此,不可能在我的意见中发现任何虚假,除非我里面还有上帝赋予的某种功能来纠正虚假,这就给我提供了也能发现关于它们的真理的切实希望。确实,自然教导我的任何事情无疑都包含着真理的元素;因为,在一般的意义上,由自然这个词我理解的不是别的而是上帝本身,或者是由上帝所建立的受造物的体系(rerum creatarum coordinationem);而在特殊的意义上,所谓我的自然,我理解的不过是上帝赠予我的所有特性的结合。

现在,这个自然教导我的最清楚的一点,不外乎我有一个身体,当我感到痛苦的时候身体就不舒服,当我饿或渴的时候身体就需要食物与水,诸如此类的事情。因此我不可能怀疑这里面一定存在某种真理性。

【81】自然同样借助痛、饿、渴等类似的这些感觉教导我,我不仅仅像个水手出现在船上①那样待在我的身体里,而且我与身体非常紧密地连接,并且可以说与之熔合在一起,以至于我和身体如同一体(ut unum)。否则,在身体受到伤害的时候,我,仅仅是一个思维的东西,就不会感受到痛,而只会借助理智去知觉危害,就好像一个水手通过视觉去知觉他的船是否受损一样;当身体需要进食或饮水的时候,我应该对这个事实有一个清楚的理解,而不是拥有关于饿和渴的模糊感觉。因为这些饿、渴、痛等等的感觉不过是各种模糊的思维样式,产生于心灵与身体之结合及近乎融合。

此外,我还得到自然的进一步教导,其他各种形体实存于我身体周围,它们中的一些是我应该追逐的,另一些则是我应该躲避的。确实,我感觉到颜色、声音、气味、味道、热度、硬度以及类似特点的各不相同,根据这些我可以合理地得出结论,在产生各种不同感官知觉的形体之中也有着与它们对应的种种,尽管也许并不与它们相似。而且,一些知觉让我舒适而另一些知觉让我不舒适,由这个事实可以非常确定地说,我的身体——或者更恰当地说是整个的自我,就我是身体与心灵的结合而言——可能受到我周围形体的增益或伤害。

【82】但是,还有许多其他信念,尽管看上去它们似乎是自然

---

①　译注:这里的"水手出现在船上"在法文版中是"舵手在他的船上"。

教给我的,但事实上我不是由自然本身,而是由某种不深思就下判断的习惯而获得它们的,因此这些信念很容易成为虚假的。比如:那其中没有发生任何刺激我的感官之事物的空间,就是一个真空;在一个热的物体中存在着与我里面热的观念完全类似的东西;在一个白色或绿色的物体中存在着的白或绿与我对它们的感觉完全相同;在一个苦或甜的物体中存在着的味道与我所经验到的完全相同,等等;最后,星星、塔以及人们能够想到的其他远处物体的大小和形状完全同于它们呈现给我的感觉那样,等等类似例子。但是为了确保在这些东西上我的知觉是足够明晰的,我必须更为准确地定义一下,当我说自然告诉我某些事情的时候,我的确切所指是什么。此处我在一个更严格的意义上使用自然,相对于我用它来标注上帝赠予我的所有东西的结合体而言。因为在这个结合体里还有许多仅仅属于心灵的东西,比如我知觉到已完成者不可能尚未完成,以及其他那些由自然之光〈而无需身体帮忙〉就能获知的事情。这些不是我此处所关注的。这个结合体里也有许多仅仅与形体相关的东西,比如向下坠落的倾向,以及类似等等。但是我此处也不关心这些,而是仅仅关心上帝赠给我这个心灵与身体之结合体的东西。在这个意义上自然教我们躲避那引起痛苦感觉的东西,追逐引起愉快感觉的东西,以及类似等等。但是,它并没有教我们任何别的东西,使得我们可以立足于这些感官知觉,没有理智事先的检查,①就对我们之外的事物下任何结论;因为,关于这类事情的【83】真理的知识看来仅仅属于心灵,而不属于心灵与身体的结合体。这样,尽管星星对我眼睛的影响并不比小小的烛火之火焰来得大,但是这里并没有真实的或肯定的倾向去相信星星

___

① 译注:法文版中,对"检查"增加了修饰语"仔细而周密的"。

没有烛火大：只是我从孩提时代起就在缺少理性根据的情况下形成了这个信念。类似地，尽管当我靠近火的时候感到热，靠得更近的时候感到痛，但是确实没有理由劝说我相信火里面有类似热的东西，更不会认为火里面有类似痛的东西——火里面只有在我们当中产生热或痛的感觉的东西，不管它事实上是什么。还有，即使在一个给定的空间里可能没有任何刺激感官的东西，可是也不能由此推出其中没有形体。但是，我看到，在这些以及其他许多事情中，我曾经习惯于歪曲自然的秩序，原因在于，自然特别提供的感官知觉只是为了向心灵表明，对于心灵成为其一个部分的那个结合体而言，什么样的东西是舒适或不舒适的，为达到这个目的，这些感性知觉是足够清楚明晰的，可是，我却把感官知觉当成直接辨认我们之外的形体之本质的可靠的试金石。但是，对此它们却表明不了什么，除了以非常模糊混乱的方式。

我已经足够仔细地检查过了，尽管上帝是至善的，如何还能发生我们的判断为假的情况。但是，在此出现了进一步的困难，涉及到自然向我呈现为应该被追求或躲避的东西，还涉及到我在其中似乎已经发现错误①的内在感觉：比如有人受食物的诱人味道所骗而吃下了藏在其中的毒药。【84】当然，在这个例子中，他被自然驱使着去渴望的仅仅是诱人味道的源头，而非他毫不知情的毒药。由此得出的结论仅仅是，他的自然不是全知的；这点并不让人吃惊，既然人就是一个有限的事物，他能够被赋予的就是有限的完满性之一。

但是，我们甚至在自然驱使我们去做的事情上也常犯错误：就

---

① 译注：法文版中，此处"发现错误"后面还增加了"并且直接被我的自然欺骗了"。

好比,那些生病的人可能渴望去吃或喝那些立刻就会伤害他们的东西。有人在此会说,他们犯错是因为他们的自然已经败坏了:但这样说并没有解决困难,因为事实上,一个病人也和一个健康的人一样同为上帝的造物。这样,他同样从上帝那里获得会出错的自然,这显得也是违背上帝的善良的。一个由轮子和摆组成的钟,当它被做坏了并且不能准确报时的时候,它也严格遵循所有的自然规律,完全同于它在各方面都合乎钟表匠的心愿一样。同样,我可以将人的身体视为由骨骼、神经、筋肉、血管、血液和皮肤按照这种方式组装而成的机器,以至于,即使没有心灵实存于其中,它仍然会拥有它现在所拥有的所有动作,而那些动作并不来自意志以及心灵的命令。① 我很容易看到,举例来说,如果一个身体患了水肿病,那么它很自然地体会到喉咙发干,并且常常将渴的感觉传递给心灵,这样一来,神经以及其他部分之构造就会使得它要找水喝,结果就会导致病情加重;这种情况完全是自然的,就如同一个健康的身体自然地被类似的喉咙【85】发干驱使而做出益于身体的喝水动作。虽然说,如果我们考虑到钟表之预定的功能,我们会说一旦它不能准确报时它就偏离了它的自然;类似地,如果我们考虑身体被构造成可以做出通常发生于其中的那些运动,我会认为,如果在喝水并不有助于保存身体的时候喉咙仍然发干,那么身体就偏离了它的自然。尽管如此,我仍然看得非常清楚,自然的这后一个含义完全不同于前面的含义。因为,后面的这个含义不过是一个借喻(denominatio),取决于我的思想,将一个病人和做坏了的钟表相比于我关于健康的人和制作精良的钟表的观念,对于那个出问

---

① 译注:法文版中,最后一个分句后面还增加了"不过仅仅作为器官构造的结果而出现"。

题的现实事物,它其实什么都没有说;但是,由前一个自然,我指的是在事物自身中被真正发现的东西,因此就有一定程度的真理性。

但是,确实,即使在考虑罹患水肿病的身体时,我们根据它不需要喝水却喉咙发干而说它的自然败坏了,这个说法不过是个外在的借喻;然而,如果我们考虑这个结合体,也就是,当心灵在这种状态中与身体结合,这就不纯粹是个借喻了,而是自然的一个真实的错误,即当喝水会伤害身体时仍然感到渴。于是仍然有一个需要回答的问题:何以上帝的善良不会阻止这一意义上的自然出错呢?

现在,首先,我在此注意到,心灵与身体在这方面有着巨大的差别,身体在本性上就是无限可分的,而心灵则【86】完全不可分:因为,当我考虑到心灵或我自身——就我仅仅是一个思维的东西而言——的时候,我不能在我自身之中区分出任何部分,只是把自己理解为一个单一完整的东西。尽管整个心灵似乎被连接于整个身体,但是如果一只脚或一只胳膊或身体的任何其他部分被截去了,我知道没有什么会因此被从心灵中拿走。意欲、感知、理解等等这些功能,也不能被说成是心灵的部分,因为是同一个心灵在意欲、感觉或理解。可是,另一方面,没有我可以想到的形体性的或有广延的东西,是我不能在思想中轻易地分成各部分;因此我将它理解为可分的。仅此一点就足以向我表明,心灵完全不同于身体,即使我还没有因为其他理由而充分认识到这一点。

其次,我注意到,心灵并不是直接受到身体所有部分的影响,而是仅仅受大脑,或者也许只是大脑的某一小部分即所谓的包含共通感觉(sensus communis)的那部分之影响。每当这个部分以同样的方式受到影响,它就呈现给心灵同样的东西,哪怕身体的其他部分在那个时刻可能受到不同的影响。这是被无数实验证实了的,在此没有必要深入探讨了。

此外,我还注意到,身体的本性在于,它没有一个部分能够被距离稍远的另一部分推动,却没能以同样的方式被处于它们之间的某个部分推动,即使那更远处的部分根本没有推动。例如,在一根绳子上有 A、B、C、D 四点,如果【87】处于末端的 D 点被拉动了,那么开端的 A 点也被拉动,如果处于中间的 B 或 C 点被拉动而 D 点根本没动,A 点也可能会发生与之前完全相同的运动。以同样的方式,当我感觉到脚痛的时候,物理学告诉我,这个感觉是由分布在脚上的神经产生的,这些神经就好像绳子一样从脚上一直通向大脑,当神经在脚上被拉动时,它们就会拉动它们末端处的大脑最深处,并且在那里激起某个特殊运动,这个运动就会出于自然而去影响心灵,从而有了痛位于脚上的感觉。但是,既然这些神经为了连接脚和大脑就一定要经过腿、臀、腰部、背和颈,很可能发生这样的情况,即使不是脚里面的而是那些中间部分的神经被影响了,可此刻大脑里发生的运动却同于脚受伤时发生的运动,于是心灵就必然地体会到同样的痛。同样的情况必定适用于我们所有其他的感觉。

最后我注意到,既然在大脑那个直接影响心灵的部分中发生的每一个运动只能在心灵中产生一个感觉,对此能够想到的最好的解释只能是,在这个运动可能产生的所有感觉中,它产生的就是那个最有效、最经常地助力于维持人体健康的感觉。经验表明这一点适用于自然赐予我们的所有感觉,因此在这些感觉中绝对找不到任何东西不能见证上帝之巨大的能力与善良。例如,【88】当脚上的神经受到剧烈且异常的刺激之时,这个运动经由脊髓达到大脑的内部,并且在那里给心灵提供了一个信号,心灵就有了某种感觉,即疼痛实存于脚上的感觉。这就刺激心灵尽一切努力去除疼痛的原因,它被视为对脚有害。确实,人的自然也可以被上帝如此构造,以至于大脑中这同一个运动可以向心灵呈现某种不同的东西:它可以将自身呈现为如同发生在大脑里,或如同发生在脚上,或发生在任何中间区域,或者它可以呈现为完全不同的东西;但是,没有别的东西会如此有益于保持身体健康。同样,当我们需要喝水的时候,在喉咙里会产生某种干燥,这就使喉咙里的神经运动起来,借此引起大脑内部的运动;这个运动影响了心灵,使之有了渴的感觉,因为在整个事件中对我们而言,最有用的事情就是知道为了保持健康我们必须喝水。同样的情况适用于我们所有其他感觉。

从所有这些很明显地看出,尽管有上帝巨大的善良,但是人的自然,作为心灵与身体之结合,还是不能不经常出错。因为,如果有某个并不在脚上,而是位于神经从脚延伸到大脑所经过的某个区域,甚至位于大脑里面的原因,激起了通常伤害脚才会激起的运动,那么疼痛的感觉就好像是发生在脚上了,我们的感觉就会自然地受骗了。这是因为,既然大脑中的同一个运动只能在心灵里引起同样的感觉,既然这个运动更通常地是由某种伤害脚的原因而非处于其他位置的原因所引起,合乎情理的是,【89】它总是向心灵解释疼痛位于脚上而不位于其他部分。而且,如果有时喉咙发干不是出于通常的原因,即身体健康必须得益于喝水,而是出于某个正相反的原因,正如水肿病人身上所发生的那样,那么,在后一种情况下发生误导总比身体健康时发生误导要好得多。同样情况适用于别处。

这番考虑对我很有帮助,不仅使我注意到我的自然易于犯下的所有错误,而且还使得我能够轻松地纠正或避免它们。因为,我知道就涉及到身体之健康的事情而言,我的所有感觉指出真理远远多于错误,而且,在检查一个特殊情景时我几乎总是可以利用许多种感觉,我也可以利用那连接着现在与过去的记忆,还可以利用那已经发现错误之所有原因的理智,这样我再不必担心日常生活中感觉呈现给我的东西是虚假的了;相反,过去这些天的夸张的怀疑应该被视为可笑之极。尤其是那个关于睡梦——我不能将睡梦与梦境相区别——的终极怀疑;因为,我现在注意到,这二者之间存在巨大的差别,因为梦境永远不可能像清醒的经验那样被记忆联结于其他的生活行动。因为,确实,当我清醒时,如果一个人突然出现在我面前然后又立即消失了,就像在睡梦中常常发生的那样,那么我就不能发现他从何处来或他往何处去,【90】于是我就合乎情理地判断他是一个鬼影,或是一个在我脑中被创造出来的幻觉,①而不会说他是一个人。但是,一旦我明晰地发现了事物从何处来、在何时何处到达我,并且一旦我能够将我对于它们的知觉与我生活中其他所有事情毫无间断地联系起来,我就非常肯定它们不是发生在睡梦中而是发生在我清醒时。并且,如果在唤起了所有的感官、记忆和理智去检查它们并且没有从任何这些来源中获得相互冲突的报告之后,我就不应该对它们的真实性抱有任何怀疑。因为,从上帝不是骗子这个事实,就不可避免地推出,在这类情景下我不可能受骗。但是,由于行动的压力并不总是允许我有机会如此细致地检查,我们必须承认,人生就是易于在个别的事情上经常犯错误,并且我们必须承认我们本性之脆弱。

---

① 译注:法文版中,这个分句后面增加了"就像我睡着时大脑中常常形成的那些东西一样"。

哲学原理①

　　① 　译注:《哲学原理》(*Principia Philosophiae*)的拉丁文本出版于 1644 年,这本书在 1647 年有了法文本,笛卡尔本人审阅过这个法文本,并且为它写了一个比较长的序言。拉丁文本收在 AT 版《笛卡尔全集》第八卷 A 册,法文本收在 AT 版《笛卡尔全集》第九卷 B 册。法文本比拉丁文本多了不少内容,这其中有些源于译者在翻译过程中试图进一步解释笛卡尔的思想,有些甚至是译者出于自己的兴趣增加的内容。笔者发现,Michael Moriarty 翻译的英译本(收在《笛卡尔〈灵魂的激情〉及其他晚期哲学著作》中,是牛津大学出版社的《牛津世界经典》系列中的一本)非常忠实于笛卡尔的拉丁文本。剑桥英译本的底本是拉丁文本,但是酌情增加了一些法文本的内容,不过以尖括号做了标识,或者在脚注中标明。笔者以为这个处理为读者考虑得很周到,所以沿用了这个做法。本译文参考了如下文献: René Descartes: *The Passions of the Soul and Other Late Philosophical Writings*, tr. by Michael Moriarty, Oxford University Press, 2015; René Descartes, *The Philosophical Writings of Descartes*, Vol. I, tr. by John Cottingham, Robert Stoothoff, Dugald Murdoch, Cambridge University Press, 1985; René Descartes, *Œuvres de Descartes*, Vol. VIIIA, publiées par Charles Adam et Paul Tannery, Paris, Leopold Cerf, Imprimeur-Editeur, 1905; René Descartes, *Œuvres de Descartes*, Vol. IX B, publiées par Charles Adam et Paul Tannery, Paris, Leopold Cerf, Imprimeur-Editeur, 1904。本译文标注的页码来自 *Œuvres de Descartes*, Vol. VIII A。

法文版序言

作者致本书译者的信，可作为序言

（AT IXB）【1】先生：

您不辞辛苦做成的我的《哲学原理》这个版本，是如此流畅和精确，使得我希望这本书的法文本将比拉丁文本有更多读者，也更好懂。我唯一的担心是，那些没有受过好的文字教育的人，或者那些因为对所教授的哲学不满意而对哲学评价很低的人，可能会因这个标题产生反感。这就使得我认为，增加一个序言解释这本书的主题、我撰写它的计划、由它可能带来的益处，这应该是一个好主意。尽管看来应该由我来写这篇序言，因为我理应比任何别人更好地知道这些事情，不过我能够劝说自己在此所做的，【2】就是概括一些要点——我以为这是一篇序言应该处理的。我留给您来决定将它们中您认为恰当的内容向公众公布。

首先，我希望解释一下哲学是什么，从最常见的事情开始。例如，哲学这个词的含义是研究智慧，而智慧所指不仅是我们各类事

务中的审慎,而且也是关于人类能够认识的所有事物的完善知识,
这种知识既是为了指导生活,也是为了保持健康并且发明各种技
艺。为了这种知识能够完善,它就必须从各种第一因推演出来;这
样,为了着手获取它——这个活动才是哲学探讨(philosopher)这
个词的严格所指——我们必须从寻找第一因或原理开始。这些原
理必须满足两个条件。第一,它们必须是如此清楚确定,以至于当
人的心灵专注地集中于其上之时就不可能怀疑它们的真实性;第
二,关于其他事物的知识必须取决于它们,在这个意义上原理必须
能够不需要关于其他事物的知识而被认识,但却不能反过来。接
下来,在由这些原理推出那些取决于原理的关于事物的知识的过
程中,我们必须努力确保,在整个推演序列中,我们得出的每样东
西都是非常明显的。确实,只有上帝是完全智慧的,也就是说,祂
拥有【3】关于所有事物之真理的完全的知识;但是我们可以说,人
多少也有一点智慧,取决于关于最重要的真理他拥有多少知识。
我以为,我刚才说的一切可以被所有博学人士接受。

　接下来,我就要看看这种哲学的用处,并且表明它囊括了人类
心灵能够认识的一切。这样,我们应该认为,单单这种哲学使我们
区别于最残暴、最野蛮的人们,并且一个民族的文明与雅致,就取
决于在那里人们哲学做得更好。因此,一个国家能够享有的最大
好事,就是拥有真正的哲学家。至于说个人,不仅与那些致力于这
种研究的人一起生活是有益的,自己去从事它更是无可比拟地好。
因为,出于同样的原因,使用自己的眼睛去活动并且享受光与色的
美,无疑要远远好过闭上眼睛且仅仅被他人牵着鼻子转。然而,哪
怕是后者,也比闭着眼睛且不受指引地自己瞎转要好得多。活着
却不研究哲学,像极了闭着眼睛从来不试图睁开它们;看到我们的
视力展现的一切而有快乐,与哲学使我们发现关于事物的知识所

赐予的那种满足根本不能比。最后,研究哲学对于指导我们的道德与此世生活中的行动之必要性,【4】要超过使用眼睛对于引领我们步伐的必要性。那些凶残的野兽,只有身体需要保存,始终忙着搜寻滋养自己的食物;但是,人类,其最重要的部分是心灵,应该将主要的精力用来追求智慧,这才是心灵的真正的营养。我确信,有许多人并非不能从事这种追求,如果他们拥有成功的希望并且知道他们能做多少。没有一个灵魂这么不高贵,会如此强烈地黏附于感官的对象,以至于它不会有时转过身去渴望某个别的更大的善,即使它可能常常并不知道这个善在于什么。那些得到机运宠爱并且拥有健康、荣誉以及充足财富的人,也不会比其他人更多地免除了这种渴望。相反,我确信,正是这种人最热烈地渴求另外的善——比他们已经拥有的一切都更高的善。现在,这个至高的善,在不凭信仰之光的自然理性看来,不过就是那种经由第一因的关于真理的知识,也就是智慧,这就是哲学要研究的。既然所有这些要点都是绝对真实的,如果它们得到恰当地论证,它们就很容易有说服力。

妨碍这些要点被人接受的就是这个广为流传的经验,那些号称是哲学家的人,常常要比那些从来没有投身于哲学的人更少智慧、更不通情达理。【5】于是,此刻我就要简短地解释一下,我们现在拥有的全部科学在于什么,以及至此已经达到的智慧的等级。第一等级仅仅包含那些自身就非常清楚以至于无需沉思就能够获得的概念。第二等级包括感官经验令我们认识的一切。第三等级包括与人的交谈教导我们的内容。还可以加上第四种,也就是通过读书而获得的,不过不是所有的书本,而是由那些能够很好地教育我们的人所撰写的书;因为,在这种情形下,我们就是和作者进行某种交谈。我认为通常被拥有的所有智慧都是以这四种方式获得的。我没有将神圣的启示纳入这个目录，因为它并不是逐级地引导，而是一举提升我们达到决不出错的信仰。在过往年代曾经有伟大的人物试图寻找第五条到达智慧的道路，这条道路比另外四条要无可比拟地优越和确实。这条道路存在于寻找第一因和真实的本源，这些使得我们可以推演出我们能够知道的一切事物的原因；正是那些努力达到这个目的的人首先被称为哲学家。但是，我没法肯定的是，迄今为止有什么人成功地执行了这个计划。那些著作流传下来的人当中，最初的和最重要的就是柏拉图和亚里士多德。这两人的唯一区别就是，前者紧跟着他的老师苏格拉底的步伐，坦率地承认他【6】从未能发现任何确定的东西，倒是只满足于写下在他看来似真的东西（vray-semblables），于是他运用自己的想象设计出各种原理，借此他试图说明其他事物。而亚里士多德则更不坦率。尽管他做了二十年柏拉图的学生，并且所提出的原理没有一项远离了柏拉图的，他却完全改变了陈述它们的方式，把它们当作真实确定的而提出来，尽管看上去很不像他真的认为它们就是如此。既然这两个人拥有极高的才智，以及借上面提及的四条道路而获得的许多智慧，这就给了他们如此大的权威，以至于，他们后面的那些人，都满足于追随他们的观点而不是另寻更好的东西。他们的门徒之间的主要争论，都是关于到底是一切都应该遭到怀疑还是有某些确定的东西——这个争论将双方都引入夸张的错误。他们中那些赞同怀疑的人甚至将它扩张到日常行动，这样他们就忽略了在行动中要采用审慎；而那些站在确定性一方的人，则设定不能不依赖感官并且完全信赖它们，甚至到了这样一种观点，据说伊壁鸠鲁就反对天文学家的所有论证，而鲁莽地断言太阳并不比它看上去更大。在大多数争论中可以观察到的一个错误就是，既然真理处于那两种被坚持的立场中间，【7】每一方的争论者都会离真理越来越远,随着他们反驳对立观点的欲望的增强。但是,那些过于倚重怀疑这一边的人的错误,不会被长期遵从,而相反的错误,则因为承认感觉在许多情形中欺骗我们,而在一定程度上得到纠正。虽然如此,我还不能肯定,有任何人通过解释下面这一点而完全消除了第二种错误:一方面,确定性(certitude)并不在于感觉而仅仅在于理智,在理智拥有明确的知觉(des perceptions euidentes)的时候;另一方面,只要我们仅仅拥有借助前四种智慧等级而获得的知识,我们应该不会怀疑涉及指导生活的可能的真理,而与此同时,我们应该不会将它们当作如此确定不变,以至于我们根本不能改变自己的观点,在我们受迫于某种明确的理由而必须这样做的时候。因为没能认识到这个道理,或者那些少数认识到它的人却没能运用它,于是大多数热望成为哲学家的人在最近的几个世纪都盲目地追随亚里士多德。确实,他们常常讹解其著作的意思,归给他各种如果他重返此世绝不肯招认的观点。那些并未追随亚里士多德的人(这个群体中包括许多最优秀的心灵),在年轻时仍然浸泡在亚氏的观点中(因为这些是各派学院里教授的唯一观点),并且这个观点已经如此地支配着他们,以至于他们已经不能到达关于真实的原理的知识。尽管我尊重所有这些思想家,并且不想因批评他们而让自己讨人嫌,但我还是能够对我所说的给出一个证据,【8】我不认为他们中的任何人会拒绝这个证据,那就是,他们全都将一个他们并不拥有关于它的完满知识的东西拿来作为原理。比如说,我不知道有任何人不假设地上物体里面有重量。然而,尽管经验清楚地告诉我们,我们称为重的物体落向地球的中心,虽然如此,我们却没有关于所谓的重力之本性的任何知识,也即关于那个使得物体以这种方式降落的原因或原理的知识,我们必须从其他源头那里获得这种知识。同样的话也可以用来说虚空、原子、热、冷、干、湿、盐、硫、汞等类似的东西，一些人将这些东西假设为他们的第一原理。既然，由一个并不明确的原理推演出来的结论没有一个可以是明确的，即使它们也许以一种明确的方式由原理推演出来。由此可见，没有一个立足于这类原理的论证，能够向它们的支持者提供关于任何事物的确定知识，相应地，这种论证也不能带领他们在追求智慧的过程中前进一步。如果他们已经发现了任何真实的东西，也仅仅是借助于上面提出的四种方法中的一种。虽然如此，我并不希望以任何方式贬损任何哲学家可能宣称的名誉。为了安慰那些没有从事过研究的人，我只是不得不说，就像是在旅行中，只要我们背朝着想要到达的地方，那么，我们走得越久、越快，【9】就离目的地越远，这样，即使我们随后开始踏上正确的道路，我们也不能像我们从未走在错误的方向上那样快速地到达目的地。如果我们拥有糟糕的原理，那就会发生同样的事情。我们越是发展它们，越是怀揣着我们正在认真研究哲学的信念，仔细地由它们推演出各种结论，我们就越是远离关于真理的知识、远离智慧。由此必须得出的结论就是，在那些已经研究了迄今所谓的哲学的人们中间，学得最少的人最有可能学到真正的哲学。

　　仔细地解释了这些问题之后，接下来我想要提出理由来证明，那使得人们达到最高等级的智慧——它构成了人的生活的至福——的真正的哲学，就是我在这本书中确立的这些原理。只不过两个理由就足以证明这一点：第一就是这些原理是非常清楚的，第二就是它们使得所有其他事物得以由它们而被推演出来。这些就是这种原理必须满足的两个仅有的条件。现在我能够非常轻松地证明这些原理是非常清楚的。这一点由我借以发现它们的方法——也即所有我能够在其中发现一点可疑之处的东西我都要拒绝——就得以揭示;因为,可以确定的是,一个人仔仔细细地考察却仍然不能以这种方法来拒绝的原理,就是人的心灵能够认识的最清楚、最明确的原理。这样,我就认为,某个想要怀疑一切的人,无论如何也不能在他正怀疑的时候怀疑他存在;而且,【10】那个以这种方式进行推理,在怀疑其余一切的时候却不能怀疑自己的东西,并不是我们称为我们的身体而是我们称为我们的灵魂或我们的思想的东西。相应地,我将这种思想的存在或实存视为我的第一原理,由它我清楚地推演出下面的原理。有一个上帝,祂是这世上一切的创造者;进一步,既然祂是所有真理的来源,祂肯定不会在我们里面创造这样一种理智,这个理智在它对那些它拥有非常清楚明晰的知觉的事物下判断的过程中会出错。这些就是涉及到非物质的或形而上学的事情时我运用到的所有原理,由这些原理,我非常清楚地推演出关于形体的或物理的事物的原理,也即,有一些形体沿着长、宽、深三个维度延伸,拥有各种形状,以各种方式移动。总之,这就是我用来推演关于其他事物的真理的全部原理。证明这些原理之清楚性的另一个理由是,它们一直被认识到,并且确实被所有人当成真实的、不可怀疑的而接受,唯一的例外就是关于上帝的实存,一些人因为将太多东西归结为感官知觉才怀疑这一点,而上帝是看不见摸不着的。然而,尽管我纳入我的原理中的所有真理一直都被所有人认识到,但是据我所知,迄今还没有一个人把它们认作哲学的原理,也就是说,作为一些原理使得我们【11】推演出关于世上被发现的所有其他事物的知识。这就是为何留待我在此来证明,它们确实有资格成为这种原理;并且我认为,证明这点的最好办法,就是让人们由经验看到它确实如此,也就是说,邀请我的读者来读这本书。必须承认,我还没有讨论所有的事物,因为这是不可能的。但是我认为,我已经解释了所有这些事物,对于它们我已经有机会以这种方式来讨论,以至于那些仔细地读过这本书的人会确信,为了达到人类心灵能够获得的最高知识,没有必要在我提供的之外寻找别的原理了。这一点尤其清楚,如果读者读完了我写的东西并且也研读了其他人的作品之后,他们费心考虑了我的书中所解释的问题的数目以及多样性,并且通过比较而看到,其他人在尝试凭借不同于我的原理而解释相同问题的过程中能够提供的貌似合理的论证是多么少。为了让我的读者更轻松地从事这个考察,我想要告诉他们,比起那些不肯采纳我的观点的人,那些吸收了我的意见的人,会发现更容易理解和承认其他人的作品的真实价值。这与我刚才就那些以旧哲学为起点的人所说的话刚好相反,也就是说,他们研究得越多,一般而言就越不适合很好地把握真正的哲学。

我还要补充一句关于读这本书的方法的建议。我希望读者首先像读小说(Roman)那样迅速地浏览全书,不要【12】将注意力紧盯着或驻留于可能遇到的各种困难。目的应该仅仅就是大致查明我已经讨论过的问题。这之后,如果他发现这些问题值得检查,并且他有好奇心想去查明它们的原因,他可以将这本书再读一遍,以便观察到我论证的次第。但是,如果他总是不能完整地看到这一点,或者他不能理解所有的论证,他也不能立刻放弃。他应该用一支笔标出他发现困难的地方,并且不要停留地继续读到结尾。如果他能够第三次拿起这本书,我就敢设想,他将会发现对他之前标注过的大多数困难的解决办法;如果还留着任何困难,他最后再重新读一次,就会发现解决它们的办法。

对许多不同的心灵之本性的检查已经使得我观察到,几乎没有一个心灵是如此愚昧迟钝,以至于不能形成合理的意见,或是把握所有的最高的科学,只要他们接受了合适的引导。这一点也被理性证明了。因为，既然正在讨论的原理是清楚的，并且除非通过明确的推理，不允许由它们推演出任何东西，那么每个人都有足够的理智去理解那些依赖它们的东西。如果我们搁置了那些由偏见引起的问题，而偏见又是无人能够完全避免的，尽管那些对坏科学研究得最多的人是最大的受害者，那么几乎总是发生的情况就是，那些中等才智的人【13】就疏于去研究，因为他们并不认为自己能够做这个，而另外一些最热心的人却向前推进得太快，结果就是他们经常接受一些并不明确的原理，而且由它们得出并不确定的推论。这就是为何我想要让那些对自己的能力过于不自信的人放心，在我的著作中并没有他们不能完全理解的东西，只要他们费心地检查它们。但是，我也要警告其他人，即使最杰出的心灵，为了看到我决心要纳入的所有内容，也将要花费大量的时间和精力。

由此继续向前，为了让人们看清我发表这部著作所怀的目的，我想要在此解释一下，在我看来当我们意图教育自己的时候我们所应遵循的次序。首先，还只是按照上面解释过的四种方法获得普通且不完善的知识的人，就应该在做任何别的事情之前，为自己设计一套足以管理日常行动的道德准则。因为，这是刻不容缓的，既然我们应该优先于一切而努力地生活得好。此后，他也应该研究逻辑。我说的不是学院的逻辑，因为严格说来这不过是一种辩证法，它教授的是如何向别人解释自己已经知道的东西，甚至是如何就自己并不知道的东西高谈阔论却不下断论。这种逻辑只是败坏而非增进良知。我所说的则是这种逻辑，【14】它教我们指挥理性着眼于发现关于我们所不知道的东西的真理。由于这在很大程度上依赖实践，他最好有一长段时间，在类似数学这样非常容易简单的问题上操练这些规则。然后，当他获得了某种技巧来发现这些问题的真理的时候，他就可以开始切实地运用于真正的哲学。

哲学的第一部分是形而上学,它包含知识的原理,解释了上帝的主要属性、我们的灵魂的非物质的本性、我们里面所有清楚明晰的概念。第二部分是物理学,在那里,我们发现了关于物质性的事物的真实原理之后,就要检查整个宇宙的大致构成,然后再个别地检查地球的本性,以及地球上最常见的一切物体的本性,像气、水、火、磁石或其他矿物。接下来,我们需要个别地检查植物、动物并且尤其是人的本性,以便我们有可能以后发现对人有益处的其他科学。这样,哲学的整体就像一棵树。树根是形而上学,树干是物理学,由树干长出来的枝条就是所有其他科学,它们可以被归纳为三种,即医学、机械学和道德。由道德我理解为最高的和最完善的道德体系,它预设了关于其他科学的完全的知识,是智慧的最高等级。

【15】就好比一个人不是从树根或树干而仅仅从枝条的末端采集果实,哲学的主要益处也是这样取决于它的那些最后才被学习的部分。但尽管我几乎对这些部分没有了解;可我一直怀有为公众服务的热切渴望,这使得我在十二年前就一些在我看来已经有所了解的主题发表了几篇论文。这些论文的第一部分就是《谈谈正确引导自己的理性并且在各门科学中寻找真理的方法》(*Discours touchant la Méthode pour bien conduire sa raison & chercher la vérité dans les sciences*),在其中我总结了逻辑以及一种不完满的道德准则的主要原则,在我们尚不知道更好的道德规则之时,我们可以暂时遵循这套道德准则。剩下部分是三篇论文:《屈光学》(*de la Dioptrique*)、《天象学》(*des Météores*)最后是《几何学》(*de la Géométrie*)。在《屈光学》中,我的主要目的是要揭示,一个人可以在哲学中取得足够的进步,从而使得他获得有益于生活的技艺;因为,我在那里所解释的设计望远镜,是至今尝试过的最困难的计划之一。在《天象学》中,我想要人们认识,我所从事的哲学与学院

中所教授的哲学之间存在着区别，而在那种哲学中通常也会处理同样的问题。最后，我在《几何学》中试图证明，我已经发现了几样至今不为人所知的东西，这样就增强了我们还能发现许多东西的信心，以便刺激所有人【16】承担起寻求真理的工作。在这之后，我预见到许多人在把握形而上学之基础时会遇到的困难，于是我试图在一本《沉思集》（*Méditations*）中解释形而上学的基本要点。这本书的体量并不大，但由于增加了几个非常博学之人就这个主题赠予我的反驳以及我对他们的答复，它的篇幅就增加了，内容也更清楚了。最后，当我认为这些之前的作品已经让我的读者的心灵为接受《哲学原理》（*Principes de la Philosophie*）做了充足的准备，我也就发表了这些内容。我将这本书分成四个部分。第一部分包含知识原理，也即可以被称为"第一哲学"或"形而上学"；为了对这个部分有一个充分的理解，合适的做法是，先去阅读我就同一主题所写的所有沉思。另外三个部分包含了物理学中最一般的内容，也就是，关于自然第一法则或原理的解释，关于天空、恒星、行星、彗星以及一般而言整个天空之构成方式的解释。往下就是个别地说明地球之本性，以及气、水、火、磁石这些在地球上最常见的物体之本性，也说明了我们在这些物体上所观察到的各种性质，例如光、热、重等等。这样，我认为自己已经开始了以一种有序的方式解释整个哲学，没有遗漏任何应该【17】处于我最后要讨论的话题之先的东西。但是，为了将这个计划最终完成，我应该继续以同样的方式解释存在于地球之上的所有特殊物体的本性，也即矿物、植物、动物以及最重要的人。然后，作为结论，我应该对医学、道德和机械学给出一个确切的说明。为了给人类提供一个非常完整的哲学体系，这就是我应该做的；我尚未觉得自己是如此衰老，或是对自己的能力如此不自信，或者距离余下这些话题如此之远，以至于我现在都不敢尝试将这个计划最终完成，如果我有资源去从事为支持和证实我的论证我所需要的一切实验的话。但是，我能够看到，这需要巨大的开销，对于像我这样的个人而言它实在太大了，除非他获得公众的资助。既然我没有发现我可以期待的这种资助，我认为今后我应该满足于为了我自己的个人教育而进行研究，并且后世会原谅我的，如果从现在起我放弃了为他们而工作。

同时，为了表明我认为自己已经如何帮助了后代，我将在此指出我确信从我的原理可以得出的果实。第一就是，在运用它们去发现许多至今尚不为人所知的真理的过程中可以感觉到的那种满足。因为，尽管通常真理不像虚假和伪装那样打动我们的想象力，由于它显得更不突出更为朴素，不过，它所产生的满足却始终
【18】更为持久牢固。第二个果实就是，在研究这些原理时人们一点一点地习惯于就他们遇到的所有事情形成更好的判断，从而使他们变得更有智慧。由此产生的效果完全相反于普通哲学产生的效果。因为，很容易在那些我们称为"书呆子"（Pedans）的人那里观察到，哲学使得他更不能进行推理，还不如他从未学过哲学来得好。第三个果实就是，这些原理中所包含着的非常清楚确定的真理将会终结所有争论的根源，并且使得人们的心灵变得温顺和谐。这与学院中的那些论辩产生的结果相反，那些论辩慢慢地、不经意地使得参与者越来越固执好辩，因此很可能就是当今世界饱受异端分歧折磨的首要原因。这些原理的最后以及最大的成果就是，它们将会使得那些培养它们的人发现许多我根本没有解释过的真理。这样，从一个真理一点一点地前进到下一个真理，他们可以及时获得关于所有哲学的完善的知识，并且达到最高等级的智慧。因为正如人们在所有技艺中看到的，尽管它们起初都是粗糙的和

不完善的,不过,由于它们只是包含着真理的某种元素,而真理的效果只是由经验得到揭示,它们也是由实践逐渐得以完善。在哲学中也是这样的:当一个人拥有了真实的原则并且遵循它们之时,一个人就不可能做不到时不时地发现其他真理。确实,证明亚里士多德原则之虚假的最好的办法就是指出,【19】在它们已经被遵循的这么多的世纪中,它们并没有造成任何进步。

我充分意识到,有些人是如此轻率,在行事过程中运用审慎是如此之少,以至于即使有了坚实的基础,他们也不能构筑任何稳固的东西。由于这些人通常写起书来比别人要快很多,他们可以在很短的时间里拆毁我所做的一切。因为,尽管我已经小心地努力从我的哲学研究风格中夫除怀疑和不确定性,他们还是可能将这些因素引入其中,如果他们的著作被视为我的著作,或者被视为包含了我的意见。我最近就从一个被当作特别热心地追随我的人那里体会到这一点;确实,我曾经在某处提到他的时候说过,我"如此相信他的才智,以至于我不认为他持有的任何观点是我不会乐意承认为我自己的"。去年他出版了一本题为《物理学基础》(*Fundamenta Physicæ*)的书,在书中,关于物理学与医学,尽管他写下的一切似乎没有任何部分不是取自我的著作,既来自一些我已经发表的著作,也来自一本落入他手中但不太完善的关于动物本性的著作。但是,因为他不准确地抄下来一些材料,并且改变了其顺序,而且否定了整个物理学必须立足于其上的一些形而上学的真理,所以我不得不完全否定了他的著作,并且在此恳求我的读者,【20】不要将他们未发现在我的著作中有过清楚陈述的观点归给我。进一步,他们也不应该将任何观点当作真实的——无论是我的著作中还是其他地方的观点,除非他们看到它由真实的原理非常清楚地推演出来。

　　我也非常清楚,可能要经过很多世纪,所有能够从这些原理推演出来的真理才会真正地被推出来。因为,大部分尚待被发现的真理取决于各种特殊的实验,这些绝非我们凭运气撞上的,而是必须由非常聪明的人花心思和代价寻找到的。不容易出现的情况是,那些有能力好好使用这些实验的人,就是同样那些有办法创造实验的人。而且,大多数最优秀的心灵已经对整个哲学形成了一个糟糕的念头,这是基于他们在一直流传至今的哲学中所发现的那些错误,这样他们当然就不会投身于寻求一种更好的哲学。但是,也许他们在我的原理与其他哲学家的所有原理之间所看到的区别,以及从我这些原理可以推演出来的长串的真理,最终将会让他们认识到,继续寻求这些真理是何等重要,这些真理能够使我们达到何等高水平的智慧以及何等完满幸福的生活。如果他们认识到这一点,我敢相信,他们中没有一个人不会尝试投身于这么有收益的研究,至少也会赞同并且愿意倾囊资助那些成功地献身这项研究的人。我真心地希望我们的后代可以看到它成功。

致波西米亚国王、巴拉丁伯爵及神圣罗马帝国选帝侯腓特烈之长女，至为清明的伊丽莎白殿下

（AT VIIIA）【1】至为清明的殿下：

由之前发表的著作我所收获到的最大的回报，就是您曾经屈尊去阅读它们；因为，结果就是，它们已经提供了一个机会让我被您的熟人圈子承认。我随后体会到您的极高天赋，这导致我认为，将它们树立为后代的楷模也是有益于人类的。我要是使用了阿谀奉承或者提出任何未经彻底审查的论断，那就是恶劣的，尤其在这样一本我试图确立真理之基础的书中。而且我知道，您大度谦和的本性也会更欢迎一个哲学家的简单质朴的判断，超过一个巧舌如簧的人鲜亮的恭维。因此我会仅仅写下【2】我或者由理性或者由经验而认定为真实的东西，在这个导论中我打算就像我在这本书的其余部分那样进行哲学研究。

在表面的德性和真正的德性之间有着巨大的差别；甚至就真正的德性而言，在那些来自关于事物的精确知识的德性与那些被某种程度的无知相伴随的德性之间也有着巨大的差别。由表面的德性我理解的是某种邪恶，它不是很常见，并且与其他更容易认识的邪恶相对；因为它们离邪恶的距离要远于那些占据中道位置的

德性,故它们通常更受钦佩。因为人们发现,胆怯地逃离危险的人通常要多于鲁莽地投身危险的人;这样,鲁莽就与胆怯这种邪恶相对立,好像它是一种德性,并且通常得到的评价要高于真实的勇敢。类似地,某个挥霍浪费者常常比慷慨大方之人得到更高的称赞;还有,无人因虔诚而轻松地收获到好名声,相比于那些迷信或伪善之人而言。

至于说真正的德性,它们中的许多并不仅仅来自关于什么是正确的知识,也来自某种错误。这样,善良通常来自简单,虔诚则来自害怕(metu),而勇敢乃出于绝望(desperatione)。因为这类德性相互不同,因而各有不同的名称。但是,纯粹且诚实的德性仅仅来自正确的知识,它们全都拥有一种相同的本性,并且都包括在智慧这一个名称之下。因为,任何人只要拥有坚定和强有力的意志,在条件允许的情况下就正确地运用其理性,并且执行任何他认为是最好的事情,那他就是真正智慧的,【3】在他的本性允许的范围内。仅仅因为这一点,他将拥有正义、勇敢、节制以及所有其他德性;但是它们以这样一种方式相互关联,以至于没有一种德性从其他德性中凸显出来。这些德性要远远优越于那些因与恶相混杂而显现的德性,但是,由于它们更不被大众充分认识到,它们通常没有得到盛赞。

刚刚描述过的那种智慧必须有两个前提,也即理智之知觉(perceptio intellectûs)和意志之倾向(propensio voluntatis)。但是,尽管那取决于意志的东西没有谁不具有其能力,但还是有一些人拥有远超于他人的敏锐的理智洞察力。那些天生智力落后的人应该坚持一个稳固而持久的意愿,就是纤毫不漏地去获得关于正确之物的知识,并且一直追求自己判断为正确的东西;尽管他们不了解许多关键要点,但这也足以帮助他们以自己的方式收获智慧,并且由此为上帝所悦纳。虽然如此，他们还是会被这样一群人远远地甩在后面，这种人不仅拥有坚定的意志要行事公正，而且拥有最敏锐的理智，并结合着最大的热忱要获取关于真理的知识。

这种热忱在殿下您这里充分地显现出来，这一点由以下事实看得很清楚，那就是，无论宫廷里的嬉耍，还是那经常使女孩处于无知状态的传统教育，都没有能够阻挠您研究一切有价值的技艺和科学。根据您已经透彻地检查了这些科学的所有秘密，以及您在如此短时间内获得关于它们的精确知识，您的理智之突出而无可比拟的敏锐得以展露无遗。对于您的能力，我甚至拥有一个专属于我的更好的证据，那就是，您是我至今发现的唯一【4】能完全理解我之前发表的所有著作的人。其他许多人，甚至那些最聪明、最博学的人，都发觉它们非常晦涩；几乎在所有其他人那里通常的情况都是，如果他们长于形而上学，他们就厌恶几何学；如果他们已经掌握了几何学，他们就不能把握我就第一哲学所写的内容。我承认，仅仅对您的才智而言一切内容都同样地清楚；这就是为何我使用无可比拟这个说法是恰如其分的。这样一种关于所有事物的多样且完整的知识，不是在某个花费多年进行沉思的老学究（Gymnosophistâ）那里被发现，而是出现在某个年轻的公主这里，她的青春美丽让人想起美惠女神（Charitem），而不是灰眼睛的密涅瓦（Minervam）或任何一位缪斯女神（ex Musis），当我想到这一点时，我只能陷入万般仰慕之中。

最后，我看到，完美至高的智慧的两个必备条件——既有认知的方面也有意志的方面——都在您的品性中彰显闪耀。因为，伴随着您的王室的高贵，您显示出一种特殊的仁慈与温和，这些虽然遭受机运连续的打击仍然没有被破坏或变成怨恨。我是如此折服于这一点，以至于我认为，关于我的哲学的这个陈述，应该被提交并呈献给您里面那种让我仰慕的智慧,因为这些不过就是研究智慧。说起来,我所渴望的,莫过于被人称为哲学家,比起……

清明的殿下之最忠诚的仆人

笛卡尔

第一部分　人类知识原理

【5】1. 真理的寻求者必须在一生中尽可能地来一次怀疑一切。

由于我们首先作为婴孩来到世界,并且在我们能够充分使用我们的理性(nostræ rationis)之前就要对感觉的事物下各种判断,这样我们就被许多偏见弄得偏离了关于真理的知识。摆脱这些偏见我们似乎只能这样做,即,在我们的一生中要努力地来一次怀疑(dubitare)一切事物,只要我们在它们之中发现哪怕是最微小的不确定性之嫌疑。

2. 可疑的也应该被视为虚假的。

将我们正在怀疑的东西当作实际上就是虚假的,这个做法将是有用的,这样我们可以更为清楚地发现那些非常确定且非常容易知道的东西。

3. 与此同时这种怀疑不应该被运用于指导生活。

但是,与此同时,这种怀疑应该被严格限制于沉思真理。因为,说到指导生活,由于去行必行之事的机会常常在我们有时间完全摆脱怀疑之前就消失了,我们就常常被迫去接受那仅仅是可能的事情;确实,有时,即使两个可能性中并没有一个显得比另一个更为可能,我们也不得不选择它们中的一个或另一个。

4. 为何我们可以怀疑感觉的事物。

现在,既然我们纯粹致力于寻求真理,因此我们首先要怀疑的就是可感【6】或可想象事物(res sensibiles aut imaginabiles)是否实存。首先,因为我们有时观察到感觉出错了,因此,审慎的做法是绝不过分信任那些哪怕只欺骗过我们一次的东西;其次,因为每天在我们的梦中我们似乎感觉(sentire)到或想象(imaginari)到无数不存在于任何地方的对象;对于以这种方式进行怀疑的人而言,没有出现任何其他他可据以确切区分梦和醒的标记。

5. 为何我们也可以怀疑数学。

我们也可以怀疑所有其他我们之前视为最确定的事情;甚至是数学证明,甚至那些我们至今视为自明的原理:首先,因为我们时不时看见很多人在这些事情上犯错误,将那些我们看来为假的东西接受为最确定的且自明的东西;其次也是最重要的是,因为我们已经听说有一个上帝,祂无所不能,而我们都是由祂创造的。目前我们仍不知道,祂是否已经决定这样创造我们,以至于我们常常出错,即使关于那些在我们看来是被最确定地认识到的事情;因为这种情况似乎并不比我们有时出错——它的出现是我们之前已经知道了的——更不可能。而且,如果我们构想,我们存在并不依赖一个全能的上帝,而是依赖我们自己或某个其他存在者,那么,我们所假设的我们的存在的原因越是无能,就越有可能我们是不完美的以至于总是出错。

6. 我们拥有自由裁决（liberum arbitrium），这样就能够拒绝赞同可疑的事情，并且因此避免犯错。

但是，与此同时，无论我们存在的源头是谁，无论祂多么强大并且多么善于欺骗，我们仍然由经验而知道我们拥有自由，这样我们就能够戒绝相信那些并不完全确定且没有得到恰当检查的事情；这样我们就能够小心地永不犯错。

7. 当我们正在怀疑的时候，我们不可能怀疑我们实存（existamus）；这是我们以一种有序的方式研究哲学而发现的第一件事。

在以这种方式拒绝我们稍有怀疑的一切事情【7】甚至构想这些事情为假的过程中，我们很容易假设没有上帝、天空、物体，甚至我们自己都没有手、腿或者根本没有身体；但是，我们却不能因为所有这些，而假设正在思考这些东西的我们什么都不是；因为，假设那个正在思考的东西在思考的时候并不实存，这完全是矛盾的。因此，这一条知识——我思考，于是我存在（ego cogito, ergo sum）——是呈现给任何一个以有序方式研究哲学之人的最原初和最确定者。

8. 由此就认识到灵魂（animam）与身体（corpus）之间，或者说思维的（cogitantem）事物与形体的（corpoream）事物之间的区别。

这是引导我们认识心灵的本性（mentis naturam）以及心灵与身体之间的差别的最佳途径。因为，我们假设一切不同于我们的东西都是假的，当我们检查正在进行这个假设的我们是什么之时，我们非常清楚地看到，既非广延（extensionem）也非形状（figuram）也非位移（motum localem），也非任何类似的应该归于形体的东西属于我们的本性，而仅仅只有思想（cogitationem）属于我们的本性,而思想相应地也比任何形体事物更早、更确定地被认识到;因为我们已经知觉到它了,而我们仍然怀疑所有其他事物。

9. 思想(cogitatio)是什么。

我用思想这个词,表示当我们正在意识之时发生在我们里面的一切,就我们里面有着关于它的意识而言。这样,不仅理解(intelligere)、意愿(velle)和想象,还有感觉,在此同样都是思考(cogitare)。因为,如果我说,我正在看,或我正在行走,于是我存在,并且我将观看或者行走归结为身体的行动,这就不是一个绝对确定的结论;因为,正如同在睡梦时常常发生的那样,我可能会认为我正在看或正在行走,尽管我的眼睛没有睁开,并且我没有从一个地方挪到另一个地方,尽管我可能根本就没有身体。但是,如果我意指的是对看或行走的现实的知觉或意识,由于这就涉及到心灵了,而心灵凭自身就知觉到或思考(cogitat)到它在观看或者行走,【8】那么这个结论就是完全确定的。

10. 那些极其简单且自明的东西只会被逻辑定义弄得更为模糊;并且这类东西不被算作通过研究而获得的知识。

我在此不会解释其他许多我已经用过或往下将要使用的术语,因为在我看来它们完全可以说是自明的。我常常观察到哲学家在这个问题上犯错误,就是他们试图借逻辑定义来解释那些已经极其简单且自明的东西;因为以这种方式他们实际上把它们弄得更模糊了。当我说"我思考,于是我存在",这个命题(propositionem)是呈现给所有以有序方式研究哲学之人的最原初、最确定的命题,我并没有因此就否定说,我们必须事先知道什么是思想、什么是实存、什么是确定性这些其他东西,还有思考者并不实存是绝不可能的如此等等;但是,因为这些是非常简单的概念,它们凭自身并没有提供关于实存事物之知识,因此我并不认为它们应该被算作知识。

11. 在什么意义上我们的心灵比我们的身体更好地被认识。

现在,为了弄明白,心灵如何比身体不仅更先且更确定(prius & certius)地被认识,而且更明确(evidentius)地被认识,我们应该观察到,由自然之光来看这一点是很明显的,即无物不拥有情状或性质(affectiones sive qualitates);因此,无论我们在何处发现某些情状或性质,它们所隶属的某物或实体必然在那里被发现;我们在同一个事物或实体中发现的情状越多,我们就越清楚地认识到那个实体。现在,我们在我们的心灵中比在任何其他东西中发现了更多的情状,这一点根据如下事实是很明显的:根本没有一个引发我们去认识那异于我们心灵者的东西,不会同时就带给我们更为确定的关于自己心灵的知识。举个例子,如果我从我正在摸或正在看地球这个事实来判断地球实存,基于同样的根据,【9】我更为确定地判断我的心灵实存;因为,情况很可能是,我判断我正在摸地球,即使地球并不实存;但情况不可能是,当我下这个判断的时候,那个正在下判断的我的心灵却不存在。这一点适用于其他例子〈也即,就所有那些进入我们心灵的东西而言,那个想到它们的我们肯定实存,即使它们是假的或者没有任何实存〉。

12. 为何这个事实并不被所有的人同样知道。

为何那些以无序的方式研究哲学的人持有不同的观点,这纯粹且仅仅因为,他们从未以足够的小心来区分心灵与身体。即使他们认为,他们确信他们自己实存超过确信任何其他东西实存,他们却没有认识到,此处的他们自己,应该被视为仅仅相关于他们的心灵;相反他们将它视为仅仅相关于他们的身体,那个他们用他们的眼睛去看、用他们的手去摸的身体,那个他们错误地将感官知觉能力归于其下的身体;正是这一点妨碍他们知觉到心灵的本性。

13. 在什么意义上关于其他事物的知识取决于关于上帝的知识。

现在,心灵知道了自己,但对所有其他事物仍然持有怀疑,它环顾四周,想要进一步扩展它的知识,它首先在它里面发现了关于许多事物的观念。只要它仅仅沉思这些观念,并且既不肯定也不否定,在自身之外有着与这些观念相似的东西,那它就不会出错。它还发现了一些一般概念(communes quasdam notiones),由此它建构了各种证明;只要它将它的注意力对准这些,它就完全确信它们是真实的。比如,心灵在它里面拥有数字和形状的观念,在一般概念中它还拥有,如果给同等的双方再增加同等的东西那么结果就是同等的等等类似者。由这些很容易证明三角形的三内角等于两个直角,如此等等。心灵于是认定这些以及类似结论是真实的,只要它将它的注意力对准它推演它们由以出发的前提。但是,因为它不可能一直专注于它们,当它后来想起了,它还不知道是否它被创造成拥有这种本性——【10】即使在那些看上去最清楚的事情上它也会犯错——它就发现怀疑这些结论是正当的,并且它不可能拥有确定的知识,除非它认出了其来源的创造者。

14. 从我们关于上帝的概念中包含着必然实存这一事实,必然推出上帝实存。

心灵接下来考虑它里面包含的各种观念,发现有这样一个观念在所有其他观念中凸显出来,那就是关于一个极其智慧、极其强大、极其完美的存在者的观念,〈它很容易根据它在这个观念中所知觉到的内容而下判断说,上帝作为最完美的存在者一定存在或者一定实存。因为,尽管它拥有关于许多其他事物的明晰的观念,它却没有在这些观念中观察到任何确保观念之对象实存的东西。〉心灵认识到实存包含在这个观念中,不仅仅是它在所有其他事物的观念中明晰地知觉到的可能的(possibilem)、偶然的(contingentem)实存,而是完全必然的(necessariam)、永恒的(æternam)实存。举个例子,由于知觉到三角形的观念中必然包含三内角等于两直角,心灵必然确信一个三角形一定包含着三内角等于两直角;这样,纯粹根据一个极其完美的存在者的观念中包含着必然、永恒的实存这个知觉,心灵必定得出结论说极其完美的存在者确实实存。

15. 关于其他事物的概念中,并没有以同样的方式包含着必然的实存,而仅仅包含偶然的实存。

心灵将会更为坚定地相信这一点,如果它反思到,在它里面找不到一个关于其他事物的观念,它在这个观念中可以知觉到必然的实存以这种方式被包含于其中。因为,由此它将理解到,关于极其完美的存在者的观念并不是一个由心灵创造出来的观念,也不含有任何关于袉的虚构内容,而是展示一个真实的、不变的本性,它不能不实存,因为其中包含着必然实存。

16. 正是由于偏见,上帝实存的必然性才没有被所有人清楚地认识。

我会说,这一点将很容易被我们的心灵相信,只要它起初完全摆脱了各种偏见。但是,因为我们习惯于在所有其他事物那里区分本质(essentia)与实存(existentia),并且还任意地构想出关于那些既不存在于任何地方也从未存在过的事物的观念,所以很容易【11】出现的情况是,当我们没有完全集中注意力沉思那极其完满的存在者的时候,我们会怀疑,上帝的观念是不是一个我们任意构想出来的观念,或者,就算不是这样的,也是一个实存并不属于其本质的观念。

17. 我们的任何观念的客观完满性越大,它的原因也必然越大。

当我们进一步考虑我们里面的那些观念之时,我们发现,有一些观念,就它们仅仅是思想的样式(modi cogitandi)而言,它们相互之间没有太大差别;但是,就一个观念表象(repræsentat)一个事物并且另一个观念表象另一个事物而言,它们差别很大;它们自身中所包含的客观完满性(perfectionis objectivæ)越多,它们的原因(causam)必定越完满。例如,如果一个人自身之中拥有一部高度复杂的机器的观念,理所当然地要问他拥有这个观念的原因是什么:他曾经在某处或别处看见别人制造了这样一部机器? 还是他完全掌握了机械学或者他拥有如此强大的理智能力,以至于就算他从未在别处见到这部机器也能自己想到这个观念? 因为,纯粹客观地被包含于这个观念中的所有复杂性,就如同被包含于一幅图画中那样,都必须被包含在它的原因中——无论最终是何种原因,不仅仅是被客观地或表象地包含着——至少就首要的和基本的原因而言,而且确确实实地被形式地或是卓越地包含着。

18. 由此我们可以再次推出上帝实存。

这样,由于我们自身中拥有关于上帝或最高存在者的观念,我们可以合理地探寻我们拥有这个观念的原因;我们在这个观念中发现如此不可计量的伟大,以至于我们完全可以肯定,它只能来自这个结果,就是被那个真正拥有所有完满性之总和的东西,也即那个真正实存的上帝置入我们里面。因为,由自然之光(lumine naturali)看得很清楚,不仅从无中无物产生,更完美者不可能被更不完美者产生,【12】也即不能以更不完美者作为其动力因及总体因(à causâ efficiente & totali);而且,我们不可能在我们里面拥有关于某物的观念或图像,而其原型(Archetypus)——这其中包含着属于这个观念的所有的完满性——却既不实存于我们心灵里面,也不实存于我们之外的某个地方。因为,我们根本不可能在我们里面发现我们拥有其观念的那个东西的各种无上完满性,仅仅由此我们合理地下结论说,它们存在——或者确切地说,在过去某个时刻曾经存在——于某种不同于我们自己的东西也即上帝之中;由此可以明确地推出,它们仍然存在。

19. 即使我们不能把握(comprehendamus)上帝的本性,其完满性也比其他东西被我们更清楚地认识(cognosci)到。

对于那些习惯于沉思上帝的观念或是思考其无上完满性的人而言,这一点是充分确定明显的。尽管我们没有完全把握到这些完满性,因为一个无限的存在者之本性不能被有限的我们完全把握,但是我们对它们的把握肯定要比对有形物体的把握更清楚更明晰。这是因为它们更多地占据了我们的思想,并且更为简单,并且不会被任何限制弄模糊。〈进一步,没有什么反思比这个反思更有助于完善我们的理智,或者更为重要,因为思考一个其完满性没有限制的对象会使我们充满了满足感和安全感。〉

20. 我们不是由自己而是由上帝创造的；因此上帝实存。

但是，因为不是每个人都认识到这一点，还因为，拥有某个复杂机器的观念的那些人，通常知道他们从哪里获得这个观念，可我们并没有同样地回忆起，上帝的观念在哪个时刻从上帝那里到达我们，就我们已经拥有了它而言，于是仍然会出现这个问题：我们从何而存在，既然我们拥有关于上帝之无上完满的观念。由自然之光确实看得很清楚，一个认识到某物比自身更完满的东西不会由自己而存在；因为，如果是这样的话，它会将自己就有其观念的那个东西的所有完满性都给予自己；它的存在也不可能源于自身中没有这些完满性的其他存在者，也即不是上帝。

【13】21. 我们自己的实存的连续性足以证明上帝的实存。

没有什么可以把这个证明的明确性弄模糊，只要我们将我们的注意力投向时间或事物之延续的本性；这种本性是这样的，以至于它的各个部分不是相互依赖的，也从未同时实存；因此，由我们现在存在这个事实，并不会推出我们将存在于紧随其后的某个时刻，除非有某个原因——它同于起初创造了我们的原因——不断地重新创造我们，也就是说维持我们。因为，我们很容易理解，在我们里面没有一种力量我们可借以维持自己；我们也知道，拥有如此强大的能力维持我们——我们与它完全不同——的存在者，肯定更能维持自己，或者说不需要被其他存在者维持；简单地说，它是上帝。

22. 由我们认识上帝之实存的方法，我们同时认识上帝的所有可被我们才智的自然力量（naturali ingenii vi）认识的属性。

对于这种方法也即凭借关于上帝的观念来证明上帝之实存，

是有着巨大的便利的：因为，我们同时就认识到上帝是什么，只要
我们本性的虚弱性能做到。因为，确实，当我们将我们的注意力转
向我们里面与生俱来的这个观念之时，我们看到祂是永恒的、全知
的、全能的、一切善和真的源头、所有事物的创造者，总之，祂自身
中拥有我们能在其中认识到某种完满——这种完满是无限的或者
不受任何不完满的限制——的一切事物。

23. 上帝不是有形的，也不拥有类似于我们的感觉，也不意愿
罪恶。

确实有许多这样的东西，即使我们在其中认识到一定程度的
完满，但我们也在其中察觉到某种不完满或局限；因此这些与上帝
是不相容的。这样，因为形体的本性包括了与空间中延伸相伴随
的可分性，而可分是一种不完满，那上帝肯定不是一个形体。还
有，我们通过感官而知觉这个事实尽管对我们而言是某种完满，
【14】然而，因为在所有的感觉中都有着被动的因素，并且被动就
是依赖其他事物，因此，我们不能假设上帝有感觉，只能是祂理解
和意愿——而且祂不像我们通过某种相互区别的运作而理解和意
愿，而是通过一个单独的、始终同一的、绝对简单的行动，祂同时理
解、意愿并且产生所有事情。我说所有事情的意思是：上帝并不意
愿罪恶，因为它不是一件事情。

24. 由关于上帝的知识我们前进到关于受造物的（creatura-
rum）知识，要记住上帝是无限的（infinitum）而我们是有限的（fini-
tos）。

但是，因为只有上帝是所有存在或能够存在的事情的真实原
因，那么非常清楚的是，如果我们尝试从关于上帝本身的知识出

发,推演出关于祂所创造的事物的解释,从而获得最完满的知识,也即从原因而来的关于结果的知识,那么我们就遵循了研究哲学的最好的道路。为了以足够安全且无迷路风险的方式来从事这项任务,我们必须小心防范:就是心里一直要记住,作为一切的创造者的上帝是无限的,而我们都是有限的。

25. 我们必须相信上帝已经揭示的一切,即使它超出了我们的把握能力。

因此,如果上帝向我们展示了某些关于祂自身以及其他超出了我们才智的自然能力的事情,比如道成肉身和三位一体的秘密,我们不要拒绝相信它,尽管我们不能清楚地理解(intelligamus)它。我们也根本不必吃惊的是,无论在上帝之不可计量的本性中还是在上帝所创造的事物中,都有许多是超出了我们的把握能力。

26. 我们永远不要去争论无限;我们仅仅将那些我们在其中观察不到限制的东西——比如宇宙的延伸、物质各部分之可分性、星星的数目等等——视为不确定的(indefinitis)。

这样,我们永远不要被那些关于无限的争论所困扰。因为,确实,既然我们是有限的,让我们就无限做出确定的陈述,也即试图去限制并把握它,这样做是愚蠢的。【15】因此,我们不必费心去回答那些人的追问:假设一条直线是无限的,那它的一半是否也是无限的,或者一个无限的数是奇数还是偶数,如此等等;因为,似乎没有人应该去思考这类事物,除非有些人以为自己的心灵是无限的。就我们而言,对于我们从某个角度发现不了其中有限制的那些事物,我们都应该避免断言它们是无限的,而是视之为不确定的。这样,无论我们能够想象一个广延有多大,我们总认为它还可

以更大,因此我们就说可能的事物的大小是不确定的。还有,无论
一个给定的形体可以被分成多少部分,我们认为每一个部分仍然
是可分的,因此我们就以为量是不确定地可分的。还有,无论我们
想象星星的数目有多大,我们相信上帝还可以创造更多星星,因此
我们就假设星星的数目是不确定的;同样的原则可以运用于其他
例子。

27. 无限的(infinitum)与不确定的(indefinitum)二者之不同。

我们将这些事情称为不确定的而非无限的;首先是为了将无
限的这个名号仅仅留给上帝,因为,仅仅在上帝这里,并且在每一
方面,我们不仅认识不到界限,而且还肯定地理解到这里确实没有
界限;其次,因为我们并没有以同样的方式肯定地理解到,其他有
些事物在某方面缺少界限;我们仅仅以一种否定的方式承认,如果
这些事物拥有任何界限,它们的界限也不能被我们发现。

28. 我们应该检查的不是受造物的目的因(causas finales)而
仅仅是动力因。

因此,我们永远不要根据上帝或自然创造它们之时可能怀有
的目的来寻找关于自然事物的解释〈我们应该在我们的哲学中完
全摈弃寻找目的因的做法〉。因为我们不应该骄傲到以为我们可
以分享上帝的计划。但是,如果我们将上帝视为一切事物的动力
因(causam efficientem),【16】我们将会观察到,就祂的那些呈现给
我们感官的结果而言,从祂的那些属性——这些属性是祂希望我
们有所了解的——出发,由祂置入我们里面的自然之光会向我们
揭示,我们应该推出何种结论;然而,我们应该留心的是,也正如之
前注意到的,仅就自然之光没有违背任何由上帝自身启示的东西

的情况下,它才能被信任。

29. 上帝不是错误的原因。

我们在此要记住的上帝的第一个属性是,祂是无比真实的,并且是一切光明的赐予者;因此,假设祂可能欺骗我们,或者在严格的、积极的意义上祂是错误——我们由经验知道我们易于犯错——的原因,这完全是自相矛盾。因为,尽管能够欺骗也许在我们人类中间是智慧的标志,但欺骗的意愿确实总是来自恶意,或者来自害怕或懦弱,因此永远不能在上帝那里被发现。

30. 由此推出,我们清楚地知觉到的一切都是真实的;这就打消了前面列举的怀疑。

由此推出,自然之光或上帝赐予我们的认识能力绝对不会触及(attingere)任何不真的对象,就对象被这个能力触及而言,也即就它被清楚明晰地知觉到而言。因为,如果上帝赐予我们的能力是如此扭曲,以至于将假的误认为真的〈——即使我们恰当地使用它〉,那么上帝就可以被合理地称为一个骗子。这就去掉了我们最严重的怀疑,这个怀疑立足于这样一个观念,那就是,我们不知道我们的本性是不是这样的,以至于在那些完全明确地呈现给我们的事情上我们都会受骗。确实,前面列出的怀疑的所有其他理由,也很容易在这个相同原则的帮助下被消除。【17】数学真理不应再被怀疑了,因为它们是无比清晰的。如果我们记住了清楚明晰地出现在感觉中的东西——无论我们是醒着的还是睡着的——并且我们可以将它与模糊混乱的感觉相区别,那么我们就很容易认识到,在每一种情形下到底什么才被视为真实的。在此不必长篇大论地讨论这些问题,因为它们已经在《第一哲学沉思集》中以各种方式被讨论过了，对它们更充分的解释则有赖于下面的知识。

31. 如果联系到上帝来考虑我们的错误，那错误就仅仅是否定（negationes）；如果联系到我们自身来考虑，那错误就是缺失（privationes）。

尽管上帝不是骗子，但还是常常发生我们犯错的情况，因此，如果我们要探究我们错误的源头及起因，并且学会提前防范错误，我们就必须认识到，它们对理智的依赖要弱于对意志的依赖；而且，错误不是需要上帝真正同意才得以产生的事情；但是，一旦联系到上帝来考虑的话，错误仅仅是否定，而联系到我们自身来考虑，错误就是缺失。

32. 我们仅仅拥有两种思维样式（modos cogitandi）：理智的知觉（perceptionem scilicet intellectûs）与意志的行动（operationem voluntatis）。

我们在自身中经验到的所有的思维样式可以被归纳为两大类，其中之一是知觉，或者说理智的行动，另外一种是意愿，或者说意志的行动。感觉、想象及纯粹理智都不过是知觉的各种样式；正如同欲望、厌恶、肯定、否定和怀疑是意志的各种样式。

33. 仅仅在我们对那些我们尚未充分知觉到的事物下判断（judicamus）的时候我们会陷入错误。

当我们知觉到某物的时候，只要我们没有明白地肯定或否定关于它的任何事情，很明显我们就不会犯错；如果我们仅仅对那些我们清楚明晰地知觉到必须被肯定或否定的事情下判断，那我们也不会犯错。正如通常出现的那样,错误仅仅在这种情况下发生:【18】即使我们尚未准确地知觉到某物,我们却仍然要对它下判断。

34. 在判断的行动中需要的不仅是理智还有意志。

理智对于判断的行动当然是必需的,因为,对于那些我们没有以任何方式知觉到的事物,我们根本就没有判断可下;不过,为了同意那个以某种方式被知觉到的事情,意志也是必需的。但是,关于事物的全面彻底的知觉对于下某种判断而言并不是本质的;因为我们可以同意许多我们仅仅以非常模糊混乱的方式认识到的事物。

35. 意志的范围比理智的范围大,这就是我们错误的原因。

而且,理智的知觉仅仅延伸至少数被给予它的对象,因此总是绝对有限的。相反,意志在一定意义上可以说是无限的,因为我们从未观察到,可以成为其他意志——甚至是不可计量的上帝的意志——的对象的任何东西,是我们自己的意志不能触及的;意志是如此不受限制,以至于,我们很容易将我们的意志延伸至我们清楚地知觉到的东西之外;当我们这样做的时候,我们常常陷入错误也就不足为奇了。

36. 上帝不应该为我们的错误负责。

但是,上帝绝不能被构想成我们错误的作者,仅仅根据祂没有赐予我们一个全知的理智。因为,受造的理智之本性就是有限的;并且有限的理智的本性就在于其范围是有限制的。

37. 人的至高完满就在于他自由地或自愿地行动,结果就是他配得上表扬或指责。

知道由其本性就超出了我们把握能力的东西,我们就去怀疑另外一个我们内在地把握到并且在自身中经验到的东西,那么,这是愚蠢的。

42. 尽管我们并不想犯错,我们如何还会犯错。

既然我们知道我们所有的错误都源于我们的意志,【21】那么我们难免要犯错误就是令人吃惊的,因为没有人想要犯错误。但是,想要犯错误与想要同意某件发生过程中会出现错误的事情,这二者之间有巨大差别。尽管事实上没有一个人会故意希望犯错,但也几乎没人不常常希望同意某个他并不知道其中包含着错误的事情。确实,正是获得真理之渴望,使得那些并不确切知道如何获得真理的人对他们尚未知觉到的事情下判断,这样就陷入了错误。

43. 在我们同意那些我们清楚明晰地知觉到的事情的时候我们绝不会犯错。

确实,只要我们仅仅同意那些我们清楚明晰地知觉到的事情,我们绝不会将假的当作真的。我说这是确切的,是因为,既然上帝不是一个骗子,祂赐予我们的知觉能力不可能倾向于虚假。同意的能力(facultas assentiendi)也是如此,只要它的范围局限于那些被清楚地知觉的事物。即使没有办法证明这一点,但它却是出于自然而被印刻在每个人的心灵中的,基于此,每当我们清楚地知觉到某物,我们就自发地同意它,并且根本不能怀疑其真实性。

44. 在我们同意某个没有被清楚地知觉到的事物的时候,我们常常糟糕地下了判断,即使我们凭运气遇到了真理;导致这种情况的原因是我们假设我们从前充分地知觉到它。

同样确定的是，如果我们同意某个我们尚未知觉到的理由，那么，我们或者犯错，或者纯粹凭运气遇到了真理，这样我们还是不能确信我们没有犯错。当然，当我们意识到我们根本没有知觉到某物时我们却同意它，这种情况很少会发生，既然自然之光告诉我们，我们永远不要下判断，除非我们知道某物。另一方面，我们经常因此而误入歧途：有许多事情我们以为我们过去知觉到它，我们会对这些存放在记忆中的事情表示同意，就好像我们已经充分知觉到它们那样，而事实上我们根本就没有知觉到它们。

45. 清楚明晰的知觉是什么。

确实，有许多人一生中从未足够精确地知觉到任何东西以便他们能够确定地下判断。【22】因为，事实上，一个知觉要成为确定且不可怀疑的判断之基础，它就必须不仅仅是清楚的（clara）而且是明晰的（distincta）。当一个知觉出现（præsens）并呈现（aperta）给一个专注的心灵之时，我称之为清楚的知觉，就好比某物出现（præsentia）在眼睛的注视面前并且足够强烈、足够明显地刺激到眼睛的时候，我们说我们清楚地看见了它。如果一个知觉不仅是清楚的，而且可以与所有其他知觉相分离且被隔离出来，以至于绝对不包含不清楚的内容，我就称之为明晰的。

46. 疼痛的例子表明，一个知觉如何可以虽不明晰却是清楚的，但不可能明晰除非它是清楚的。

举个例子，当某人感到一种强烈的疼痛之时，在他里面确实有一个非常清楚的疼痛的知觉，但这个知觉并不总是明晰的；由于人们常常将这种知觉混同为他们就该知觉的本性所下的模糊的判断,因为他们以为在疼痛的地方有一个类似于疼痛的知觉的东西,但他们清楚地知觉到的仅仅是疼痛的知觉而已。因此,一个知觉可以尚不明晰但却是清楚的,但不可能明晰除非它是清楚的。

47. 为了纠正我们从小就有的偏见,我们必须考虑简单的概念(simplices notiones)以及在每个简单概念中何种因素是清楚的。

在我们幼年时候,心灵是如此地专注于身体,以至于尽管心灵清楚地知觉到许多东西,它却从未明晰地知觉到任何东西。可是,尽管如此,心灵还是对许多东西下判断,我们就这样吸纳了许多偏见,许多人之后就一直没有抛弃它们。为了我们能够摆脱这些偏见,我在此会概括构成我们思想基本成分的所有简单概念;在每种概念中,我会将那些清楚的内容与那些模糊的或容易产生错误的内容相区别。

48. 所有落入我们知觉之下的东西,或者被视为事物或事物的情状(affectiones),或者被视为永恒的真理(æternas veritates);在此列出前者。

我们将所有落入我们知觉之下的东西,或者视为事物或事物的情状,或者视为永恒的真理,后者在我们思想之外没有实存。说到那些我们视为事物的东西,最一般的概念是:【23】实体、延续、秩序、数以及其他这类项目,这些可以被延伸至所有种类的事物。但是,我只承认关于事物的两个最基本类别:第一类是关于理智的或思想的事物,也就是那些属于心灵或思维实体的东西;第二类是关于物质的事物,也就是那些属于广延的实体也即形体的东西。知觉、意愿以及知觉或意愿的各种样式都归于思维实体;基于广延的实体则有尺寸——也即在长、宽、深三维的延伸、形状、运动、位置、构成部分的可分性，以及类似者。但是，我们也在自身中经验到其他一些既不单单被归于心灵也不单单被归于身体的东西，我将在后面合适的地方来解释，这些东西源于我们心灵与身体的紧密结合；这些包括：饿与渴这一类的欲望；那个并非只有思想的灵魂之情感或激情，比如愤怒、高兴、悲伤和爱；最后，所有的感觉，例如痛、快感、光、颜色、声音、气味、味道、热、硬以及其他触感。

49. 不可能也没有必要这样来罗列永恒真理。

我们将所有这些视为事物或事物的性质（qualitates）或样式（modos）。但是，当我们承认任何事物都不可能来自无的时候，无物来自虚无这个命题并非被视为一个实存的事物，甚至不是一个事物的样式，而仅仅作为驻留在我们心灵中的一个永恒真理，被称为普遍概念（communis notio）或公理（axioma）。【24】这类例子还有：同一物体不可能在同一时间既存在又不存在；已经发生过的事情不可能没有发生过；思维的东西在其思维时不可能不实存；以及无数其他类似的公理。确实很难将所有这些都完整地罗列出来，不过同样很难不知道它们，只要我们正在思考它们，并且没有被任何偏见蒙蔽。

50. 即使这些真理被清楚地知觉到，但由于偏见，它们并没有被每个人完全知觉到。

就这些普遍概念而言，毫无疑问它们能够被清楚明晰地知觉到；否则它们就不配被称为普遍概念；事实上，就某些人而言，它们中有些并不同等地配被称为普遍的，因为它们并没有被所有人同等地知觉到。在我看来，这并不是因为有人的认识能力比其他人更通达，而是因为普遍概念违逆了那些最终未能轻松地抓住它们者之先入为主的意见;即使其他许多摆脱了这些偏见的人最为明确地知觉到它们。

51. 实体是什么;这个词并非单义地(univocè)适用于上帝与受造物。

说到那些我们视为事物或事物之样式的东西,分别地检查它们还是非常值得的。由实体我们仅仅意指这种东西,它以这种方式实存,以至于为了实存它不需要其他东西。只有一种实体可以被理解为根本不需要其他东西,那就是上帝。但是我们知觉到,所有其他实体仅仅借助于上帝的同意才能实存。因此,实体这个词,不能够如学院中所说的那样单义地运用于上帝以及其他东西;也就是说,这个术语没有一种意义可以被明晰地理解为对上帝与被造物是相同的。〈至于受造物,它们中的一些本性是没有其他事物就不能实存,而有些则仅仅需要上帝一般的同意。我们通过称后者为实体、前者为那些实体之性质或属性来区别二者。〉

52. 实体这个词单义地适用于心灵和身体,一个实体是如何被认识的。

但是,有形实体和受造的心灵或思维实体,【25】可以共处于这个共同概念(communi conceptu)之下:也即它们是仅仅需要上帝的同意就可以实存的东西。但是,实体不能首先纯粹由于其作为实存的事物而被触及,因为这样的实体不会凭自身而影响到我们。但是,我们可以很容易由实体的某个属性(attributo)而认识到它,根据无物不拥有属性也即特性(proprietates)或性质(qualitates)这一普遍概念。这样,如果我们知觉到某个属性出现了,我们可以推断该属性所隶属的实存者或实体一定也会出现。

53. 每一个实体拥有一个基本属性；就心灵而言就是思想，就形体而言就是广延。

确实，实体可以通过任何属性而被认识；但是每一个实体有一个基本特性，它构成该实体的本性或本质，并且所有其他特性都隶属于其下。这样，在长、宽、深三个维度延伸构成了有形实体的本性；而思想构成了思维实体的本性。因为，可以被归为形体的其他一切东西都预设了广延，并且仅仅是一个有广延的东西的某个样式；同样，我们在心灵中发现的任何东西都仅仅是思维的诸样式中的一种。例如，我们不可能理解形状，除非在一个有广延的物体中；不能理解运动，除非在一个有广延的空间中；我们也不能理解想象、感觉或意志，除非在一个思维的事物那里。但是，另一方面，没有形状或运动我们能够理解广延，没有想象或感觉或类似等等我们可以理解思想；对于专注于这个问题的人而言这是非常明显的。

54. 我们如何能够对思维实体、有形实体以及上帝拥有清楚明晰的概念。

这样，我们能够轻松地获得两个清楚明晰的概念或观念，一个关于受造的思维实体，另一个关于有形实体，只要我们小心地将思想的属性与广延的属性【26】相区别。同样，我们也可以拥有一个清楚明晰的关于不被创造的、独立的思维实体——换言之即上帝——的观念；只要我们不假设这个观念充分地揭示出上帝中的一切，并且不进一步添加我们自己构想的特性，而仅仅全神贯注于这个观念中真正包含的东西，以及我们明确地知觉到属于一个极其完满的存在者之本性的东西。确实，没有人能够否认这样一个关于上帝的观念存在于我们里面,除非他断定在人的心灵中根本没有什么关于上帝的知识。

55. 延续(duratio)、顺序(ordo)以及数(numerus),如何也可以被明晰地理解。

我们也可以形成一个关于延续、顺序以及数的明晰概念,只要我们不把任何实体的概念塞给它们,而是将每样事物的延续仅仅视为一个样式,我们根据这个样式来领会该物体,就该物体连续地存在而言。同样,我们不应该将顺序或数视为不同于那些被安排或被计算的事物,而仅仅将它们视为一些我们据以考察这些事物的样式。

56. 样式、性质或属性的含义。

我们此处用样式所表达的含义,完全等同于别处用属性或性质所表达的含义。但是,当我们从那些影响或者改变来考虑实体时,我们就使用样式这个术语;当我们要给予一个名称来反映这个改变,就称之为性质;最后,当我们仅仅更一般地想到某种内在于实体中的东西,就称之为属性。这样,严格地说,我们不能说上帝之中有样式或特性,而只能说有属性,因为,我们认为在上帝里面没有任何变化。同样,受造物这里的那些永远不能改变的性质——比如在一个实存并且延续的事物中的实存或延续——就不应该被称为性质或样式,而应该是属性。

57. 有些属性存在于事物中,其他属性存在于思想中。延续和时间之本性。

【27】但是,有些属性或样式存在于那个它们作为其属性或样

式的事物本身之中,而另外一些则仅仅存在于我们的思想中。这样,当我们在最一般意义上将时间与延续相区别并且称之为运动之计量时,它仅仅是思想的一个样式;因为,我们确实不能在运动中理解一种延续而在不被推动的事物中理解另外一种延续;这一点由以下事实看得很清楚:如果有两个运动了一小时的物体,一个快而另一个慢,我们在前者中数出的时间总量不会大于后者,尽管前者发生的运动的可能多很多。但是,为了测量所有事物的延续,我们将它们的延续与那个最大、最规律的运动——该运动产生了年和日——之延续做比较,并且我们称这个延续为时间。因此,除了一个思想的模式,这样做并没有给那个最一般意义的延续增加什么。

58. 数以及所有的共相(universalia)都仅仅是思想的样式。

同样,当我们不在任何特殊的受造物中而仅仅抽象地、一般地考虑数的时候,它不过是思想的一种样式。同样的情况适用于其他所有被称为共相者。

59. 共相如何形成;五个基本共相:种(genus)、属(species)、差异(differentia)、特性(proprium)、偶性(accidens)。

这些共相仅仅源于我们使用同一个观念来思考所有互相类似的个别项目;同样,我们将同一个术语运用于所有这个观念所表象的事物;这个术语就是一个通名(nomen universale)。这样,当我们看见两块石头,并且将我们的注意力不指向它们的本性,而仅仅指向有两块石头这个事实,我们就形成了我们所谓的二的观念。当我们后来看见两只鸟或两棵树,并且不考虑它们的本性而仅仅考虑它们是两个这个事实,我们就唤回了同于从前的观念,它随后就成为一个共相;同样,我们借这同一个通名二来称呼这个数字。以同样的方式,【28】当我们考虑一个由三条线组成的图形时,我们形成了一个关于它的观念,我们称这个观念为三角形的观念;之后我们将这同一个观念作为一个共相来使用,这样就将所有其他由三条线组成的图形都向我们心灵展示为三角形。而且,当我们注意到有些三角形拥有一个直角,而另外一些则没有,我们就形成直角三角形的普遍观念;这个观念在联系到前述更为一般的观念而被考虑时,就被称为一个属。成直角是一个普遍的差异,由此所有直角三角形区别于其他三角形。因为在直角三角形中斜边的平方等于另外两条边的平方之和,这就是一个专属于直角三角形的特性。最后,如果我们假设有些直角三角形处于运动中而另一些处于静止中,运动就成为这类三角形的一个普遍的偶性。以这种方式,我们获得了五个被普遍承认的共相:种、属、差异、特性、偶性。

60. 关于区别,首先是实在的区别。

但是,事物中的数字来自它们之间的区别(distinctione)。有三重区别:实在的(realis),样式的(modalis),以及理性的(rationis)。严格来说,实在的区别仅仅存在于两个或多个实体之间;仅仅根据我们能够清楚明晰地离开一个实体而理解另一个实体这个事实,我们可以知觉到两个实体相互之间有实在的区别。因为,既然我们承认有一个上帝,我们确信他能够产生任何我们能够明晰地理解的东西;明晰到如此程度,以至于可以举个例子,即使我们仍然不能确定地知道任何广延的或有形的实体是否现实地实存,仅仅我们拥有该实体的观念这个事实,就足以让我们确定它能够实存;我们还能确定,如果它实存,我们在我们的思想中所划出的它的每一个部分,都实在地区别于同一个实体的其他部分。【29】类似地,仅仅根据我们每个人将自己理解为一个思维的东西并且能够排除自己而思考其他实体这个事实,就可以确定,从这个角度来看,我们每个人实在地不同于任何其他的思维实体以及一切有形实体。即使我假设,上帝已经将某个有形实体如此紧密地连接到这个思维实体上,以至于它们不可能结合得更为紧密了,这样上帝就将这两个实体熔合为一体,可它们仍然有实在的区别;因为,无论上帝如何紧密地统一了它们,祂之前拥有的分离它们的能力,或者离开一个而保存另一个的能力,都是祂不能抛弃的;上帝有能力分开或分开来保存的两个东西,相互之间就有实在的区别。

61. 关于样式的区别。

样式的区别可以采取两种形式:首先是严格意义上的样式与样式所依附的实体之间的区别;其次是同一个实体的两个样式之间的区别。既然我们可以离开不同于实体的样式而清楚地知觉到实体,却不能反过来离开实体而理解样式,我们可以理解第一种样式的区别。这样,在形状及运动与它们所依存的有形实体之间存在一个样式的区别;类似地,在肯定及回忆与心灵之间存在一个样式的区别。根据我们可以离开此样式而认识彼样式且离开彼样式而认识此样式,却不能离开两个样式所依存的实体而认识任何一种样式这个事实,我们可以理解第二种样式的区别。例如,如果一个石头处于运动中,并且是方形的,我能够离开运动而理解方形,并且反过来离开方形理解运动;但是离开石头这个实体我既不能理解运动也不能理解方形。【30】但是,一个实体的一个样式不同于另一个实体的区别——比如一个形体的运动不同于另一个实体或心灵,或者一个实体的一个样式不同于另一个实体的一个样式的区别——比如运动区别于延续,都应该被归类为实在的区别而非样式的区别;因为这些样式不能离开它们作为样式而隶属的那些有实在区别的实体而被清楚地理解。

62. 关于理性的区别。

最后，理性的区别存在于实体与实体的诸属性——离开这些属性实体自身就不能被理解——中某个属性之间，或者一个实体的两个这样的属性之间。如果我们从实体中排除了这个属性，我们就不能形成一个关于实体的清楚明晰的观念，或者如果我们将两个属性分开，我们就不能清楚地知觉到其中一个属性的观念，那么我们就能够理解这个区别。这样一来，如果一个实体停止延续，那么它就停止存在，因此实体就仅仅是出于理性而被区别于其延续；而且，我们视为处于对象中的所有思想样式，也仅仅是出于理性，既不同于被思考的对象自身，又相互不同于同一对象中的其他样式。我回想起来，在我回答《第一哲学沉思集》的第一组反驳的结尾处，我将这类区别归并到样式的区别；但是，在那种情况下没有必要严格地区分这两种区别，既然它足以达到我当时区分它们二者与实在的区别这个目的。

63. 思想与广延如何能够被明晰地认作构成心灵及形体的本性。

思想和广延能够被认作构成理智实体与有形实体的本性。【31】在那种情况下，它们应该仅仅被领会为思维实体以及广延实体自身了，也即心灵与形体自身；以这种方式，它们就可以得到最为清楚明晰的理解。确实，我们可以更好地理解广延实体或思维实体，相比于不考虑思维或广延来理解实体自身而言。因为，将实体的概念与思想的概念或广延的概念相剥离并不容易，后两者仅仅出于理性被区别于前者；一个概念不是因为我们在其中把握了更少的内容而更为明晰;仅仅当我们仔细区分了我们在概念中所把握的内容与其他内容,它才更明晰。

64. 它们如何也可以被认作实体的样式。

思想和广延也可以被视为实体的样式,因为同一个心灵能够拥有许多不同的思想;同一个形体,在保持同样的量的时候,能够以许多不同方式延伸;也就是,在一个时刻它可以在长度上更大在宽度和深度上更小,过一会儿,相反,它可以在宽度上更大但在长度上更小。而且,思想或广延都是在样式上有别于实体;如果它们不被视为实体或者与它者相分离的某物,而仅被视为事物的样式,对它们的理解也不会更不清楚明晰。因为,按照这种方式,由于我们把它们当作处于那个它们作为样式所隶属的实体之中,我们就区分了它们与实体自身,并且确认了它们事实上是什么。相反,如果我们试图离开它们处于其中的实体来考虑它们,我们就会将它们视为凭借自己而保存,这样就会混淆样式的观念与实体的观念。

【32】65. 认识其样式的合适方法。

出于同样的理由,我们也能最好地理解思维之不同的样式——比如理解、想象、记忆、意愿,类似等等,以及广延或者属于广延的样式——比如形状、它们的各个部分的位置以及它们的运动,如果我们将它们纯粹视为它们存在于其中的那些事物之样式;至于说运动,我们将会最好地理解它,如果我们纯粹考虑空间中的运动而不探寻产生它的力(尽管我后面会在合适的地方解释这个问题)。

66. 感觉、情感、欲望如何被清楚地认识,尽管我们常常对它

们做出坏的判断。

剩下要考虑的是感觉、情感与欲望。这些也能够被清楚地知觉到，只要我们非常小心，不要在对它们下判断的时候超出了我们知觉所包含的内容以及我们真切地领会到的内容。但是很难坚持这条规则，至少就感觉而言。因为，我们中的每个人自幼就做出判断，认为其感觉到的对象总是实存于其心灵之外的某个事物，并且完全类似于其感觉，也即类似于他所拥有的关于它们的知觉。这样，举个例子，一旦我们看见一种颜色，我们就认为我们正在看一个外在于我们的事物，一个与颜色之观念——我们此刻在自己里面正经验到该观念——完全类似的事物；正是由于以这种方式下判断的习惯，我们似乎就正在如此清楚明晰地看见了这样东西，以至于我们认为它是确定而不可怀疑的。

67. 甚至在我们对疼痛下判断的时候也常常出错。

对我们所有其他的感觉——哪怕是愉快及疼痛——而言，同样的情况也显得很真实。因为，即使我们并不假设这些存在于我们之外，我们一般认为它们也不仅仅位于心灵或我们的知觉之中，而是位于手或脚或我们身体的其余部位。【33】举个例子，当我们感觉疼痛明显在脚上的时候，说这是某种外在于心灵却实存于脚上的东西，而其确定性丝毫不多于如下情况：当我们看见光明显在太阳中之时，说光是外在于我们却实存于太阳中；所有这些信念都是起源于幼年时的偏见，这一点在下面将会变得清楚。

68. 在这类感觉中如何区分我们清楚地认识到的内容与我们弄错了的内容。

为了区分清楚的内容与模糊的内容，我们必须非常小心地牢牢记住:疼痛、颜色以及其他这类东西,都是当它们仅仅作为感觉或思想的时候才被清楚明晰地知觉到。但是,一旦它们被判断成实存于我们心灵之外的真实事物,那就完全不可能理解它们到底是什么;确实,如果有人说,他在一个形体中看见了颜色,或者在一段肢体中感觉到疼痛,这恰恰等于说,他看见或感觉到某种东西在那里,却压根不知道它是什么;换言之,他并不知道他正在看或正在感觉的东西。因为,即使出于疏忽,他说服自己相信自己拥有关于这些东西的知识,理由就是他假设有某种类似于那个感觉——也即他在自己里面经验到的颜色或疼痛之感觉——的东西,但是,如果他自问,那个明显实存于有颜色形体中的颜色或疼痛部位中的疼痛感觉,事实上表象了什么,他将会确确实实地明白他根本就不知道。

69. 大小、形状等等以一种完全不同于颜色、疼痛等等的方式被认识到。

这一点尤其真实,如果他考虑到,相关于他已经见到的形体,存在着两类有着巨大差别的知识:一方面是关于其大小、形状、运动(我仅指位置运动:哲学家曾经构想还有其他各种不同于位置运动的运动,这样只会使运动的本性变得更不好懂)、位置、延续、数或任何类似特性的知识,就是之前已经说过的在形体中被清楚地知觉到的知识;另一方面,【34】还有着关于其颜色、疼痛、气味、味道等等我说过必须联系到感觉的知识,这些感觉也是在同一个形体中发现的。因为,当我们看见一个形体的时候,我们根据它表现出有形状而认定它实存,并不比根据它表现出有颜色而认定它实存更为确定可靠,虽然如此,我们在它里面还是更明确地认识到有形状的它是什么,相比于有颜色的它是什么而言。

70. 我们以两种方式对可感者下判断,由其中一种我们预防犯错,由另一种则陷入错误。

当我们说我们在对象中知觉到颜色之时,实际上这几乎就等同于,我们说我们在对象——它的本性我们并不知道,但是借助它一个非常生动清楚的且被称为颜色的感觉被产生于我们里面——中知觉到某种东西。但是,由所牵涉到的判断的角度来看,这二者之间存在着很大的区别。因为,只要我们仅仅判断说,有某种东西存在于对象中(也就是在事物中,不管它们到底是什么,感觉都是从它们那里到达我们),而这个对象的本性我们并不知道,那我们距离错误就会如此之远,以至于事实上我们由此就免于犯错了;因为,当我们明白有某种我们并不知道的东西之时,我们更不容易对其鲁莽地下判断。但是,当我们认为我们在对象中知觉到颜色之时,即使事实上我们不知道那个我们称之为颜色者到底是什么,也理解不了我们假设存在于对象中的颜色与我们在自己感觉中所经验到的颜色有任何相似性,然而,由于我们没有意识到这一点,而且还有大小、形状、数目等等许多其他因素,就它们而言,我们清楚地知觉到,在它们被我们感觉或理解的方式与它们自己实际所是或至少能是的方式之间确实没有区别,这样我们很容易下一个错误的判断说,【35】我们所谓的对象中的颜色完全类似于我们感觉(sentimus)到的颜色,并且我们还断定,我们对于我们根本没有知觉到的东西有一个清楚的知觉。

71. 我们的错误的主要原因来自儿时的偏见。

于是我们可以认识到所有错误的最初和最重要的原因。事实就是,早在幼年时候,我们的心灵与身体如此紧密地相连,以至于,它自由地注意到的仅仅是这样的思想,凭借这些思想它感觉那些刺激身体的东西。在那个阶段,它并不将这些思想归于任何位于自身之外的事物,只是每当有害于身体的事情发生时感觉到痛,每当有益的事情发生时感觉到愉快。每当身体受到刺激但既没有受益也没有受害之时,随着受刺激部位的不同以及被刺激方式的不同,心灵就会有不同的感觉,我们称这些感觉为味觉、嗅觉、听觉、热感、冷感、光感、色觉等等,它们并不表象任何外在于我们思想的东西。与此同时,心灵知觉到大小、形状、运动等等,这些不是作为感觉而是作为某些事物或事物的诸样式呈现给心灵,这些事物实存于——或至少能够实存于——我们的思想之外,即使心灵尚未意识到它们之间的区别。最后,当身体机器——自然如此建构身体机器以至于它能够凭自己的能力向各种方向运动——随意地朝各个方向转动,随机地逐益避害时,那系缚于身体的心灵开始注意到,它正在追逐或逃避的东西存在于自己之外;心灵不仅将它知觉为事物或事物之样式的大小、形状、运动【36】等等归结为对象,而且将那些它感觉到是由事物自身产生的味道、气味等等也归结为对象。而且,既然心灵将每样事物都与身体——它自己融入在这个身体中——之福利建立关系,它就根据它受对象刺激之多少来确认对象更多地还是更少地作为一个事物。结果就是,它认为岩石和金属中比水或空气中存在更多的实体或形体性(multò plus substantiae, seu corporeitatis),因为它在前者里面比在后者里面感觉到更多的硬度和重量。事实上,它将空气完全视为非存在,只要它没有在空气中意识到风或冷或热。由于自星星而来的光并不比来自油灯微小的火苗更多,它并不将任何星星表象为比火苗更大。由于它并没有观察到,地球围绕着自己的轴转动或者地球表面是弯曲的从而成为一个球形,它更倾向于认为地球是不动的并且表面是平的。从最早的婴儿时期开始,我们的心灵就沉浸于成千上万这类偏见之中,在随后的幼年时光,我们没有回想起它们是未经仔细检查就被采纳的,因此我们将它们当作完全真实明确的而接受下来,好像它们是借助感觉被认识的,或者被自然植入我们里面的。

72. 错误的第二个原因是我们不能忘记那些偏见。

尽管在我们成年之后心灵不再完全是身体的奴隶了,也不会将每件事情联系到身体的视角,而且它还努力去发现仅考虑到事物本身的关于事物的真理,认识到自己之前的许多判断是错误的;然而,尽管这样,心灵并不能轻易地将这些错误判断从记忆中抹去;只要它们还待在那里,它们就能引发各式各样的错误。举例来说,由于我们自幼就想象星星【37】非常小,就算如今天文学论证清楚地告诉我们它们非常大,但我们先入为主的意见依然相当顽强,以至于我们很难以不同于从前的方式来想象它们。

73. 错误的第三个原因是,专注于那些没有呈现给感觉的东西会令人疲劳;因此,我们习惯于不根据当下的知觉,却根据先入为主的意见来对它们下判断。

还有就是,我们的心灵做不到一直专注于某物而不感觉到困难与疲倦;最为困难的则是要心灵去注意那些没有呈现给感觉甚至是想象的物体;或者因为这是心灵的本性,由于它如此紧密地连接着身体;或者是因为,心灵在早年仅仅处理感觉和想象,它就获得了更多的也更容易思考这些东西的习惯,相比于思考其他东西而言。于是,无论如何,就有了这样的结果,许多人对那种不是可想象的、有形的以及可感的实体根本不能理解。因为,他们根本没有认识到,我们能想象的仅仅是那些有广延、运动和形状的东西,即使在这些东西之外还存在许多仅能用理智了解的东西。他们不认为任何不是形体的东西能够持存,此外也没有任何不可感的形体。因为,事实上,仅仅通过感官我们知觉不到任何事物之如其所是——这点下面将会清楚地揭示,这样结果就是,大多数人终其一生所知觉到的不过是混乱的东西。

74. 错误的第四个原因是,我们将我们的概念系缚于那些并不严格地对应于事物的词语。

最后,为了使用语言,我们将我们所有的概念系缚于那些我们用来表达它们的词语;当我们将这些概念储存于我们记忆中的时候,总要结合着这些词语。既然我们回忆词语比回忆事物更容易,而且我们几乎从未如此明晰地拥有关于一个事物的概念,以至于我们可以使之脱离任何关于词语的概念,这样,几乎所有人的思想都更多地关注词语而非事物;这些都如此严重,以至于他们经常同意那些自己并不理解的词语,【38】因为他们以为自己曾经理解了它们,或者以为自己从那些正确地理解了它们的人那里听到它们。这里不是详细解释这些问题的合适场所,因为人身体的本性尚未得到解释,甚至任何形体的实存都还没有得到证明;但是此处已经说过的内容,足以帮助我们将清楚明晰的概念区别于模糊混乱的概念。

75. 正确研究哲学必须遵守的所有规则之概括。

因此,如果我们希望从事严肃的哲学,并且追究所有可知事物的真理,首先,我们必须把所有的偏见放在一边;换言之,我们必须小心地不要信任我们之前接受的任何意见,除非在重新检查之后我们首次发现了它们是真的。其次,我们必须井井有条地关注我们里面的那些概念,并且仅仅判断所有那些我们在此由于关注才得以清楚明晰地认识到的概念为真。如果我们做到了这一点,我们首先认识到我们实存,就我们的本性仅仅作为思维的东西而言;与此相伴随,我们还认识到上帝存在,并且我们依赖上帝;进一步,我们认识到,通过考察上帝的属性,所有其他事物的真理也能够被发现,因为上帝是它们的原因;最后,我们知道,除了上帝的概念与我们心灵的概念,在我们里面还有关于许多永远真实的命题——比如无物来自无——的知识,还有关于有形的自然——它是有广延的、可分的、运动的等等——的知识,关于各种刺激我们之感觉的知识,比如疼痛、颜色、味道等等感觉,尽管我们还不知道它们如此刺激我们的原因。当我们将所有这些知识与我们从前拥有的混乱的思想进行对比,我们将会获得一个习惯,也即对所有可知的事物形成清楚明晰之概念的习惯。【39】在我看来,这几条指令包含了人类知识最重要的原理。

76. 神圣的权威必须被置于我们自己的知觉之先;但是除此之外,哲学家不应该仅赞同他没有知觉到的任何东西。

但是,除了所有这些,我们必须在我们的记忆中刻上这条超越一切的规则:上帝启示给我们的一切都必须被信奉为最为确定的。尽管理性的光芒以最大的清楚和明确似乎要揭示某种不同的东西,我们仍然必须完全信任神圣的权威而不是我们自己的判断。但是,在神圣信仰没有给我们任何指导的问题上,一个哲学家不应该将任何他从未知觉为真的东西假设为真;而且他永远不应该信靠感觉——也即儿时的未经充分考虑的判断——重于信靠成熟的理性。

灵魂的激情①

----

　① 译注:《灵魂的激情》是笛卡尔用法文撰写的,收录在 AT 版《笛卡尔全集》第 11 卷,AT 版原书名是 *Les Passions de l'ame*,现代法语书名是 *Les Passions de l'âme*。笔者的翻译参考了如下文献:René Descartes, *The Passions of the Soul*, tr. By Stephen H. Voss, Hackett Publishing Company, 1989; René Descartes, *The Philosophical Writings of Descartes*, Vol. I, tr. by John Cottingham, Robert Stoothoff, Dugald Murdoch, Cambridge University Press, 1985; René Descartes, *Œuvres de Descartes*, Vol. XI, publiées par Charles Adam et Paul Tannery, Paris, Leopold Cerf, Imprimeur-Editeur, 1909。本译文标注的页码根据 *Œuvres de Descartes*, Vol. XI。

序　言^①

前　言
——来自作者的一个朋友

（AT XI）【301】这本书由笛卡尔先生交付给我，允许我将它付印，并且附上任何我想增加的前言，而我决定要做的不过是，在此公布我早些时候写给他的几封向他讨要此书的信件，因为它们包含着许多内容是我认为公众有兴趣被告知的。

第一封信
——致笛卡尔先生

先生：

我非常高兴刚过去的这个夏天在巴黎看见您，因为我以为您

---

①　译注：序言部分包括一个简短的前言和笛卡尔与一个匿名朋友之间的四封来往书信。这个匿名的朋友到底是谁，历来没有定论，甚至有学者认为，就是笛卡尔本人假托匿名朋友之名写下这些文字。

到那里是打算久留的,【302】由于在那里比在任何别处更有机会从事一些实验,而您已经表明,为了完成您已经向公众允诺的那些论文,您必须从事那些实验,这样我就以为您不会不遵守您的承诺,并且我们很快将会看到这些论文出版。但是,当您返回荷兰之时,您完全夺走了我这份高兴。我忍不住要告诉您,我至今感到气恼的是,在离开之前,您不愿意让我看看那篇人们告诉我您已经写完的讨论激情的论文。此外,在两年前附在法文版《哲学原理》的序言中,您简短地谈到了收获哲学的主要成果之前需要建立哲学的几个部分,这之后您还说,您对自己的力量没有达到如此的信任,以至于,如果有机会去从事那些支持并验证您的推理所必需的实验,您也不敢冒险自己解释实验。您还说,这需要巨大的费用,除非获得公众的资助,否则您这样的私人是无力承担这笔费用的。但是,由于没有看到这个资助是可期望的,您认为自己应该满足于从现在起为了您的自我教育而研究,这样后人将会原谅您,如果您没能为此一直工作。仔细琢磨我在那里看到的说法,我很担心,【303】您现在真心想向公众隐瞒您余下的发现,并且,如果我们听任您由着自己的性情的话,我们恐怕永远不能从您那里获得任何东西了。这就是为什么我决定用这封信稍稍骚扰您,报复您拒绝向我展示那篇关于激情的论文,直率地谴责您的疏忽和失职。在我看来,正是这些使得您既没能意识到您本有的天赋,也没能履行应尽的责任。我实在不能相信,除了您的疏忽,以及对于造福他人表现出来的微弱兴趣,还有什么使得您不能继续您的物理学。因为,尽管我很理解,您不可能不进行许多实验就完成您的物理学;从事这些实验应该动用公共的开销,因为这些实验产生的好处将会增进公众的福利,并且私人的资产根本不足以覆盖它们。但是我仍然不相信正是这一点妨碍了您。因为,如果您肯屈尊让那些处置公共财富的人理解这些问题的实际情况——只要您愿意您就能够轻松地表达这些——那么您不可能做不到从他们那里获取为达到这个目的您所希望的一切。但是，您的生活方式一向与之如此冲突，以至于人们有理由相信，您不愿意接受任何人的资助，哪怕它送到您手上；而且，您还会坚持说后代会原谅您没有继续为此而工作；只要您假设，这个资助对于您的工作是必需的，而且您无法获得它。这就导致我认为，您不仅太过疏忽大意，而且恐怕还没有【304】足够的勇气期待完成读过您著作的人指望您做的事情，而且您徒劳地想要在我们之后到来的人相信，不是出于您自己的过错才把这些事情搁置下来，而是因为您的德性没有得到恰如其分的承认，并且人们拒绝对您的计划加以资助。我可以看到，您的这个奢望已经对准靶心了，因为将来读您著作的人会根据您在十二年多之前发表的书来判断，到目前为止您已经发现了从您的角度被看到的一切，留给您要发现的关于物理学的内容，比您已经解释过的内容要更少一些困难；这样一来，既然从那时起，您已经能够向我们提供为了医学以及其他生活实践人类理性可以指望的一切，只要您有机会去从事那些必不可少的实验——甚至您很可能并不是没有发现其中很大一部分，只不过是对于人们忘恩负义的合理愤慨妨碍了您与他们分享您的发现。于是您认为，从现在起，您歇着能够获得的荣誉同于您做大量工作所获得的——甚至可能还要多点儿，既然被拥有的善通常受到的重视总要少于被渴望的或被惋惜的善。但是，我要剥夺您这样获得与您不相衬之荣誉的手段。尽管我并不怀疑，如果您已经要到了公共资助，您知道自己不得不去做什么，但我仍然要在此写下这些。事实上，我还要把这封信发表，这样您就不能宣称自己不知晓。而且，如果您【305】今后不能让我们满意，您再不能推托于时世。要知道，为了从公众那里获得一点东西，不能够只在一本书的序言中丢下几句交代它的话，却不清楚说出您渴望并且期望它，或者详细陈述一些理由以证明不仅您是配得上它的，而且人们确实很有兴趣把它交付给您，还可以期望从中获得巨大收益。我们习惯于看到，有些人想象他们非同小可，他们大肆鼓噪，纠缠不休，要求他们所宣称的东西，做出远超出他们能力的承诺；而当一个人仅仅谦虚地谈到他自己，不从任何人那里要求什么，并且不自负地承诺任何东西，那么，无论他在别处对于他能做的事情给出了怎样的证明，这个证明都会被忽视，并且人们根本不会理他。

也许，您会说，您的脾气不会促使您要求任何东西，也不会高调地谈论自己，因为一个标志着低贱，而另一个标志着傲慢。但是我主张这个脾气可以改一改了，并且它源于错误和软弱，而非可尊敬的体面和谦虚。因为说到要求，一个人有理由感到羞愧的，仅仅是他为了自己的需要而向他根本无权要求任何东西的人提出的要求。对于那些有助于他向其提要求的人们的利益与收获的要求，他远不必感到羞耻；相反，他可以从他们那里获得荣誉，尤其当他已经向他们提供的东西的价值超过了他想要从他们那里获得的东西。至于说【306】高调地谈论自己，当一个人正在谈论自己那些虚夸的事迹之时，确实这是一种可笑的傲慢，该受到强烈的谴责，甚至就是一种令人不齿的虚荣。不过，一个人也可能只是在谈论自己的真实作为，当这些事情是出于炫耀而做且没有增进任何人的福利之时。但是，如果这些事情是那种一旦被知晓就对他人至关重要的事情，那么它们肯定只会被一种邪恶的谦逊——它是胆怯和软弱的一个属类——所压抑。然而，对公众来说，获知您在科学中已经发现了哪些内容是至关重要的，可以在这个基础上对于您可能在那里还能发现什么做出判断，以此激发您进一步做出贡献,作为一项以全人类的公善为目标的工作。您已经提供的那些内容,也就是您已经在著作中解释过的那些重要真理,其价值是无与伦比地超越于您为这个目的所要求的任何东西的。

也许您还会说,您的著作本身已经说得足够清楚了,没有必要再增加诺言和自夸了,这些是那些想要骗人的江湖骗子(Charlatans)惯用的,不符合一个仅仅寻求真理的体面人的作风。但是,江湖骗子应该受到谴责的,不是他们谈论自己的那些事情是好的、了不起的,仅仅是它们是虚假的,并且他们不能证明它们。相反,我主张您必须说出来的关于自己的那些事情是如此真实,并且被您的著作如此清楚地证明了,以至于所有合乎体面的规则都允许您宣布它们。同时,因为知晓它们对他人至关重要,出于仁慈的规则也迫使您这样做。【307】因为,尽管您已经写下的东西本身确实说得足够清楚,在那些仔细研究过并且有能力理解它的人看来,但对于我要您做的计划而言,它还是不够,因为不是每个人都能读它,并且那些掌管公共事务的人很少能有闲暇来读它。确实有可能发生的是,有一个已经读过您著作的人会向他们提及它;但是,无论他们被告知了关于它的什么内容——尽管有人会对他们说起——一方面他们对您的作为所引起的轰动知悉甚少,另一方面您在谈到自己的时候又总是表现得过度谦虚,这些都会妨碍他们认真对待它。甚至在他们周围,由于所有能够被设想到的溢美之词常常都被用来表扬那些非常平庸的人,他们也就没有理由将那些知道您的人给予您的惊人赞扬当作非常准确的真话;相反,当一个人说到他自己的时候,如果他说了一些特别的事情,人们会非常认真地听,尤其当这个人出身高贵,并且被认定其脾气和地位都不同于那些想要扮演江湖骗子的人。既然在这种情况之下过分夸张会让自己成为笑柄,他的言辞会被人按照表面价值来衡量,那些不愿意相信它们的人,会出于好奇或嫉妒而去探究它们是否为真。这就解释了为什么——既然非常确定,既然公众很有兴趣知道——除了您还没有任何人(至少我们拥有您的著作)已经发现了真实的原理,并且认识到自然界中产生所有事物的第一因;公众也知道,由于您已经通过这些原理【308】对世上所有可辨认的并且最普遍的东西做了一个说明,您只需要一些更为特殊的观察,以便以同样的方式发现那些在人们生活中有用的东西的理由,这样就提供给我们一个关于所有矿物的本性、所有植物的益处、动物的特点以及一般而言能够助益于医学和其他技艺的一切事物的非常完满的理解;最后,公众也知道,由于这些特殊的观察不可能在短时间之内不需要巨大费用就全部完成,地球上所有的人都应该争抢着对它们做出贡献,就像是致力于世上最重要的工作,大家都对这工作同样有兴趣。既然这是非常确定的,正如我所说的,已经被您发表了的著作充分地证明了,可是您还是必须大声把它说出来,勤奋地将它发表出来,并且将它清楚地放在您所有著作的标题中,以便从此没有人可以无视它。以这种方式,您至少首先可以在许多人那里唤醒那个去探究它里面到底有什么的意愿。他们越是深入地钻研了它,并且越是勤奋地阅读您的著作,他们也就越清楚地理解了,您并没有虚假地自夸。

　　主要有三点是我希望您首先要让所有人正确地理解的。第一就是,在物理学中可以发现无穷多的事物对生活是极其有用的;第二,我们有极好的理由期望由您发现这些事物;第三,您从事大量实验的机会越多,您能够发现的这些事物也越多。告知人们【309】第一点是合适的,因为大部分人以为,在科学中不会发现什么东西优于古人所发现的东西,并且许多人甚至不理解物理学是什么,或者它能对什么有好处。但现在很容易证明,对古人所保持的过度尊重是一个错误,它对于科学之进步是极为不利的。因为,我们看见美洲的野蛮人——还有许多其他居住在不远处的人——拥有一种比我们舒服程度要少得多的生活,不过也和我们一样有古老的起源,以至于他们拥有和我们一样多的理由说他满意于他们的祖先的智慧,并且相信无人可以教导他们更好的东西,相比于那些在他们中间从最远古时代就已经知道和实践的东西而言。这个观点是如此有害,以至于只要人们没有抛弃它,就可以肯定他们不会获得新的能力。人们由经验同样看到,这个观点在其心中根深蒂固的那些人,始终是最无知最粗野的。既然它在我们中间仍然很常见,它就可以充当一个证据,表明我们还有很长的道路才会认识所有我们能够认识的东西。这一点也可以由许多非常有用的发明得到清楚的证明,就像使用指南针、印刷术、望远镜等类似的东西,尽管它们对那些理解了它们的人而言显得相当容易,然而它们仅仅在最近的年代才被设计出。但是,我们急需获得新知识,这一点在任何地方都不如【310】在涉及医学的事务中那般明显。因为,尽管没有人怀疑,上帝已经向这个地球提供了一切必要的东西,让人们可以到很老的年龄还保持完美的健康,尽管没有什么会比关于这些东西的知识更令人向往,以至于在古时候国王和圣贤主要研究这种知识,但是经验表明,我们还远远没有拥有所有这些知识,以至于我们经常由于一切博学的内科医生都不能理解的小毛病而卧床不起,在他们试图消除疾病的时候,我们只会被他们的治疗弄得病情加重。其技术之不足以及有待完善在此是如此明显,以至于只要将这一点告诉那些不理解物理学是什么的人就足够了。那就是,正是科学应该教会人们如此完满地理解人的本性,以及所有能够充当人的养料或救药的东西,以至于人应该很容易借助科学摆脱所有的疾病。因为,不需要提及别的用途,单是这一点的重要性，就足以迫使最无知的人来支持这个人的事业，他已经通过他所发现的事情证明了，人们有极好的理由从他那里期盼所有在这门科学中尚未被发现的东西。

但首先，这个世界需要知道您已经自己证明了这一点。为达到这个目的，您必须略微改改自己的脾气，赶走过分的谦虚，它至今阻止您说出您有责任就自己及他人该说的所有话语。我并没有想让您因此就与当世博学之士对立；绝大多数【311】被赠予这个头衔的人——也即所有那些培养通常所谓美文的人、所有博学的法学人士——对于我极力主张您应该说出来的内容毫无兴趣。神学家和医生同样没有兴趣，除非作为哲学家。因为神学根本就不依赖物理学；甚至医学也不，按照它今天被那些最博学且审慎者所实践的情况而言：他们满足于因循长期的经验所教导的准则或规律，并且不是如此地轻视人类生活，以至于将他们的判断——医学依赖于这些判断——立足于经院哲学的不确定的推理。因此只剩下哲学家了，在他们中间所有那些有头脑的人已经站在您这边，将会非常高兴地看见您以这种方式呈现真理，以至于学究（Pedans）的恶意都不能摧毁它。这样，就只有那些学究会对您必须说的东西感到不满。既然他们是笑柄，是一切有教养者的嘲笑对象，您也就不必太急着要取悦他们。此外，您的声誉已经使他们尽己所能地反对您。然而，您的谦虚现在已经使得他们中的一些人不害怕攻击您。我确信，如果您已经像您所能够的、按您所应该的那样充分地展示您的价值，他们会看到自己远在您之下，以至于没有一个人会不知羞耻地那样做。因此，我看不到有任何东西阻止您大胆地发表任何您判断可能推进自己计划的东西。在我看来，没有什么比您已经在那封【312】致可敬的狄奈神父（R. Pere Dinet）的信中所写的内容更有用了。这封信您已经在七年前发表了，那时他

是法兰西耶稣会的学监。在谈到您在更早的五六年之前发表的论著的时候,您说:

"我在那里解释过,不是一两个问题,而是超过了六百个问题没有被我之前的任何人如此解释过。事实上,尽管迄今许多人已经挑剔地检查过我的著作,并且尝试以各种方法来拒绝它们,就我所知,还没有一个人能够发现它们里面有任何不真实的东西。来列举一下借助其他哲学而被解决了的所有问题,在这些哲学已经繁荣了的所有世纪中,就会发现,这些问题既没有如此多也没有如此重要。确实,我宣称,没有一个借助逍遥派特有的原则而给予解决的问题,是我不能证明其为不合理的和错误的。且尝试一下:让少数精心挑选的问题展示出来——当然不是所有问题(因为我觉得不值得在这件事情上花许多时间)——我将准备遵守这些诺言,如此等等。"

这样,尽管您很谦虚,但真理的力量促使您在那里写下,在除了包含《屈光学》和《天象学》之外几乎没有什么内容的首部论著中,您已经解释过不止六百个哲学问题,您之前没有一个人能够像您那样很好地解释这些问题,而且,即使许多人鄙视怀疑您的著作,寻找各种途径拒绝它们,您仍然不知道,有什么人能够发现它们里面有任何【313】不真实的东西。对此您还加上一点,如果任何人想要一个接一个地数出,自世界开端以来曾经流行过的所有哲学方法能够解决的问题,他也许将不会发现,它们有如此大的数目或者有如此明显。此外,您宣称,没有一个人曾经能够发现,通过被归于亚里士多德的哲学——这是如今学院中唯一教授的哲学——所特有的原则而对任何问题给以真正的解决。除此之外,您还公开挑战所有那些教授哲学者,看他们是否能够举出一个他们曾经很好解决的问题,而您找不出其答案的任何错误。现在,由于这些东西是写给耶稣会学监,并且发表于七年多之前,无疑这个巨大的集体中某些最有能力的人还会试图拒绝它们,如果它们不是完全真实的,或者能够以某种明显的推理被反驳。因为,尽管您制造了小小的轰动,所有人都知道您的名声已经如此之大,并且知道他们是如此热衷于坚持他们所教授的并无错误,以至于他们不可能说他们已经忽视了它。但是,博学人士都清楚地知道,在那种无可怀疑的学院物理学中,根本没有什么东西。他们也知道,在这类问题中,令人怀疑只是比虚假好一点,因为一门科学必须是确定的并且证明的(demonstrative)。这样,他们不会觉得奇怪,您已经断言他们的物理学没有包含对任何问题的真正解决,因为这不过意味着,它没有包含对其他人没有认识到的任何真理的证明。而且,如果他们中的一个人为了反驳您的著作而检查了它们,他【314】就会发现,完全相反,它们中只是包含了关于所有人之前没有认识到的问题的证明。这就是为何我并不惊讶,以他们之睿智且精明,却三缄其口。但我惊讶的是,您尚没有屈尊由他们的沉默中获得任何好处。因为,您并不期望任何东西能更好地揭示出,您的物理学与其他人的物理学有多大的差别。但认识到它们之间的差别是重要的,这样,那些受聘于公共事务并且在其中混得最成功者通常持有的关于哲学的坏意见,才不会妨碍他们理解您自己的价值。因为,他们通常仅仅根据他们已经看见其发生的事情来判断将会发生什么。而且,既然他们从未觉察到公众会从经院哲学处采集到任何果实——除了它使得大量的人成为书呆子以外——他们不能设想从您的哲学中期望更好的东西,除非人们让它们被考虑到,您的哲学完全是真实的,而另一种完全是虚假的,它们的果实乃是完全不同的。确实,证明经院物理学中没有真理的一个极好的论证,就是提及它原本是应该教授所有对生活有用的发现,但是尽管时不时地有过许多发现,然而它们从来就不是借助这种物理学而仅仅是由运气或实践才有的。或者说,如果有任何科学对此有过贡献,那也就只有数学了;此外,数学是人类所有科学中唯一的那门,人们在其中能够发现一些不可被质疑的真理。我充分意识到,哲学家想要【315】将数学纳入为他们的物理学的一部分,但是由于他们几乎全部都对数学很无知,并且由于数学真的不是物理学的一部分,相反真实的物理学倒是数学的一部分,所以就跟他们没什么关系了。但是,在数学中已经被承认的确定性对您大有用处。因为,您在这门科学中的卓越地位已经牢固确立了,并且您在数学中已经如此彻底地战胜了嫉妒,以至于,即使那些嫉妒您在其他科学中所受尊敬的人,通常也会说您在数学中超越了所有人。这样,在赋予您一个他们知道不能被反驳的赞扬的过程中,当他们试图剥夺您其他荣誉的时候,他们可能更少被怀疑是在污蔑。在您就几何学已经发表的内容中,任何人都能看见,您确定了人类心灵能够走得多远,以及对每一类困难可以给予什么样的解决。您已经达到了如此的程度,以至于您似乎已经收获了所有的庄稼;其他那些先于您写作的人仅仅扯了一点尚未成熟的稻穗,所有在您后面的人只能像拾穗者,收集一下您愿意留给他们的东西。此外,通过快速而轻松地解决那些想要测试您的人已经提出的所有问题,您已经表明,为了这个目的您所使用的方法是如此确实无误,以至于借助它您绝不会不能发现人类心灵可以发现的一切。这样,为了确保无人可以怀疑您有能力使物理学达至其最终的完善,您只需要证明【316】它不过是数学的一个部分。而且,您已经在您的《哲学原理》中非常清楚地证明了这一点。那时,在解释能够被感觉的、除大小形状及运动之外无需考虑其他因素的所有性质的过程中,您揭示出,这个可见的世界,作为物理学的整个对象,仅仅包含无数物体中的一小部分,而物体的特性或性质都可以被想象为仅在于这些相同的事物——而数学的对象包含着它们全体。同样的事情也能够被每个时代的经验所证明。因为，尽管在所有时代许多最优秀的心智都投身于物理学研究，但仍然不能说，任何人曾经借助于不属于数学的原则而在其中发现了任何东西（也即获得关于有形物体之本性的真实知识）。相反，无数非常有用的东西已经借助于不属于数学的原则而被发现了，也即，在天文学、外科学以及所有的机械技术中。在它们当中，如果说有什么东西是超出这门科学的，那也无非是来自某些观察，对其真正的原因人们并不知晓。没有一个密切关注这个事实的人不被迫承认，仅仅借助数学一个人才能获得关于真正的物理学的知识。由于没有人会怀疑您在前一个领域中的杰出表现，那么在后一个领域中，就没有什么不可以被期望来自于您。不过，仍然保留着一些疑虑，既然我们可以看见，所有那些已经借助数学获得某种声誉的人，并没有因此【317】能够在物理学中发现任何东西，甚至他们中有些人，对于您就它所写的东西的理解，还不如许多之前从未学过任何科学的人。不过，我们对此可以这样答复说，尽管无疑是那些心灵最适合理解数学真理的人最容易理解您的物理学，因为后者的所有推理都取自前者，不过他们并不总是拥有数学中最聪明者的声誉。因为要获得这个声誉，一个人就必须研究那些已经就这门科学有过撰述的人的作品，而大多数人都没有这样做。而且，那些研究它们的人，经常通过努力而试图获取他们的心灵不能提供给他们的东西，他们会过度疲劳，甚至伤害了他们的想象力，而且此外还获得了许多偏见。这一点更多是妨碍了他们理解您所写的真理，远胜于妨碍了他们表现得像是大数学家，原因就在于如此少的人致力于这门科学，以至于在整个国家中他们往往就是唯一的一群；即使有时还有其他人，他们也不让人家有什么动静，因为他们所知之少令他们甚为痛苦。此外，理解他人已经发现的真理并不难;因为只需要有一个摆脱了各种虚假的偏见的心灵,并且愿意对它们投入足够的关注。也不难从众人中发现某一些人,比如古时候的泰勒斯(Thales)、毕达哥拉斯(Pythagore)、阿基米德(Archimede),以及我们这个时代的吉尔伯特(Gilbert)、开普勒(Kepler)、伽利略(Galilée)、哈维(Harvejus)和其他人。最后,一个人可以不需太多麻烦就想象出一套【318】哲学,它比源自亚里士多德著作的哲学更少荒谬,也得到更有可能的猜想的支持;这一点也在这些时代被少数人做过。但是,建构一个仅仅包含真理——这些真理就像数学真理那样由清楚、确定的论证所证明——的哲学体系,这是一桩如此困难、如此稀罕的事情,以至于在世界已经持续了的五十多个世纪中,结果只有您一个人通过自己的著作表明您能够完成它。但是,这就好比是,当一个建筑师已经打下了所有的基础,并且造好了一座大厦的所有主墙的时候,没有人会怀疑他能够彻底完成他的计划,因为他们可以看到他已经完成了最困难的事情。同样,已经仔细阅读过您的《哲学原理》的那些人,考虑过您在那里如何确立了自然哲学的基础,以及您从这些基础推演出的真理的链条是多么长,他们不可能怀疑,您使用的方法足以让您完成在物理学中发现能被发现的一切这项工作。因为已经解释过的那些东西,也即磁、火、气、水、地球以及天空中可辨认的一切东西之本性,看上去不会比那些仍然被要求解释的东西更少困难。

在此仍然还要加上这一点,不论一个建筑师在他这一行多么熟练,他也不可能完成他已经开始的这座大厦,如果他缺少这里面必须用到的材料的话。同样,无论您的方法多么完美,它也不能帮助您继续解释自然的原因,【319】如果您不能进行确定这些结果所必需的那些实验的话。这就是我以为必须首要得到解释的三点中的最后一点,因为大多数人既不理解这些实验如何是必要的,也不理解它们是多么昂贵。那些着手讨论自然却没有走出他们的小屋或将他们的目光投向书本之外任何地方的人,也会说他们曾经多么想创造世界,如果上帝已经向他们下达命令并且赋予他们这样做的能力——也就是,他们可能依据他们心灵的贫弱而写出一个拥有怪物的世界,就如同宇宙依据其作者的无限能力而拥有奇妙的美一样——但是,没有一个真正的神圣的心灵,他们不可能以那种方式由自己形成一个关于事物的观念,就像上帝为了创造事物而拥有的观念那样。尽管您的方法承诺了由人类心灵出发就寻求各门科学中的真理而言所有能被期望的东西,但是它没有承诺要教授预言能力,而仅仅承诺,从某些给定的事情出发推演出所有能够从它们那里推出的真理;而在物理学中这些给定的事情就只能是各种实验。还有,由于这些实验分为两类,第一类很容易,仅仅依赖对那些自己呈现给感官的事物的反思,另一类则罕见且困难,不经过一些研究和代价则无法获得。人们可以注意到,那看上去能够由容易的实验推出来以及由罕见的实验——对这种实验您已经能够从书本中认识到了——推出来的一切,您都已经放进自己的著作中了。因为,在您的著作中,您已经解释了所有【320】能够打动感官的性质之本性,以及地球上最常见的物体——比如火、气、水以及其他等等——之本性,您还在那里面对至今为止天空中能够观察到的一切、磁的所有特性以及化学中的许多观察给出了说明。这样,人们就没有理由从您那里期望更多的关于物理学的东西,直到您可以进行更多的能找到其原因的实验。而我并不震惊于您没有自己承担费用来着手做这些实验,因为我知道钻研很少的东西也花费巨大;更不用提及炼金术士或者所有其他钻研神秘术的人,他们常常因这个职业而破产。我曾经听说单是天然磁石就导致吉尔伯特花了五万多埃居(escus),尽管他是一个拥有极高智慧的人,正如他在首次发现这种石头的主要特性的过程中所展示的。我也看过培根大法官的《大复兴》(*Instaurio Magna*)①和《新大西岛》(*Novus Atlas*)。在我看来,关于引导物理学达到完美所应遵循的方法,在您之前撰写过著作的那些人当中,他是拥有最好想法的人;但是,地球上最有权势的两三个王室的收入,都不足以开展为此目的他所需要做的工作。尽管我不认为您需要他所想象的那么多类型的实验,既然您可以凭自己的才能和您已经发现的关于真理的知识来补足许多实验。不过,还是需要考虑如下情况:留待您检查的特殊物体的数目几乎是【321】无限的;每个物体都拥有足够多的不同特性,并且对其进行足够的检测,都要用尽许多人所有的闲暇与劳动;根据您的方法的规则,您需要同时检查所有那些相互之间拥有某种相似性的东西,以便更好地观察到它们的不同,并且做出那给予您信心的列举;以这种方式,您可以有效地在同一个时间利用更多的不同实验,相比于大量熟练的人能够提供的工作而言;最后您需要钱来使用这些熟练的人,因为,如果说有谁愿意无偿奉献自己,他们也不会足够服从并尊奉您的命令,只会向您提供浪费时间的机会。考虑到所有这些情况,正如我所说的,我很容易理解您不能够顺利完成您在《哲学原理》中开始的计划——也就是具体解释所有的无机物、植物、动物和人,运用您已经解释了地球上的所有元素以及天空中被观察到的一切所运用的方法——如果公众没有提供为此目的所需的资金的话;它们得到的供应越丰富,您就越能够更好地执行您的计划。

　　现在,因为恰好这些事情也能够被每个人非常轻易地理解,并

---

　　①　译注:这是培根原本计划中的著作,计分六部,其中第二部为《新工具》。后几部并未完成。

且都是如此真实以至于不可能被质疑,我确信,如果您以这样一种方式来展示它们,以至于它们被这群人认识到,上帝已经赋予这群人统治地球上的人的权力,同样也会给他们命令【322】和使命去尽最大力量促进公众福祉,那么,就不会有一个人不愿意向一个如此明显地造福于所有人的计划捐款。尽管我们的法兰西——这是您的祖国——是一个如此强有力的国家,以至于看来您可以为此目的单单从她那里获得所需的一切。然而,由于其他民族对它的兴趣不会少于她,我确信,许多民族也会足够慷慨,不会在这个能力上输给她,并且不会有一个民族野蛮到不想在其中贡献一份力量。

当然,如果我在此所写的一切都不足以让您改变自己的脾气,请至少仁慈到将您讨论激情的论文送给我,并且同意我加上一个序言一起付印。我将会努力以这种方式来写它,以至于序言里不会有任何您不赞同的东西,也不会有任何与一切有理智有德性之人的感情如此不投合的内容,以至于,他们中没有一个人在读过它之后不会分享到我对于科学增长所拥有的热情,如此等等。

来自巴黎,1648 年 11 月 6 日

【323】对前信的回复

先生:

在您费心写给我的这封长信中,我发现了一些非难和指责,不过我注意到,这其中有如此多的事情让我甚感荣幸,以至于,如果您真的如您宣称要做的那样把它付印,我担心人们会假想我们之间存在一种超过了实际情况的默契,并且猜测我请求您将许多礼

节不允许我自己向公众公布的东西放入其中。这就是为何我将不在此停下来逐条答复它；我将只给您两条在我看来应该阻止您出版它的理由。第一就是，我不认为我认定您在撰写它的过程中怀有的那个计划能够成功。第二是，我根本没有您想象的那种脾气——既无义愤也无厌倦——夺走我在能力范围之内做一切替公众服务之事的渴望，对此事我认为我自己怀有巨大的责任，因为我已经发表的著作已被许多人欣然接受了。至今我还拒绝给您我已经写完的关于激情的著作，仅仅是为了不要被迫将它展示给那些不会从它受益的人。【324】因为我创作它仅仅是给一位公主读，她的心灵远远超出了普通人，以至于她可以毫不费力地理解那些在我们的博士们看来最为困难的东西，我在那里停下来仅仅解释了我认为是新的思想。而为了使您不怀疑我所说的，我答应您再检查一遍这本论激情的著作，并且增加一些我判断为了它更容易理解而必需的内容；之后我将它交给您，您按照喜欢的方式去处理它。因为，我是……余不赘述。

来自埃格蒙特（Egmont），1648 年 12 月 4 日

致笛卡尔先生的第二封信

先生：

您已经让我如此长久地等待您讨论激情的论文，以至于我都开始失去希望了，并且想象，您答应将它给我仅仅是为了阻止我发表之前我写给您的那封信。因为，我有理由相信，您用来辩解没有完成您的物理学的借口从您那里被夺走之后，您感到心烦意乱。

我的计划是用那封信将它从您那里夺走，因为我在信中敦促的理由【325】是这样一种，以至于在我看来，没有一个带着最少的自尊和德性来推荐他的人可以读过它们，却不会如我所做的那样去激励他产生这样的渴望：您应该从公众那里获得所需要的东西以从事您所说的对您而言是必需的那些实验；我希望它很快落入那些人之手，他们有能力让这个渴望产生效果，或者因为他们接近那些处置公共财富的人，或者因为他们自己就处置它。这样，我决心以这种方式继续，以至于您会不由自主地操练起来。因为，我知道您是如此好心肠，以至于您不愿意自己不带着利息回馈您以这种方式被赠予的东西，这就使得您完全放弃您的疏懒，对于这种疏懒我此刻免不了要指责您，即使我是……余不赘述。

1649 年 7 月 23 日

对第二封信的回复

先生：

您试图相信我已经运用了计谋来阻止您去年写给我的那封长信出版，对此我感到很无辜。我没有必要运用它。因为，我从未有一刻相信它能够产生您【326】企图的那个结果。此外，我也不是如此地倾向于懒散，以至于害怕审查大量实验这项工作——如果我从公众那里获得机会去从事这些实验我就有责任去做这件事——能够胜过我拥有的这个渴望：即教育自我，并且从而撰写有益于他人的东西。我不能如此轻易地原谅自己犯下您所谴责的那种疏懒。因为我要承认，我花在检查我正在交付给您的那篇小论文上的时间,要多于我之前撰写它所花的时间。尽管如此,我仅仅给它增加了很少的内容,并且根本没有改变论述。它是如此朴素简短,以至于它将表明,我的目的不是作为一个演说家(Orateur)或者道德哲学家(philosophe moral),而仅仅是作为一个自然哲学家(Physicien)来解释激情。这样,我预感到这篇论文的运气将不会好过我的其他著作;尽管它的标题也许会邀请更多的人来读它,它仍然只能够让那些不嫌麻烦地仔细检查它的人感到满意。就这样吧,我把它交到您手中,余不赘述。

来自埃格蒙特,1649 年 8 月 14 日

第一部分　激情总论，
兼论人的完整本性

【327】1. 就一个主体（sujet）来说是激情（passions）的东西从另一个角度来看就是行动（action）。

我们从古人那里继承的科学之缺陷，在任何地方都不如在他们讨论激情的著作中表现得那么明显。因为，尽管人们一直热衷于寻找关于激情的知识，并且这个话题貌似不是最难以探索的问题之一，原因在于，正如每个人在自身中感受到的那样，人们无需从别处借用任何观察以便发现各种激情的本性，然而，古人关于激情的教导是如此之贫乏，其大部分内容又是如此难以置信，以至于我【328】根本无望接近真理，除非彻底抛弃他们所遵循的道路。这就是为什么我被迫好像是在处理一个此前无人叙述过的话题一样。一开始，我要强调，所有那些发生或重新出现的东西，就其所抵达的主体来说，通常被哲学家称为某种激情，而就导致其抵达者来说，则被称为某种行动。这样一来，尽管施动者与受动者通常是完全不同的，但行动和激情却不失为总是同一个东西，根据其可能相关的两个不同方面拥有这样两个名称。

2. 为了理解灵魂(l'ame)的激情,我们必须区分灵魂的功能(fonctions)与身体(corps)的功能。

我还要指出,我们根本不曾看到任何东西能够更为直接地作用于我们的灵魂,相较于那直接关联到灵魂的身体而言,因此我们应该想到,那在灵魂中是激情的东西,通常在身体中就是行动。这样一来,为了获得关于激情的知识,最佳的途径就是,通过检查灵魂与身体之间的区别,从而认清我们里面的每种功能应该被归于二者中的哪一个。

【329】3. 为达到这个目的我们应该遵循什么规则。

在这样做的过程中我们将不会遭遇巨大困难,只要我们注意到,所有我们凭经验看到存在(estre)于我们里面,并且我们看到也能存在于完全无生命的形体中的东西,都必须仅仅被归于我们的身体;另一方面,在我们里面我们领会(concevons)为完全不能属于身体的东西,都必须被归于我们的灵魂。

4. 肢体的热(chaleur)和运动(mouvement)源于身体,思想(pensées)源于灵魂。

这样,因为我们不能领会身体以任何方式来思考,我们就有理由相信,我们里面的每种思想都属于灵魂。既然我们从不怀疑有这样一些无生命物体,它们能够以同于或多于我们的身体的各种活动方式来活动,它们拥有同于或多于我们身体的热(在火这个例证中揭示了这个经验,火自身中拥有的热和运动就超过了我们任何一个肢体),我们就必须相信,我们里面的所有热和运动,就它们根本不取决于思想而言,就仅仅属于身体。

【330】5. 相信灵魂赋予身体运动和热是错误的。

借此我们可以避免一个许多人都曾犯下的非常严重的错误，它是如此严重，以至于我认为，它就是至今无人能正确地解释激情和其他属于灵魂之事物的首要原因。这个错误就在于：由于看到死尸缺少热以及运动，人们就想象是灵魂的缺席才导致热和运动的消失。这样，他们就毫无理由地相信，我们的自然热以及我们身体的所有运动都取决于灵魂；相反，人们应该反过来认定，当我们死的时候，灵魂之所以会离开，仅仅是因为这种热消失了，并且那过去驱动身体的器官腐烂了。

6. 活的身体与死尸有何种不同。

因此，为避免这个错误，让我们认定，死亡的来临从来就不是由于灵魂的缺失，而仅仅是因为身体的某一关键部分腐烂了。让我们断定，活人与死人的身体之区别【331】就如同下面这种区别：一方是运转良好的钟表或别的自动机（automate）（亦即自己能动的机器），上足了发条且自身中就包含着被设计好的动力原则，并且伴有其运行所需的一切其他条件；另一方则是同样的钟表或机器，但是已经损坏了，其运行动力不再起作用了。

7. 简单解释身体各部分与它的某些功能。

为了让这一点更明白易懂，我在这里用几句话解释一下我们身体机器的构成方式。到现在没有人不知道，我们里面有心脏、大脑、胃、神经、动脉、静脉以及类似的东西。人们还知道，吃进去的食物下降到胃和肠子里，它们的汁液由此流进肝脏以及所有的静脉中，和静脉中包含的血液相混合，这样就增加了血液的总量。那些对医学稍有听闻的人，还知道心脏的构成方式，以及所有的静脉血如何能够轻易地从腔静脉流入心脏的右侧,又从那里经过被称为动静脉的血管进入肺,然后经过被称为静动脉的血管从肺部回到心脏左侧,最终从那里进入主动脉,【332】而主动脉的分支则遍布于全身。甚至那些没有被古代权威蒙蔽,愿意睁眼看看哈维关于血液循环的意见的人,也不会怀疑身体的静脉和动脉就好像溪流一样,血液正是经过它们以极快的速度不停地流动,其行程从心脏的右心室开始,流经动静脉。动静脉的支流散布在整个肺部并且与静动脉的支流相连,血液经由静动脉从肺部进入心脏的左侧;然后从那里血液进入主动脉。主动脉的支流散布于全身各处并且与腔静脉的支流相连,腔静脉将同样的血液再次送至心脏的右心室:因此,这两个腔就像两道闸门,全部血液按照每一个回路通过它们流遍全身。此外,人们还知道,肢体的所有运动都依赖肌肉,这些肌肉以这样一种方式两两相对,以至于其中一块收缩时,它就将与其相连的身体部分拉向自己,这就同时将与之相对的肌肉拉长。然后,如果在另一个时候,后者收缩了,它就把前者拉长,它就把与其相连的身体部分拉向自己。最后,人们还知道,肌肉的所有这些运动,还有所有的感觉,都依赖神经,神经好像细线或细小的管道,来自大脑,如同大脑那样包含着一种非常精细的气或风,被称为动物精气(les esprits animaux)。

【333】8. 所有这些功能的原则是什么。

但是,通常人们并不知道,这些动物精气和神经是如何有助于产生运动和感觉,也不知道是什么样的形体原则使得它们运动。这就是为什么,尽管我已经在别的著作中触及了这个问题,我还要在此简短地说,当我们活着的时候,在我们的心脏中有一股持续的热,这是由动脉血维持在心脏中的一种特殊的火(feu),这种火就是我们肢体所有运动的形体原则。

9. 心脏的运动是如何发生的。

它的首要效果就是使充满心脏之腔室中的血膨胀；这就使得那需要占据更大空间的血液从右心室冲入动静脉，并且从左心室冲入主动脉。然后，当膨胀停止的时候，血液立即重新从腔静脉进入心脏的右心室，并且从静动脉进入左心室。因为在这四根血管的入口处有细小的薄膜，它们的结构使得血液只能【334】经由后两个血管进入心脏，只能经由前两个血管离开心脏。当新的血液进入心脏后，就立即以同于之前的方式被稀化。心脏及动脉的搏动或跳动仅在于此；每当新鲜血液流入心脏这一跳动就会重复。也仅仅是这一点导致血液运动，它使得血液以极快的速度不停地在所有的动脉和静脉中流动，借此血液就将它在心脏中获得的热携带至身体的所有其余部分，并且给它们提供营养。

10. 动物精气在大脑中如何被产生。

但是，此处更要紧的是，血液中最活跃、最精细的部分——它们已经在心脏中受热而被稀化了——以极大的体量不停地进入大脑的腔室中。那使得它们进入大脑而不是别处的缘由是，所有经主动脉离开心脏的血液都沿着笔直的线路冲向大脑，但并非全部血液都能进入其中，因为这个通道太过狭窄，以至于只有血液中最活跃、最精细的部分才能进入其中，其余血液则分散进入身体其余部分。现在，血液中这些最精细的部分构成了动物精气。【335】要达成这个目的，它们在大脑中需要经历的变化，仅仅是与血液中的其余不太精细的部分相分离。因为，我在此所谓的精气不过是形体；它们唯一的特性就是，它们是那种非常细小移动迅速的形体,就如同来自火炬的火焰各个部分。这样它们从来不在任何地方停留,当其中的一些进入大脑的腔室,另外一些就经由大脑基质中的孔道离开大脑;这些孔道引导它们进入神经,并且从那里进入肌肉,借此它们就以身体可以被推动的各种方式推动了身体。

11. 肌肉运动如何发生。

我们已经提到,肢体所有运动的唯一原因就是某些肌肉的收缩,以及与之相对的肌肉的伸长。而使得某块肌肉而不是与之相对的那块肌肉缩短的原因仅仅在于,来自大脑的些微多一点儿精气进入了这块而非另一块肌肉。直接来自大脑的精气并不足以凭借自身就能驱动肌肉,而是它们使得原本就停留在两块肌肉中的那些精气迅速地离开其中的一块并进入第二块,由此它们所离开的那块肌肉就变长变松了,【336】而它们要进入的那块肌肉就因为突然被它们弄得肿胀起来而变短了,并且牵拉与其相连的肢体。这是很容易理解的,只要我们知道,很少量的动物精气连续地从大脑到达每块肌肉,而其他大量的精气一直被围在同样的肌肉里,并且在其中迅速运动,有时候仅仅在自己所停留的位置回转,在它们找不到敞开的通道可以离开的时候,有时候它们流进那相对的肌肉。因为每块肌肉中都有一些小开口,精气可以由此从一块肌肉通往另一块肌肉,这些小开口被如此构造,以至于,当那些从大脑进入其中一块肌肉中的精气稍微多过进入另一块肌肉中的精气的时候,它们就打开了后者中的精气得以进入前者中的开口,与此同时它们关闭了前者中的精气得以进入后者中的开口。以这种方式,先前包含在两块肌肉中的所有精气迅速地集中到其中一块肌肉中,使之膨胀且变短,而另一块则变长且松弛。

12. 外部对象如何作用于感官。

在此我们还应该知道,是何种原因妨碍精气始终以相同的方式从大脑流向肌肉,【337】并且有时使得更多的精气流向某块肌肉而非其他肌肉。因为,除了灵魂的行动——它确实是我们当中的原因之一,因此我会在后面来解释——以外,还有另外两个原因,它们只取决于身体。这两个原因需要加以注意。第一个原因就在于,在感官中被对象所激起的运动之不同,这点我已经在《屈光学》(*Dioptrique*)中进行了足够充分的解释。不过,为了本书的读者可以不必参考其他书,我会在此重述,在神经中有三样东西需要考虑。首先,神经中存在着髓质,或者说内在物质(substance interieure),它们以小细丝的形式从大脑——这是它们的源头处——延伸至它们所连接的肢体各部分的末端。其次,有一些薄膜环绕着这些小细丝,这些薄膜和包裹着大脑的薄膜连在一起,并且形成了一些小管道,小细丝就被封闭于其中。最后,有一些经由这些管道从大脑被输送到肌肉中的动物精气,它们使得小细丝保持完全自由舒展的状态,这样一来,如果任何东西在细丝末端所处的肢体部分造成最轻微的运动,都会由此而在细丝所源自的大脑区域引发运动,就好比我们通过拽拉绳子的一端而带动绳子的另一端。

【338】13. 外在对象的这个活动可以引导精气以不同方式进入肌肉。

我在《屈光学》中解释了所有的视觉对象如何仅仅通过这种方式被传送给我们:通过它们与我们之间的透明形体的中介,它们搅动了我们眼睛深处的视神经的小细丝,并且接着搅动了这些神经细丝所源自的大脑区域。我也解释了,对象引发这些运动的方式有多少种,我们所看到的事物就有多少种,不是直接发生在眼睛中的运动,而是那些发生在大脑中的运动,才将这些对象呈现给灵魂。由这个例子,就很容易理解,声音、气味、味道、热、痛、饿、渴以及一般而言所有那些涉及到我们外在感觉以及内在欲望的对象,它们如何也在我们的神经中产生一些运动,这些运动经由神经进入大脑。大脑的这些运动,除了使得我们的灵魂拥有各种不同的感觉,它们也可以不需要灵魂而使得精气流向某些肌肉而非另一些肌肉,这样就驱动了我们的肢体。我在此仅举一例来证明此点。如果有人突然把手伸到我们眼前【339】好像要打我们,即使我们知道他是我们的朋友,他这样做不过是闹着玩,他会非常小心不弄伤我们,我们仍然很难阻止自己闭上眼睛。这就表明,不是通过灵魂的中介眼睛才闭上,因为这个行动是违反我们的意志的,而意志则是灵魂的唯一的、至少是主要的行动,眼睛闭上是因为,我们的身体机械被如此构造,以至于手伸向眼睛的运动在我们大脑中激起另一种运动,后一种运动引导精气进入那使得我们眼皮下落的肌肉。

14. 精气之间存在着的差异也可以使得它们的行程不同。

引导动物精气以不同方式进入肌肉的另一个原因是,精气搅动的不均匀以及它们各部分之间的差别。当它们的某些部分比其他部分更为粗糙并且跃动之时,它们就笔直地深入到大脑的腔室和孔道,这样它们就会被导入其他的肌肉,而如果力量小一些就做不到。

【340】15. 这些差异的原因是什么。

这种不均匀很可能源自构成精气的物质的各不相同,正如我们在过度饮酒的人身上所看到的：酒的蒸汽迅速地进入血液并且从心脏升至大脑，在此被转化为精气，这种精气就比平常出现在此的精气更强烈、更丰富，就能够以许多奇怪的方式驱动身体。精气的这种不均匀也可能源自心、肝、胃、脾以及其他有助于产生它们的器官之不同的布置（dispositions）。因为我们首先必须注意到嵌在心脏上面部分的一些细小的神经，它们负责扩张或收缩通往心脏腔室的入口，这样随着血液膨胀的或多或少就产生了拥有不同配置的精气。还必须注意的是，即使进入心脏的血液从身体中所有别的部位来到此处，但通常血液更多地是从某些部位而不是其他部位被驱赶至此。因为对应于前面这些部位的神经和肌肉更多地按压或搅动了血液，与大部分血液来自的部位之多样性相对应，血液就以多种方式在心脏中膨胀，于是就产生性质不同的精气。例如，【341】来自肝脏更低部位——胆就位于此处——的血液在心脏中膨胀的方式就不同于来自脾脏的血液，而后者的膨胀方式又不同于来自胳膊或腿的静脉的血液，这种血液的膨胀又不同于营养汁液，在它们离开胃和肠子之后迅速地经过肝脏到达心脏的时候。

16. 所有肢体如何能够不需灵魂的帮助而被感官对象和精气推动。

最后，必须注意到，我们的身体机器如此被构造，以至于，在精气运动中发生的所有变化，都可以引起它们将大脑中的某些孔道打开得比另一些孔道更多；反过来，当其中一个孔道被感觉神经的活动打开得比通常多一点或少一点时，这就会改变精气运动中的某些东西，并且使得它们被引导至那服务于移动身体的肌肉，以某种通常在这种活动情景下被移动的方式。这样，我们所做的每一个没有意志参与的活动——就如同我们在呼吸、走路、进食以及从事我们和动物共有的任何活动时所发生的情况那样——都只取决于我们肢体的布置,【342】以及由心脏热所激起的精气在大脑、神经和肌肉中自然地运行所遵循的路线,这种运行的方式就如同一只钟表的运动由纯粹的发条之力量和齿轮的形状而产生一样。

17. 灵魂的功能是哪些。

这样考虑了所有仅仅属于身体的功能之后,就很容易认识到,在我们之中除了思想就再没有什么我们必须归于我们的灵魂。而思想主要有两类,首先是灵魂的行动,其余的就是它的激情。那些我称其为行动的全都是相关于我们的意志(volontez),因为我们由经验发现,它们直接来自灵魂并且显得仅仅取决于我们的灵魂;正如同,另一方面,那在我们里面被发现的各种类型的知觉(perceptions)或知识(connoissances)可以一般地被称为灵魂的激情,因为通常不是我们的灵魂使得它们成为其所是,并且因为灵魂总是从那些它们所表象的事物那里接受了它们。

18. 论意志。

还有,意志也有两种。因为【343】一种是以灵魂自身为终点的灵魂的行动,比如当我们意愿去爱上帝,或一般而言将我们的心灵运用于某个非物质的对象之时。另一种是以我们的身体为终点的行动,比如当我们的走路的意愿导致我们的腿移动并且开始步行之时。

19. 论知觉。

我们的知觉也有两种:一种以灵魂为起因,一种以身体为起因。以灵魂作为起因的就是关于我们的意志、关于一切想象或者取决于它们的其他思想的知觉。因为,确切无疑的是,我们根本不能意愿任何东西,除非我们借由意愿它的同样方式而知觉到它。并且,尽管就我们的灵魂而言意愿某物是一种行动,而对这个意愿的知觉却可以说是灵魂中的一个激情。但是,由于这个知觉与这个意志事实上是同一个东西,而名称总是由那更高贵者决定,因此我们通常就不称之为一个激情,而只称之为一个行动。

【344】20. 论由灵魂形成的想象(imaginations)以及其他思想。

当我们的灵魂致力于想象某种并不存在的东西的时候,比如向自身表象(se representer)一个魔法宫殿或喀迈拉怪物;以及当它致力于专心思考某种纯理智(seulement intelligible)的并且不可想象的东西的时候,比如专心思考其自身的本性;它所拥有的关于这些东西的知觉,就主要取决于那使得灵魂知觉到它们的意志了。这就是为何它们通常被视为行动而非激情。

21. 论仅仅以身体为起因的想象。

大多数由身体引起的知觉都取决于神经,但也有一些并非如此,它们被称为想象,就像我刚才说过的那些一样,不过它们区别于我刚才所说的想象之处,在于我们的意志没有被运用于它们的形成过程之中,这使得它们不能被算作灵魂的行动。它们的出现仅仅因为:以各种方式被激发的精气,碰上了那些先前已存于大脑中的各种印象的痕迹,【345】于是偶然地经由一些孔道而非另一些孔道通行。这些就是我们梦中的幻觉,以及当我们的思想没有主动地思考任何东西而无聊地闲逛时我们通常拥有的清醒的白日梦。即使这些想象中的某一些是灵魂的激情,就激情这个词的最恰当、最准确的意义而言；并且即使所有这些想象都可以被称为激情，就这个词更为一般的意义而言；然而，既然它们不像灵魂借助神经的中介而获得的知觉那样，有明显限定的起因，并且既然它们看上去仅仅是这些知觉的阴影和图画，那么，在我们能够很好地区分它们之前，我们必须考虑这些其他的知觉相互之间的差别。

22. 论其他知觉之间的差别。

所有我还未解释的知觉，都借助神经的中介而到达灵魂，并且它们相互之间有这个差别：我们将其中一些归于刺激我们感官的外在对象，将另一些归于我们的身体或身体的某些部分，将其他一些归于我们的灵魂。

【346】23. 论那些我们认为归于外在于我们的对象的知觉。

我们认为归于外在于我们的东西——也即我们感觉之对象——的知觉，是由这些对象引起的（至少在我们的意见并不虚假的时候），这些对象在外感器官中激起了一些运动，并且借助神经之中介在大脑也激起了一些运动，后一种运动使得灵魂感知到它们。这样，当我们看见火炬的光芒并且听见钟的响声之时，这种响声和这种光芒是两种不同的活动，仅仅通过在我们的神经中并且进而在我们大脑中激起两种不同的运动，它们就给灵魂提供了两种不同的感觉，我们以这样一种方式认为这些感觉归于那些我们假定为其原因的主体，以至于我们以为，自己看见了火炬本身且听见了钟本身，而不是仅仅感觉到那些源于它们的运动。

24. 论我们认为归于我们身体的知觉。

我们认为归于我们的身体或身体的某些部分的知觉，就是那些我们拥有的关于饿、渴及其他自然欲望的知觉,在这些之外还可以加上痛、【347】热,以及我们在我们肢体中而非我们外面的对象中所感觉到的其他感受。这样,在同一个时间并且借助相同的神经中介,我们可以感觉到我们的手之冷与手所靠近的火之热,或者与此相反,感觉到我们的手之热与它暴露于其中的空气之冷。使我们感到手热或冷的运动与那个使我们感到外面热或冷的运动之间没有什么不同,只不过是,由于其中一个运动接着另一个运动,于是我们判断,在先的运动已经在我们之中,后面的运动尚未在此,而是处于那引起它的对象之中。

25. 论我们认为归于我们的灵魂的知觉。

我们认为仅仅归于我们的灵魂的知觉是这样一些知觉,它们的效果仅仅在灵魂自身之中被感觉到,并且通常不知道哪个关于它们的更近的原因可以被视为它们的起源。这些就是高兴(joye)、愤怒(colere)或类似的感觉,它们有时是被刺激我们神经的对象激起于我们里面,有时则是被别的原因。尽管我们所有的知觉,无论我们认为归于我们之外的对象的知觉,还是归于身体的各种感受的知觉,【348】当激情这个词在最一般的意义上被使用时,它们相对于我们的灵魂而言确实是激情,虽然如此,这个词通常还是被限定为仅仅指示那些与灵魂本身有关的知觉。此处我在灵魂的激情这个标题下试图解释的仅仅是后者。

26. 仅仅取决于精气的偶然运动的想象,可以和那些取决于神经的知觉一样,真正地就是激情。

还需要注意的是,灵魂借助神经之中介而知觉到的一切,也可以被精气的偶然运动表象给灵魂,唯一的区别就是,通过神经而进入大脑的印象,通常要比精气在那里激起的印象更为生动具体。这就使得我在第21条中说后者就像前者的阴影或图画。还必须注意的是,这种图画有时碰巧与它所表象的东西是如此类似,以至于人们可能因此受骗,就关联到那些归于我们之外的对象的或归于我们某部分身体的知觉而言;但人们却不可能以同样的方式在关联到激情时被骗,因为激情是如此贴近、如此内在于我们的灵魂,以至于灵魂不可能感受到它们,除非它们真的像它所感受的那样存在。这样,常常在我们睡着时,甚至当我们清醒时,【349】我们如此强烈地想象某个东西,以至于我们以为,我们看见它们就在我们面前或感觉到它们在我们体内,尽管它们根本不在那里。但是,即使我们睡着了并且在做梦,我们也不可能感觉到悲伤,或者被任何其他激情打动,除非灵魂里面真的有那种激情。

27. 关于灵魂的激情的定义。

在考察了灵魂的激情在哪方面不同于所有别的思想之后,在我看来我们可以普遍地对它们下定义:那些被认为特别地归于灵魂,由精气的运动引起、保持并加强的灵魂的知觉(perceptions)、感觉(sentimens)或激动(émotions)。

28. 对这个定义第一部分的解释。

我们可以把它们称为知觉,如果这个词一般被用来意指所有那些并非灵魂的行动或意志的思想,而不是被用来仅仅意指明确的知识(connoissances evidentes)。因为,经验表明,那些受到激情最强烈刺激的人并不是那些最好地认识了这些激情的人,【350】并且激情可以被算作这类知觉,即灵魂与身体之间的密切联系使得它们显得模糊混乱。我们也可以称它们为感觉,因为它们被接受进入灵魂的方式完全同于外在感觉对象,并且它们被灵魂认识到的方式也没有什么不同。但是,它们被称为灵魂的激动则更好,不仅因为这个名称可以被归给发生在灵魂中的所有变化,即出现在灵魂中的各种思想,更特别地是因为,在灵魂可以拥有的各种思想之中,再没有一种如激情那般强烈地刺激并且搅扰它的了。

29. 对这个定义另一部分的解释。

我还要说它们特别地归于灵魂,这是为了将它们区别于其他的那些感觉,它们中的一些比如味道、声音、颜色等等归于外在对象,另外一些比如饿、渴、痛等等归于我们的身体。我还要说它们是被精气的某种运动所引起、维持和增强,这既是为了将它们区别于我们的意志——意志可以被称为归于灵魂的灵魂之激动,它们是由灵魂自身引起的;也是为了解释它们的最后的、最近的原因,这个原因使得它们再次区别于其他的感觉。

【351】30. 灵魂完整地与身体的所有部分相连。

为了更完善地理解所有这些,必须认识到,灵魂其实是与整个身体相连,并且人们实际上不能说它位于身体的某一部分而排除其他部分,因为身体是一个整体,在某种意义上是不可分的,这是与器官之布置相称的,这些器官如此密切地相互关联,以至于去除其中任何一个都会导致整个身体出故障;因为灵魂所有的本性就是与广延(l'estendue)无关,或者说与构成身体之物质的维度或其他特性无关,仅仅与身体的诸器官的整个组合相关。这一点由以下事实看得很明白:人们不能以任何方式领会灵魂的一半或三分之一,或者领会灵魂所占据的广延;灵魂也不会由于身体的某个部分被切掉而变得更小,只是当身体器官的组合被拆除消解之后就完整地离开身体。

31. 大脑中有一个小腺体（glande），灵魂在那里比在身体的其他部位更为特别地发挥作用。

还必须认识到的是，尽管灵魂与整个身体相连，但还是有某个身体【352】部位，灵魂在那里比在其他部位更为特别地发挥作用。通常人们相信这个部位就是大脑，或者也许是心脏：之所以是大脑，是因为感觉器官与之相关；之所以是心脏，是因为我们好像在心脏中感觉到了激情。但是，在仔细检查这个问题的过程中，我几乎已经明确地辨认出，灵魂在其中直接发挥作用的身体部位根本不是心脏，也不是整个大脑，而仅仅是在大脑的最深处，是某个非常小的腺体，位于大脑基质（substance）的中央，悬挂在一个管道的上方，正是经由这个管道，大脑前部腔室中的精气才得以与后部腔室中的精气相通，而小腺体最轻微的运动都可以极大地改变这些精气的行程，反过来精气运行过程中的任何细微的变化也可能大大地改变小腺体的运动。

32. 人们如何知道这个腺体是灵魂的主要居所。

说服我相信在整个身体之中灵魂只能在这个腺体中直接发挥作用的理由是，我观察到，我们大脑的其他部分【353】都是成双的，正如我们有两只眼睛、两只手、两个耳朵，以及所有的外感器官都是成双的；但是，既然我们在任一时刻对一个既定对象仅能拥有一个简单的思想，那就必然有某个地方，在此，来自两只眼睛的两个图像，或者经由一对其他感觉器官而获得来自单个对象的两个印象，都可以在到达灵魂之前结合成单个图像，这样它们就不会向灵魂表象两个对象了，相反只表象一个对象。我们很容易就能理解,借助那些充满大脑腔室中的精气之中介,这些图像或其他印象在这个腺体中被统一,但是除了在小腺体中,在身体中不可能有其他部位可供它们这样被统一起来。

33. 激情的处所不在心脏。

那些认为灵魂在心脏中接受激情的人的观点,根本就不值得认真考虑。因为这个观点仅仅立足于激情使我们感觉到心脏中的变化这一事实。人们很容易观察到,仅仅借助一根从大脑一直下降到心脏的细小神经的中介,就感觉这种变化发生在心脏中,这就好比借助脚里面的神经的中介而感觉到脚里面痛,【354】借助视觉神经和星星发出的光的中介而知觉到天空中的星星一样。为了在心脏中感觉到灵魂的激情,灵魂就应该直接在心脏中发挥作用,这就如同说为了在天空中看见星星灵魂就应该在天空中一样没有必然性。

34. 灵魂和身体如何相互作用。

因此让我们在此这样理解,灵魂的主要住所在那个位于大脑中央的小腺体,从那里它向身体的其余部分辐射,借助精气、神经甚至血液之中介,而血液可以携带上精气之印象(participant aux impressions des esprits)并通过动脉将它们送到各处肢体。让我们回忆一下上文关于身体机器的说法。神经细丝分布于全身各处,以至于,可感对象在身体各处激起各种不同运动的时候,这些细丝就以各种不同的方式打开大脑的小孔。这进一步使得脑腔中所包含的动物精气以各种不同的方式进入肌肉,由此精气就能够以肢体可以被驱动的各种不同的方式来驱动肢体。进一步,能够以各种不同方式驱动精气的所有其他原因,也足以将它们导入不同的肌肉中。对此我们现在还可以继续说道，作为灵魂之主要处所的小腺体，以这样一种方式被悬挂在【355】这些包含着精气的腔室间，以至于，在对象中有多少可感的差异，它就能够以多少种不同的方式被精气推动；但是小腺体也能够被灵魂以各种不同方式推动，而灵魂的本性就在于，一旦小腺体中产生了不同的运动，灵魂就能接受不同的印象，也即拥有不同的知觉。反过来，身体机器是如此构成的，以至于，仅仅由于小腺体被灵魂或可能存在的任何其他原因以不同的方式推动，它就驱使周围的精气进入大脑的小孔，这又使得精气通过神经被导入肌肉，以这种方式小腺体使得精气驱动了肢体。

35. 举例说明关于外物之印象在大脑中央的小腺体中被统一的方式。

举个例子，如果我们看见某个动物靠近我们，反射自它身体的光线形成两个图像，在我们每只眼睛中都有一个，借助视觉神经之中介，这两个图像在大脑朝向其腔室的内表面之上形成了另外两个图像。然后，以充满这些腔室的精气为中介，这些图像就从那里以这样一种方式向精气所环绕的小腺体发射，以至于，构成其中一幅图像当中的每一个点的发射运动就朝向腺体中的某一个点，【356】构成另一幅图像的点的运动也朝向腺体中的同一个点，这个点就表象了该动物的同一个部位。大脑中的两个图像就是这样在小腺体中仅形成一个图像，该图像直接作用于灵魂，并且使它看见了动物的形状。

36. 举例说明激情被激起于灵魂中的方式。

此外，如果这个形状非常奇怪且恐怖，也即如果它非常类似于之前曾经对身体有害的东西,它就会在灵魂中激起忧虑(crainte)的激情,然后就是大胆(hardiesse)的激情,或者也可能是害怕(peur)和惊恐(espouvante)的激情,这要取决于身体之气质或灵魂之力量,也取决于之前面对那个类似于眼前印象的有害之物,我们是凭借抵抗还是逃跑而得以保护自己。因为在一些人那里,这种情况就会这样来预先安排他们的大脑,以至于,形成于腺体上的图像所反射来的精气中的一部分进入那些服务于转身并拔腿逃跑的神经,一部分进入那些扩张或收缩心脏之口的神经,或者进入那些搅动身体其他部分——血液从这些部分被输送至心脏——的神经。这样一来,以一种不同于平常的方式在这些部分被稀化的血液,【357】就会将适合保持并加强害怕的激情的精气输送至大脑,也就是说,适合于持续地打开或重新打开那些引导它们进入相同神经的大脑之孔穴。因为仅仅由于这些精气进入了这些孔穴,于是它们在这个小腺体中激起了一种特别的运动,这个运动就是自然规定来让灵魂感受到这个激情。由于这些孔穴主要与那些收缩或扩充心脏入口的神经相连接,这就使得灵魂主要感觉到激情似乎位于心脏中。

37. 所有激情如何显得是被精气的某种运动引起的。

其他所有激情发生的情况也类似,也就是说,它们主要由包含在大脑腔室里的精气引起,就精气进入某些神经而言,而这些神经或服务于扩张或收缩心脏之口,或以不同于身体其他部分的方式将血液驱赶至心脏,或以某种其他方式维持激情。人们可以很清楚地理解,为何我在定义激情的时候总结说它们是由精气的某种特殊运动引起的。

【358】38. 那些与激情相伴却不取决于灵魂的身体运动。

此外,正如精气流向心脏之神经的过程足以向小腺体传递某种运动,害怕就是被这个运动置放于灵魂中。同样,仅仅由于一些精气同时流向服务于拔腿逃跑的神经,就在同一个小腺体中引发了另外的运动。由这个运动灵魂感觉并意识到这个行为,而这个行为正是以这种方式仅仅由器官的布置而不需灵魂的参与就被激起于身体之中。

39. 同一个原因如何在不同的人身上激起不同的激情。

形成于小腺体之上的那个呈现可怕对象的相同印象,在某些人那里引起害怕,在另一些人那里则激起勇敢(courage)和大胆。这其中的原因在于,大脑并不以相同的方式被安排;小腺体的同样的运动,在某些人那里激起害怕,在另一些人那里却使得精气进入大脑的某些孔道,这些孔道引导精气一部分进入那服务于举起手进行防卫的神经,【359】一部分则进入那些搅动和驱使血液进入心脏的神经,其方式正是为了产生那种精气——即适于继续这种防卫以及维持防卫之意愿之精气——而必需的方式。

40. 激情的主要效果(effect)是什么。

必须注意的是,所有的激情在人那里的主要效果是,它们激发并安排灵魂去欲求某些东西,为了这些东西,激情准备了身体;由此,害怕的感觉激发逃跑的意愿,大胆的感觉则激发战斗的意愿,其他的情况也是这样。

41. 灵魂对于身体拥有什么能力。

但是意志在本性上是如此自由以至于它永远不能被限制;至

于我已经在灵魂中区别出的两类思想,其中之一是它的行动,也就是它的意愿,另一类就是它的激情,就这个词在最一般的意义上包含各种知觉而言:第一类是绝对在它的能力范围之内,并且只能间接地被身体改变;而相反,第二类则绝对地依赖那产生它的行动,并且只能间接地【360】被灵魂改变,除非灵魂自身是它们的原因。灵魂的整个活动就在于这一点:仅仅通过意愿某物,它使得那个与其紧密相连的小腺体按照某种方式运动,这种方式则是产生相应于这个意愿之效果所需要的。

42. 我们如何能在我们的记忆中发现那些我们想要记起的事情。

这样,当灵魂想要记起某个东西的时候,该意愿使得小腺体不停地朝不同的方向倾斜,并且把精气驱赶至大脑的不同区域,直到它们碰到我们想要记起的对象留下痕迹的区域。因为这些痕迹仅仅在于这个事实:精气先前由于呈现这个对象而流经的那些大脑孔道,比其他孔道更容易以同样的方式由精气流向它们而被再次打开。这样,当精气碰到这些孔道之时就很容易进入其中,相比于进入其他孔道而言。借此它们在小腺体中激起了某个特别的运动,这个运动将同样的对象呈现给灵魂,并且使得它认出这个对象就是它想要记起的那个。

【361】43. 灵魂如何能够想象、集中注意力并且驱动身体。

当我们意图想象某个我们从未见过的物体时,这个意愿有能力使得小腺体以驱赶精气进入大脑的某个孔道——打开该孔道就可以让该物体被呈现出来——所必需的方式运动。再次,当我们意图在一段时间内集中我们的注意力去思考某个对象时,这个意愿让小腺体在那段时间内一直朝那个相同方向倾斜。最后,当我们意图走路或以其他某种方式驱动我们的身体时,这个意愿使得小腺体驱赶精气进入那些服务于产生该效果的肌肉。

44. 每一个意愿都自然地与小腺体的某个运动相连,但是通过努力或习惯人们可以将该意愿与小腺体的其他运动相连。

但是,我们的那些产生某个特别运动或其他效果的意愿并不总是使得我们产生它;根据自然(la nature)或习惯(l'habitude)连接小腺体的某个运动与某个思想所采取的方式之不同,这就有变化。例如,如果有人想要调整他的眼睛去看很远处的对象,这个意愿就使得【362】瞳孔变大;如果他想要调整眼睛去看很近的对象,这个意愿就使得瞳孔收缩。但是,如果他仅仅想着扩大瞳孔,他可能确实有这个意愿,但是他并不能由此就扩大瞳孔。因为,自然并没有将小腺体的这个运动——该运动使得精气以放大或收缩瞳孔所需要的某种方式而被推向视神经——与放大或收缩瞳孔的意愿相连,而是将这个运动与观看远处或近处对象的意愿相连。还有,当我们说话的时候,我们仅仅想着我们想要说的话的意思,这就使得我们可以非常迅捷有效地驱动我们的舌头和嘴唇,而且远比我们只想着以说出同样的词所必需的各种方式来驱动它们要容易很多。因为,在学说话的过程中所获得的习惯,已经使得我们将灵魂的行动——该行动借助小腺体之中介就可以驱动舌头和嘴唇——与那个紧跟在这些运动之后的词语之意思相连接,而不是与这个运动本身相连接。

45. 灵魂对于其激情有何种能力。

我们的激情不能被我们意志的行动直接激起或压抑,但却可以通过表象那些与我们希望拥有的激情相连的事物,或【363】与我们希望拒绝的激情相反的事物而被间接地激起或压抑。这样，为了在自身中激起大胆并克服害怕，仅仅拥有这样行动的意愿是不够的，我们必须努力去思考一些理由、目标或先例，这些能说服我们相信：危险其实并不大，抵抗比逃跑其实更安全，如果我们胜出了我们将获得荣耀和高兴，相反如果我们逃脱了等待我们的只有遗憾与耻辱，如此等等。

46. 阻止灵魂全面掌控其激情的理由是什么。

为什么灵魂不能轻易地改变或中止其激情，这其中有一个特别的理由，它使得我在定义激情的时候指出，激情不仅仅由精气的某些特别运动引起，而且也由这些运动维持和加强。这个理由就是，激情几乎都伴随着发生在心脏并且随后也遍布于血液和精气的某种激动，以至于，直到这个激动停止它们仍被呈现给我们的思想，其方式就同于可感对象作用于我们的感觉器官时呈现给思想的方式。正如灵魂可以通过密切关注其他事物而阻止自己听见轻微的声音或感受轻微的【364】痛苦，却不能以同样的方式阻止自己听见雷鸣或感受那灼烧着手的火焰。同样，灵魂可以轻松克服的只是微弱的而非强烈狂暴的激情，除非血液和精气的激动已经平息了。在这个激动处于最强烈的时刻，意志所能做的最多是不屈从它的影响，并且阻止它安排身体去做的许多运动。例如，如果愤怒使得手举起来试图去击打，意志通常能够控制它；如果害怕驱使双腿飞奔，意志还能叫停它们，如此等等。

47. 人们习惯于想象的，在灵魂低级部分与高级部分之间的冲突在于什么。

人们习惯于想象的，在灵魂的低级部分即所谓的感性部分与灵魂的高级部分即理性部分之间的冲突,或者自然欲望与意志之间的冲突,仅仅在于身体借助精气与灵魂借助意志同时在小腺体中产生的运动之间的冲突。因为我们里面只有一个灵魂,这个灵魂自身中没有不同的部分;那个感性的东西也是理性的,它的所有欲望都是意志。让灵魂的不同功能扮演几个不同的甚至相互冲突的角色,这就犯下了错误。【365】这个错误仅仅源于灵魂的功能没有被恰当地与身体的功能相区别,而那些在我们里面被发现的与理性相悖的一切都必须仅仅被归于身体。因此,这里根本没有发生什么冲突,除了下面这个情况:由于大脑中央的小腺体可能被灵魂推向一边,又被动物精气——它就如同我在上文说过的不过就是形体——推向另一边,常常出现的局面是这两种推动相互对立,更强的一个阻碍另一个发挥作用。现在我们可以区分出精气在小腺体中激起的两种运动:第一种运动向灵魂表象那些刺激了感官的诸对象,或者在大脑中出现的诸印象,所有这些对意志不产生任何影响;第二种运动则对意志产生影响,这就是那些引发了各种激情或与激情相伴随的身体运动。至于说第一种运动,尽管它们常常妨碍灵魂的行动,或者被灵魂的行动所妨碍,然而,既然它们并不直接对立,我们在此就察觉不到任何冲突。我们只在后一种运动与反对它们的意志之间发现冲突:比如精气借以推动小腺体从而在灵魂中引发渴望某物的力量,灵魂出于自己要躲避该物的意志而推动小腺体所凭借的力量,这两种力量是冲突的。使得这个冲突在大多数情况下变得更为显著的原因是,意志没有能力直接激起激情,这点前面已经讲过,它就被迫【366】运用一些机智,努力去不停地关注其他的东西。如果其中之一碰巧有能力暂时改变精气的路径,而下一个碰巧可能缺少这个能力,这样精气立即又回到原来的路径。因为神经、心脏和血液中先前的布置并没有发生变化,这就使得灵魂觉得自己几乎在同一时刻被驱使着既渴望又不渴望同一个东西。这就是为什么人们有机会去想象灵魂自身中有两个相互冲突的能力。但是,还是有某种冲突能被领会到:在灵魂中激起某种激情的原因也会在身体中引发某些运动,而灵魂对这些运动没有任何贡献,一旦灵魂察觉到这些运动,它就会去制止或力图制止它们,就如同我们体会到,当那个激起害怕的东西也使得精气进入那些服务于拔腿逃跑的肌肉之时,意志可以大胆地叫停它们。

48. 我们如何辨认灵魂之强大或软弱;最软弱的灵魂缺陷何在。

通过战胜这些冲突,每个人能够辨认出自己的灵魂是强大还是软弱。因为,最强大的灵魂无疑属于这一类人,在他们那里意志自然就可以很轻松地克服激情并且停止那些伴随着激情的身体运动。【367】但是有些人从不检测他们意志的力量,因为他们从不让自己的意志使用最合适的武器去战斗,而是让它用一些激情提供的武器去对抗另外一些激情。我所说的合适的武器,就是一些涉及善恶知识的坚强明确的判断,灵魂在指导自身行动的过程中所决定追随的正是它们。最软弱的灵魂就是这样一些人,其意志根本不循此方式坚定地追随这些判断,而是不断地听凭自身被当下的激情带跑,这些激情通常总是相互冲突的,它们拉扯着它一会到这边一会到那边,这就使得它自己与自己斗争,并将灵魂拖入一种最为可悲的境地。这样,当害怕将死亡表象为一种仅通过逃跑才能避免的极端之恶时,如果虚荣心又从另一个方向将不光彩的逃跑描绘为比死亡还糟糕的恶,那么这两种激情从两个相反的方向推搡着意志;由于意志先遵从一个然后又遵从另一个,它就不断地自己反对自己,这样就使灵魂陷入受奴役和痛苦的境地。

49. 缺少对真理的认识则灵魂的力量不足。

确实,很少有人懦弱和犹豫不决到仅仅意欲那些激情命令的事情。【368】大多数人还是有一些他们在协调行动时所遵循的确定判断。尽管这些判断通常是错误的,甚至立足于那些之前曾经战胜或诱导了意志的激情;然而,由于意志会在那些引起判断的激情缺席的情况下仍然继续遵循这些判断,这些判断就被视为意志的合适的武器,并且,人们会依据灵魂是更多还是较少地遵循这些判断以拒绝那些与之相悖的激情的能力,来判别灵魂是更强还是更弱。不过,那些源自错误意见的决断,与那些仅仅立足于对真理的认识的决断,二者之间还是存在着巨大的差别。因为,任何遵循后者的人肯定既不遗憾也不悔恨;相反,如果我们遵循的是前者,一旦我们发现了自己的错误,我们就总是感到遗憾悔恨。

50. 没有灵魂会虚弱到在经过很好地引导之后仍不能获得掌控激情的绝对能力。

在此认识到这些是有益的,正如上面已经提到的,尽管似乎在我们生命开始时,自然就已经将小腺体的每一个运动与我们的某些思想相连,但我们仍然可以借助习惯将它们与其他东西相连。【369】在词语的例子中经验就向我们展示了这些:词语在小腺体中激起各种运动,这些运动按照自然的规定,只是向心灵呈现那些音节的声音,当它们被说出来时;或那些字母的形状,当它们被写下来时。虽然如此,但由于我们已经获得了听到它们的声音或看到这些字母时就想起它们所表达的意义的习惯,通常我们就会抓住它们的意义而不是字母的形状或音节的声音。认识到这点也是有益的,尽管那些将某些对象表象给灵魂的运动——无论是小腺体的运动还是精气和大脑的运动——很自然地与那些在灵魂中产生某些激情的运动相连,但是通过习惯前者还是可以与后者脱离,并且与另外一些完全不同的运动相连;甚至这个习惯可以通过一次行动就获得,并且不需要长期的操练。这样,当一个人在那块他正津津有味地享用的食物中意外发现特别脏的东西时,这个遭遇引起的惊讶会如此地改变我们大脑的布置,以至于我们从此面对这种食物再不能不带着反感,尽管之前我们很喜欢吃它。同样的情况也可以在野兽那里观察到,因为,尽管它们缺少理性,甚至还缺少思想,但是,那些在我们里面激起激情的精气及小腺体的所有运动,也存在于它们里面,只是,那些运动在它们里面服务于维持和加强的,并不是如同我们里面的激情,而仅仅是那些通常伴随着激情的神经及肌肉的运动。【370】这样,当一条狗看见一只山鹑时,它很自然地倾向于朝它跑去;当它听到开枪时,这个声音很自然地刺激它跑开。虽然如此,猎狗通常却被训练成,看见山鹑就停下来,而后在有人冲山鹑开枪之时,它们听见的这个声音却使得它们冲上去。为了鼓励每个人注意控制自己的激情,知道这些事情是有利的。因为,既然人们用一点小技巧就能够改变那无理性动物的大脑的运动,显然人们能够更有效地在人身上做到这点,即使那些拥有最孱弱灵魂的人,也能获得对他们一切激情的很绝对的掌控权,如果人们运用足够的技巧来训练和引导他们。

第二部分 激情的数目和次序
以及对六种原初激情的解释

【371】51. 激情的初始因是什么。

由上文所述我们得知,灵魂的激情之最后及最近的原因,不过是动物精气驱动脑中央的小腺体所凭借的那种搅动(agitation)。但是,这并不足以将它们相互之间区分开;还需要寻找它们的起源并且检查它们的第一因。不过,它们有时可以由灵魂的行动引起,当灵魂决心去领会这个或那个对象之时;它们也可以仅仅由身体的气质【372】或者那些碰巧出现在大脑中的印象引起,正如同我们感到悲伤或高兴却说不出缘由的时候;但是,由已经谈及的情况来看,所有这些激情也可以被那些刺激了感官的对象所激起,并且这些对象就是它们的主要的和最常见的原因。由此可推出,为了发现所有的激情,只要考虑这些对象的所有效果就够了。

52. 激情的作用是什么,我们可以如何罗列它们。

此外,我还注意到,这些刺激感官的对象在我们里面会激起不同的激情,其原因并不在于对象自身中有何不同,而仅仅在于它们以不同的方式损害或裨益我们,或一般而言它们对我们的重要性之不同;所有激情的作用仅仅在于,它们安排灵魂去欲求那些自然告诉我们是有用的东西,并且安排灵魂去坚持这个意愿,就如同那通常引发激情的精气的搅动,安排身体做出帮助我们行使这些东西(l'exécution de ces choses)的行动。这就是为什么,为了罗列各种激情,人们只需依序检查,我们的感官经由哪些不同的对我们起作用的方式而被对象刺激。接下来,我将在此罗列所有主要的激情,依据它们可能被发现的次序。

【373】激情的次序以及对激情的罗列。

53. 惊奇(Admiration)。

当某个对象的初遇让我们吃惊,并且我们发现它很新奇,或者完全不同于我们之前所知道的或以为它将会是的情况,这就会引发我们惊奇,并且对它感到震惊。既然所有这些都发生在我们根本不知道这个对象是否有利于我们之前,在我看来惊奇乃是一切激情之首。它没有对立面,因为,如果被呈现的对象里面没有任何让我们吃惊的东西,我们压根就不会被它打动,在想到它的时候也就不带任何激情。

54. 重视(Estime)和轻视(Mespris),宽宏(Generosité)或傲慢(Orgueil),谦逊(Humilité)或自卑(Bassesse)。

与惊奇相关联的是重视或轻视,取决于我们到底是吃惊于对象的伟大(grandeur)还是吃惊于它的渺小(petitesse)。而且我们也可以重视或轻视自己;【374】这就产生了大度(Magnanimité)或傲慢以及谦逊或自卑等激情,然后就是相应的各种习惯。

55. 崇敬(Veneration) 和鄙视(Dedain)。

当我们重视或轻视某些其他对象,我们认为它们能够成为善(bien) 或恶(mal) 的自由因之时,从重视就产生了崇敬,由简单的轻视就产生了鄙视。

56. 爱(Amour) 和恨(Haine)。

然而,上述所有激情,都可以在我们根本没有意识到引发它们的对象到底是好(bon) 还是坏(mauvais) 的情况下,就被激起于我们里面。但是,当一个事物被表象给我们对我们而言是好的时候,也就是说,是适宜于我们的时候,这就使我们有了对该事物的爱;当它被表象给我们是坏的或有害的时候,这就激起我们去恨。

57. 渴望(Desir)。

由对善和恶同样的考虑,产生了所有其他的激情,但是,为了对它们进行排序,我区分它们相互之间的时间,【375】并且考察这些激情引导我们更多地面向未来而非现在或过去。我从渴望开始。因为,不仅当一个人渴望获得一种他尚未拥有的善或者渴望避免一种他判断可能发生的恶的时候,而且当一个人只是希望善能够保存或恶能够缺席的时候,与渴望相关的每一种情况都是如此:很明显这种激情面向未来。

58. 希望(Esperance),忧虑(Crainte),猜忌(Ialousie),自信(Securité) 和绝望(Desespoir)。

为了被激起渴望,只要想到获得善或避免恶是可能的,这就足够了。但是,一旦人们还要考虑获得所渴望的东西的可能性到底是大还是小的时候,那么,将大的可能性表象给我们的就在我们里面激起了希望,而将小的可能性表象给我们的则激起了忧虑,猜忌是它的一个属(espece)。当希望达到极致之时,它就改变了性质而被称为自信或确信(asseurance),正如同另一方面极端的忧虑就成为绝望。

59. 犹豫(Irresolution),勇敢(Courage),大胆(Hardiesse),好胜(emulation),怯懦(Lascheté),惊恐(Espouvante)。

这样我们就会希望和忧虑,即使我们正在等待的结果根本不取决于【376】我们。但是,一旦它被表象给我们是取决于我们,在选择手段或实施的过程中很可能会有困难。前一个方面的困难就导致犹豫,它会安排我们去深思熟虑并找人商议;针对后一个困难则要勇敢,或是大胆,好胜是它的一个属。怯懦是勇敢的对立面,正如害怕(Peur)或惊恐是大胆的对立面。

60. 懊悔(Remors)。

如果我们在犹豫被克服之前就决定采取行动,这就会引发良心的懊悔。不像前述的这些激情,懊悔面向的不是要来到的时间,而是现在或过去。

61. 高兴(Ioye)和悲伤(Tristesse)。

对当下的善的考察在我们里面激起高兴,对当下的恶的考察则激起悲伤,当它是一种被表象给我们是属于我们的善或恶之时。

62. 嘲弄(Moquerie),嫉妒(Envie),怜悯(Pitié)。

但是,当它被表象给我们是属于他人之时,我们可能就会评价他们是【377】配得上还是配不上它。一旦我们认为他们配得上它,那在我们里面激起的就只有高兴的激情,就看到事情理所当然地发生会使我们受益这个角度而言。善所激起的高兴与恶所激起的高兴之间的区别只在于,前者是严肃的而后者则伴随着笑和嘲弄。但是,如果我们认为他人与善或恶不相配,那么在前一情况下就会激起嫉妒,在后一情况下就会激起怜悯,它们都是悲伤的属。还必须注意到,同一种相关于当下的善或恶的激情,通常也可以相关于那些将要到来者,就一个人认为它们将要出现的意见可以将它们表象为当下的而言。

63. 自我满意(Satisfaction de soy-mesme)和悔恨(Repentir)。

我们也可以考虑善或恶的起因,无论是当下的还是过去的。我们自己所行之善带给我们一种内在的满意,它是所有激情中最甜美的,相反,恶则会产生悔恨,它是最苦涩的。

64. 好感(Faveur)和感激(Reconnoissance)。

但是,由别人所行之善会使我们对他们心怀好感,即使【378】它不是为了我而被施行;如果它确实是为了我,那么我们会在好感之上附加感激。

65. 义愤(Indignation)和愤怒(Colere)。

同样,由别人所作且与我们无关之恶只会让我们对他们感到义愤;如果恶与我有关,它还会激起愤怒。

66. 荣耀(Gloire)和羞愧(Honte)。

进一步,一种在我们里面或曾经在我们里面的善,相关于他人可能会有的关于它的意见,就在我们里面激起荣耀;恶则会激起羞愧。

67. 厌恶(Degoust),遗憾(Regret),喜悦(Allegresse)。

有时候,善的延续会引起厌倦(Ennuy)或厌恶,而恶的延续会减轻悲伤。最后,过去了的善产生遗憾,它是悲伤的一个属;而过去了的恶产生愉快,它是喜悦的一个属。

【379】68. 为何在此对各种激情的罗列不同于通常所接受的那种。

在我看来,这就是罗列各种激情的最好次序。我很清楚,我在这里远离了从前曾经阐述过激情的所有人的观点。但是我这样做并非没有充分的理由。因为他们的罗列源自他们在灵魂的感性部分中区分了两种欲望,他们称一种为色欲的(Concupiscible),另一种为易怒的(Irascible)。由于我在灵魂中没有察觉各部分的任何区别,正如我已经说过的,因此在我看来这不过是说灵魂有两种能力,一种是欲望(desirer),另一种是恼怒(se fascher)。但是,既然灵魂以同样的方式还拥有惊奇(admirer)、爱(aymer)、希望(esperer)、忧虑(craindre)等能力,并且因此拥有将其他各种激情纳入自身中的能力,或者在激情驱使下做出各种行动的能力,那么我就不明白,为何他们选择将所有激情都归于欲望或愤怒。而且,他们对激情的罗列并没有囊括所有的主要的激情,就像我相信我所做的那样。我说的只是主要的激情,因为此外还可以区分出许多特殊的激情,而它们的数目是无止境的。

【380】69. 只有六种原初的激情。

但是,简单的和原初的激情的数目并不是特别大。因为,通过检视那些我已经罗列的所有激情,我们很容易发现,这类激情只有六个,即惊奇、爱、恨、渴望、高兴和悲伤,所有其他的激情或者是由这六者中的几个组合而来,或者是它们下面的属。这就是为什么我将分别地处理这六种原初的激情,然后还要揭示所有其他激情如何源自它们,目的是确保读者不会被繁多的激情弄糊涂。

70. 惊奇:它的定义和原因。

惊奇是灵魂的一种突然的吃惊(surprise),它使得灵魂专注地考察那些在它看来是不常见的和特别的对象。它首先是被一个人大脑中的印象引起,该印象把对象表象为某种不寻常的因而值得特别注意的东西,其次是被精气的运动引起,这个印象一方面安排精气以巨大的冲力流向大脑中它所处于的位置,从而加强它【381】并维持它在原处,同时还安排精气从大脑的那个位置进入一些肌肉中,这样就可以使诸感官保持住精气处于其中时那种相同的姿势,这样一来,如果印象已经被精气形成了,它就可以仍然被它们保持。

71. 在这种激情中心脏和血液不会发生任何变化。

这种激情有以下特殊性:它没有像其他激情那样被观察到伴随着心脏或血液中发生的任何变化。其理由在于,惊奇的对象并非善或恶,而仅仅是关于那让我们惊奇者的知识,惊奇就无关于我们身体的整体健康所依赖的心脏和血液,仅仅相关于用于获得该知识的诸感官所居住的大脑。

72. 惊奇的力量何在。

这并不妨碍惊奇拥有相当大的力量,因为吃惊这个要素即某一印象之突然的不期而至改变了精气的运行。这种吃惊是这种激情所固有的和特有的，因此，当【382】它在其他激情那里也被发现了——通常它也发生于并增强了几乎所有激情——那只是因为惊奇和这些激情联系在一起。惊奇的力量取决于以下两者，新奇性以及它所引发的运动一开始就达到最强。因为可以确定的是，相比于那种起势微弱，只是逐渐增强且容易被转向的运动而言，这种运动拥有更明显的效果。还可以确定的是，这些新奇的感官对象触动了大脑中通常不被触动的部位，并且，这些部位比那些因频繁刺激而硬化的部位更为柔软更不顽固，这就增强了它们刺激此处所产生的运动之效果。这一点也不是难以置信的，如果一个人考虑到一个类似的理由导致了如下情景：由于我们的脚底习惯了它们所承受的身体重量带来的相当坚硬的接触，我们在走路时感觉到这个接触非常小；相反，当脚被抓挠时那个更轻更温柔的接触对我们而言几乎难以忍受，只因为它对我们而言是不寻常的。

73. 什么是惊愕（Estonnement）。

吃惊拥有如此巨大的力量，使得脑腔中的精气流向那个令人惊讶的对象之印象所处的位置，【383】以至于有时它将所有的精气都驱赶至此，并且使得它们完全忙于保持这个印象，乃至没有任何精气从那里进入肌肉，甚至偏离它们最初在大脑中流经的轨迹。这就使得整个身体像一个雕像那样保持不动，并且让人除了知觉到该对象最初呈现的那一面，就不能对它有任何知觉，也不能因此获得关于该对象的更特别的知识。这就是我们通常所谓的惊愕。惊愕是一种过度的惊奇，它只能是坏东西。

74. 所有激情的益处何在,害处何在。

由上述内容很容易认识到,所有激情的作用就在于,它们强化某些想法——对灵魂而言保持这些想法是好的,否则它们很容易被抹去——并且使得这些想法在灵魂中延续。同样,它们可能引发的害处则在于,它们加强并保持了那些超出了需要的想法,或在于它们加强并保持了其他一些不该沉湎于其中的想法。

【384】75. 惊奇的特殊用途何在。

关于惊奇,特别说来,我们可以说它的用处在于,它使得我们知晓并且在我们的记忆中保存那些我们此前根本不了解的东西。因为,我们只对那些向我们表现为稀罕特别之物感到惊奇。没有什么会向我们表现出这种样子,除非由于我们对它毫无了解,或者由于它不同于我们已知的东西,因为正是根据这个不同它才被称为特别的。即使某个未被我们知晓的东西第一次出现在我们的理智或感官面前,我们并不会据此就将它保存在我们的记忆中,除非我们关于它的观念在我们的大脑中被加强了,或者出自某种激情,或者出自我们理智之运用,我们的意志决定理智要给予某种特殊的关注和反思。其他激情可能有助于促使我们注意到那些表现为好或坏的东西,但是我们只对那些仅仅表现为稀罕的东西感到惊奇。同样我们发现,那些天性不喜好奇之人通常是非常无知的。

【385】76. 惊奇可能的害处何在,惊奇之不足如何得到弥补,惊奇之过度又如何被矫正。

但是,更常发生的是,当一个人知觉到只稍微值得或根本不值得关注的东西时,他过分惊奇和惊愕,而非不够惊奇。这可能完全妨碍了或歪曲了理性的运用。因此,尽管天生倾向于好奇是件好事,因为它使得我们易于获得科学知识,但是,在获得这些知识之后,我们必须努力让自己尽可能地摆脱这种倾向。因为,惊奇之不足由一种特别的反思和专注很容易得到弥补,而我们的意志总能够责令我们的理智这样做,只要我们判断被呈现的事物值得如此劳烦。但是,惊奇之过度则无药可救,除非去获取许多事物的知识,并且让自己致力于考虑所有那些显得最为稀罕奇怪之物。

77. 既不是最愚蠢的人也不是最机灵的人最倾向于惊奇。

此外,尽管只有昏昧愚蠢之人【386】天生不倾向于惊奇,但这并不意味着那些心智最优之人总是最倾向于它。事实上,最倾向于它的人,主要是那种虽配备良好常识却不能充分估计自己能力的人。

78. 如果一个人不能矫正惊奇之过度,那它就可能成为一种习惯。

尽管惊奇貌似越用越少,因为,随着我们越来越多地遇到让我们感到惊奇的稀罕物,我们会发现自己越来越习惯于不再对它们感到惊奇,并且将我们此后遇到的一切都视为稀松平常的。虽然如此,但如果惊奇过度了,并且使得一个人在尚未获得关于对象的其他知识之时,就将注意力完全定格于对它们的初次印象,那它就会留下一种习惯,使得灵魂倾向于以同样的方式沉湎于其他所有的被呈现的对象,只要它们对它表现出一点儿新奇。正是这一点延长了那些盲目好奇之人的痛苦,这些人猎寻珍稀,仅仅为了对它们感到惊奇却不想理解它们。因为他们会逐渐变得如此习惯于惊奇,以至于不重要的东西与更值得探究的东西一样能抓住他们的注意力。

【387】79. 对爱与恨的定义。

爱是一种由精气的运动引起的灵魂的激动,精气激发灵魂自愿地(de volonté)与那些表现出适宜于它的对象结合。恨是由精气引发的激动,精气激发灵魂意欲远离那些被呈现给它是有害的对象。我说这些激动是由精气引起的,这既是为了将那作为激情并且依赖身体的爱与恨区别于那些判断(des jugemens)——它们使得灵魂自愿地与那些它认为好的东西相结合并且与那些它认为是坏的东西相分离——也是为了将爱与恨区别于这些判断本身在灵魂中产生的激动。

80. 什么是有意地结合或分离。

此外,由自愿地这个词,我在此并不打算说渴望(desir),渴望本身就是另外一种激情并且与未来相关,我说的是同意(consentement),经由这种同意,我们认为,从现在起自己与所爱的对象就好比以这样一种方式结合,以至于我们想象有一个整体,我们视自己仅为这个整体的一部分,而所爱的对象为它的另一部分。相反,在恨的激情中,我们认为我们自己单独就是一个整体,完全与我们所厌恶的事情相分离。

【388】81. 通常在贪欲的爱(Amour de concupiscence)与仁慈的爱(Amour de bienvueillance)之间所做的区别。

人们通常区分两种爱,一种被称为仁慈的爱,它驱使我们意欲我们所爱的东西之安好,另一种被称为贪欲的爱,它使我们渴望我们所爱的东西。但是,在我看来,这种区别涉及的只是爱的效果而绝非其本质。因为,只要我们已经自愿地与某个对象结合,无论它的本性如何,我们都会对它怀有仁慈,也就是说,我们也会自愿地将它与那些我们认为适宜于它的东西相结合——这是爱的主要效果（des principaux effets）之一。如果我们判断，拥有它是好的，或者不是自愿地而是以其他方式与之联合是好的，我们也会渴望它——这同样是爱的最寻常的效果（des plus ordinaires effets）之一。

82. 那些很不同的激情如何因为分有了爱而一致。

同样没有必要因为存在着不同的可能被爱的对象而去区分爱的许多属类。例如，野心勃勃者对荣誉、守财奴对金钱、【389】酒鬼对葡萄酒、暴徒对他想要侵犯的女人、高尚的人对朋友和情人、好父亲对他的孩子，尽管这些激情彼此各不相同，可就分有了爱而言它们是相似的。但是前四种人仅仅为了拥有他们的激情所相关的对象，根本不是为了对象自身才有了爱，因为他们仅仅渴望着的这些对象还被混杂着其他特殊的激情。另一方面，好父亲对孩子的爱是如此纯粹，以至于他并不渴望从他们那里获得什么，并且他既不想比他实际所做的更多地拥有他们，也不想与他们建立一种超出已有的密切关系；他不过将他们每个都视为另一个自己，努力寻求他们的福祉，就如同寻求自己的福祉，甚至更加操心，因为他将自己和他们作为一个整体表象给自己，自己不是该整体中最好的部分，他经常将他们的利益置于自己的利益之先，并且从不害怕为了拯救他们而牺牲自己。一个高尚的人对朋友怀有的喜爱也是同样的性质，尽管它很少如此完美；高尚的人对情人怀有的喜爱主要分有了爱，但也分有一点另一种感情。

83. 单纯的喜爱（simple Affection）、友爱（Amitié）与挚爱（devotion）之间的区别。

在我看来，【390】根据我们如何评估所爱的对象相比于我们自身而言的价值,可以更为合理地对爱做出区分。因为,如果我们认为对象的价值小于我们自己,那我们对它只怀有单纯的喜爱;如果我们认为对象的价值同于我们自己,这就被称为友爱;如果我们认为对象的价值大于我们自己,我们怀有的爱就被称为挚爱。这样,我们对一朵花、一只鸟或一匹马怀有的就是喜爱;但是,除非我们的心灵被极端地扭曲了,我们就只能对人怀有友爱。他们以这种方式成为这种激情的对象,以至于根本不存在一个不完美到我们不能对他怀有完美的友爱之人,只要我们相信我们自己被他爱着并且我们拥有一个真正高贵宽宏的灵魂,对此会在下面第 154 和第 156 条给出解释。至于说挚爱,它的主要的对象无疑是至高的神明,一旦我们如我们应该的那样认识了祂,我们不可能不挚爱着祂。但是,我们也可以对我们的君主、祖国、城市怀有挚爱,甚至对某个特殊人物怀有挚爱,只要我们重视他高于重视我们自己。这三种爱之间的不同主要由它们的效果变得明显。因为,在所有的爱之中,我们都认为自己与被爱的东西相联结并且成为一体,而且我们总是愿意放弃我们和它共同构成的那个整体中的次要部分而保存另一部分。因此,在单纯的喜爱中,我们总是更喜欢自己而不是我们所爱的东西;相反,在挚爱中,我们如此强烈地喜欢所爱的对象,以至于我们并不害怕为了保存它而牺牲自己。我们经常【391】在某些人身上发现挚爱的例子,这些人甘冒死亡之险也要保卫他们的君主、他们的城市甚至有时是他们所挚爱的特殊人物。

84. 恨并不像爱那样有这么多属类。

此外,尽管恨和爱直接对立,但是它却不能被区分成这么多属类,因为我们并没有在我们自愿地与之相分离的诸恶之间注意到区别,就像在我们与之结合的诸善之间那样。

85. 吸引(Agréement)和排斥(Horreur)。

在爱与恨中都会出现的区分,我只找到了一个值得考虑的。它在于这样一个事实,爱与恨的对象都可以或者被外感官或者被内感官以及灵魂自身的理性表象给灵魂。因为,我们通常称某物为善或恶,当我们的内感官或我们的理性使得我们判断该物适合或违背我们的本性;但是,我们称某物为美或丑,当它被我们的外感官——主要是视觉器官,我们对它的关注要多于其他感官——如此表象给我们。【392】由此产生了爱的两个属类,即一个人对好的事物的爱以及一个人对美的事物的爱。对于后者可以命名为吸引(Agréement),这样就不会将它混同于前者,或者混同于渴望,渴望也常常被命名为爱。以同样的方式产生了恨的两个属类,一种与坏的事物相关,另一种与丑的事物相关;后者则可以被称为排斥(Horreur)或嫌恶(Aversion),以便区别开来。但是,在此最值得注意的是,吸引和排斥这两种激情通常比爱与恨的其他属类要强烈许多,因为被感官表象着而到达灵魂的东西对灵魂的冲击,要强于被理性表象给灵魂的东西。虽然如此,这两种激情通常拥有更少的真实性;因此,它们是所有激情中最具欺骗性的,也是一个人必须最要小心防范的。

86. 对渴望的定义。

渴望这种激情是由精气引发的一种灵魂的激动,精气驱使灵魂意欲未来能拥有那些它向自己表象为适宜的事物。这样,我们不仅渴望缺席的善可以出现,而且渴望保存出现了的善;此外我们还渴望恶的缺席,既包括我们已经有了的恶,也包括我们相信随着时间的到来我们可能获得的恶。

【393】87. 渴望是一种没有对立面的激情。

我很清楚,在学院中,趋向追求善的激情——唯有它才被称为渴望——对立于那个趋向逃避恶的激情——它被称为嫌恶(aversion)。但是,并不存在一种其缺失不是恶的善,也没有一种其缺失不是善的恶,就恶被视为肯定性的事物而言。例如,在追求财富的过程中,我们必然避免贫穷,而在避免疾病的过程中我们必然追求健康,其他情况也与此类似。这样,我以为,通常是同一种运动驱使我们追求某个善并且同时逃避与之相反的恶。我仅仅注意到这样一个区别,当我们趋向某种善之时我们所拥有的渴望先是伴随着爱,然后又伴随着希望和高兴,相反当我们逃避与这个善相反的恶之时,这同一个渴望则伴随着恨、忧虑和悲伤,这个悲伤使得我们判断这种渴望是与自身相悖的。但是,在渴望同等地并且同时关系到那个想要追求的善与想要逃避的恶之时,如果我们正要去考虑它,那么我们就可以明确地看到,是同一个激情做了两桩事。

【394】88. 渴望的不同属类是什么。

更正确的做法应该是,根据所追求对象的不同而将渴望区分为不同的属类。因为,举例来说,好奇不过是渴望知识,完全不同于渴望荣耀,而后者又不同于渴望复仇,类似等等。不过,此处知道这一点就够了:渴望的类型如同爱、恨的类型一样多,最重要和最强烈的渴望是那些来自吸引与排斥的渴望。

89. 来自排斥的渴望。

尽管如上文所说,同一个渴望导致了追求善以及避免相反的恶,但是来自吸引的渴望却完全不同于来自排斥的渴望。因为,那确实相互对立的吸引与排斥,并不是作为这些渴望的对象之善和恶,而不过是灵魂的两种激动,这两个激动驱使灵魂去追求这样完全不同的东西。也就是说,排斥受命于自然向灵魂表象一种突然的、意外的死亡,以至于,尽管有些时候仅仅是一只小虫的接触、一片颤抖的树叶的响声或【395】树叶的影子引发了排斥,人们立刻就会感到非常激动,如同一个非常明显的死亡之威胁被呈现在感官面前那样。这就突然引起了一种激动,它促使灵魂用尽全力避免这样一个当下的恶。通常被称为逃避(Fuite)或嫌恶(Aversion)的正是渴望的这些类属。

　　90. 来自吸引的渴望。

　　相反,吸引则是特别地受命于自然,而将享有那吸引人的东西表象为隶属人类的诸善之中的最大者,这就使得人们非常热切地渴望这种享有。确实,吸引的种类各不相同,并且源于它们的渴望也不是同等强烈。因为,举例来说,花朵之美不过驱使我们去观赏它们,水果之芬芳只能吸引我们去品尝它们。但是,最主要的吸引则来自人们想象在一个人身上的完美,认为此人可以成为另一个自己。因为自然已经在人身上——如同在没有理性的动物身上那样——确立了性的区别,自然也在大脑中植入了某些印象,它们就会使得人们在一定的年龄和时节认为自己是有缺陷的,自己仅仅构成某个整体的一半而一个异性应该是其另一半,这样,【396】自然就以一种模糊的方式将获得另一半表象为所有能想象到的善事中最大的善。尽管人们看到许多异性人士,但不会在同一时刻渴望许多,既然自然并没有使得人们去想象自己需要不止一个另一半。但是,一旦在他们中的一个人身上所观察到的某种东西产生了更大的吸引力,相比于同时在其余人身上所观察到的东西而言,这就使得灵魂将它感受到的自然给予它的追求那种善——它将这种善表象为我们能拥有的最大的善——的所有倾向都指向了那个人。比起我们之前描述过的爱的激情,以这种方式来自吸引的倾向和渴望则更为通常地被冠以爱的名号。这种激情有着更为奇特的效果,它为小说和诗歌的作者提供了基本的题材。

91. 对高兴的定义。

高兴是灵魂拥有的一种愉快感情,当灵魂享受由大脑中的印象向灵魂显示为其自身的善的时候。我说当灵魂享受一种善的时候拥有这种情感,因为事实上灵魂从它所拥有的所有善那里收获不了其他的益处;只要它从它们那里得不到高兴,我们就可以说它不再享受它们了,就如同它根本不拥有它们那样。【397】我还要说它是那种大脑中的印象向灵魂表象为灵魂自身的善,这是为了不将这种作为激情的高兴混同为纯粹理智的高兴,后者仅仅由灵魂的行动而进入灵魂,并且可以说是一种由自身在自身中激起的愉快情感,每当灵魂享受那种由理智向灵魂显示为其自身的善的时候。确实,在灵魂和身体结合之时,这种理智的高兴鲜有不被那种激情的高兴伴随着。因为,我们的理智一旦知觉到我们拥有某种善,即使这种善如此不同于任何属于身体的东西以至于完全是不可想象的,但想象力还是不可能不立刻在大脑中形成某个印象,由该印象就会产生精气的运动,该运动又会激起高兴的激情。

92. 对悲伤的定义。

悲伤是影响灵魂的一种令人不快的精神萎靡,在灵魂遭受到由大脑中的印象向灵魂表象为自身的恶或缺陷而产生的不舒服之时。还存在一种理智的悲伤,它虽然不是激情但鲜有不被激情伴随着。

【398】93. 这两种激情的起因。

当理智的高兴或悲伤以这种方式激起相应的激情之时,激情的起因足够明显,并且我们从它们的定义中看到,高兴来自某个意见即一个人拥有某种善,而悲伤来自某个意见即一个人有某种恶或缺陷。但是,通常的情况是,一个人还没能明晰地辨认出作为情感起因的善或恶就感受到高兴或悲伤了。也就是说,这发生在善或恶无需灵魂介入就在大脑中形成其印象的时候,有时是因为它们仅仅属于身体,有时的原因则是,尽管它属于灵魂,但灵魂没有视之为善或恶,而是在其他形式下考虑它们,这个形式的印象在大脑中与善或恶的印象相联系。

94. 这些激情是如何被那些仅仅涉及身体的善和恶引发,痒(chatoüillement)与痛(douleur)在于什么。

这样,当一个人身体非常健康且天气比平常更加晴朗之时,他就会在自身中感受到一种愉悦,它并不来自理智的任何活动而仅仅来自精气之运动【399】在大脑中所形成的印象;以同样的方式,当身体不适之时一个人感到悲伤,即使他可能并不知晓这一点。确实,高兴跟随痒的感觉以及悲伤跟随痛的感觉是如此紧密,以至于大多数人根本不能区分。虽然如此,它们的差别又是如此巨大,以至于一个人有时可以高兴地忍受痛,经受一种让人不快的痒。但是,使得高兴通常跟随着痒的原因是,那个我们称为痒或惬意的感觉总是在于这个事实,感觉对象正在神经中激起某种运动,而这个运动可能会伤害神经,如果神经没有足够的力量忍受它或者身

体不是非常健康的话。这就在大脑中产生一种印象,这种印象被
自然规定来见证身体的健康与力量,它将这种健康向灵魂表象为
一种隶属于灵魂的善,就灵魂与身体结合为一体而言,这样一来这
个印象就在灵魂中激起了高兴。几乎由于同样的理由,当这些激
情仅仅被人们在舞台演出中所见到的奇事而引发,或者被其他类
似的事情——这些事情根本不会伤害我们,在打动灵魂的过程中
似乎只是在骚扰灵魂——而引发,人们会很自然地享受被各种激
情——甚至悲伤与仇恨——所感动。那使得痛常常产生悲伤的原
因在于,我们称为痛的感觉总是来自一种如此激烈以至于伤害了
神经的运动,【400】由于这种感觉被自然规定来向灵魂表明,身体
所遭受的来自这个运动的损害,以及身体之脆弱而不堪承受这种
运动,这种感觉就将这两者都表象为总是让灵魂不愉快的恶,除非
它们产生了一些被灵魂认为高于它们的善。

95. 它们如何又能够被那些尽管属于灵魂但灵魂却没有注意
到的善或恶激发,比如来自冒险或追忆过去了的恶的快乐。

年轻人经常在尝试困难的任务或将自己暴露于巨大危险的过
程中感到快乐,即使他们并不通过这样行事而期盼好处或荣耀,这
种快乐在他们里面得以出现,是因为他们拥有的这个想法——即
他们正在做的事情是困难的——在他们大脑里形成一个印象,此
印象一旦联系上另外一个印象——如果他们认为感觉到自己如此
勇敢、幸运、灵巧、强大以至于敢于冒险是一桩好事,那么他们就能
够形成该印象——就会使得他们在冒险中感受快乐。老人在回忆
曾经遭受的过去了的恶之时会产生满意,这是因为他们向自己宣
称,尽管如此却能存活是一件好事。

【401】96. 引发上述五种激情的血液及精气之运动。

我在此已经开始解释的这五种激情,它们相互之间是如此密切相关或对立,以至于更方便的做法是将它们放在一起考察,而不是像我们在处理惊奇时那样单独考察。不像惊奇的起因仅仅位于大脑之中,它们的起因还位于心、脾、肝和其他一些有助于产生血液及精气的身体部位。因为,尽管所有的静脉将它们包含的血液输送至心脏,但有时某些静脉中的血液比其他静脉中的血液以更强的冲力被驱送至心脏;而且血液进入或离开心脏所必经之口在某个时刻也会比其他时刻张得更开或缩得更小。

97. 有助于理解爱之中这些运动的主要经验。

当我们的灵魂被不同激情激动之时,经验揭示出我们身体中的各种不同的变化,在考察这些变化的过程中,【402】我观察到,在爱的激情中且单单只有爱本身——也就是说没有伴随着任何强烈的高兴、渴望或悲伤——的时候,脉搏跳动均匀,比平时更加强健有力,在胸中可以感受到一股温和的暖意,食物在胃里面也消化得很快,这种激情就是这样有益于身体健康的。

98. 在恨之中。

另一方面我观察到,在恨之中,脉搏不均匀、更微弱且常常更快一些;在胸中会感觉到寒意,夹杂着我不知是什么类型的尖锐的、针刺般的热;并且胃也不做其分内的事情,很容易呕吐并且拒斥已被吃进去的食物,或者至少是糟蹋了食物并将它转化为坏的体液。

99. 在高兴之中。

在高兴之中,脉搏均匀,比平时稍快,但不像在爱之中那般强健有力；一股舒适的热流不仅在胸中被感受到，而且扩散至身体的所有外表部分，【403】伴随着那些我们可以观察到的大量进入这些部分的血液；与此同时食欲有时会减退，因为消化不如平时〈那么好〉。

100. 在悲伤之中。

在悲伤中脉搏微弱缓慢，人们感觉好像有一些带子围绕着心脏并且使之收缩了，并且感觉有些冰块将心脏冻住了，并且将寒冷传送到身体的其余部分；与此同时，人们有时却胃口很好，并且感觉胃并没有停止工作，只要没有恨与悲伤相混合。

101. 在渴望之中。

最后，我注意到渴望中特有的这一点：它比任何其他激情都更为强烈地刺激着心脏，并且向大脑提供更多精气。这些精气从大脑进入各处肌肉中，就使得所有的感觉更为敏锐，身体所有部分更为灵动。

102. 在爱之中血液及精气之运动。

这些观察，还有许多可能说来话长的其他经验，已经使我断定，【404】当理智向自身表象爱的某个对象时，这个想法形成于大脑中的印象会引导动物精气经第六对神经进入到肠和胃周围的肌肉，精气以这种必需的方式运动，以至于正在转化为新鲜血液的营养汁液在肝脏中不作停留就迅速地流向心脏；相比于来自身体其他部分的血液，这些血液以更大的冲力被驱送至此，也就以更大的体量进入心脏，并且在此产生了更强烈的热，因为，这些血液比那些一次又一次地流经心脏从而被稀化了多次的血液要粗糙很多。

这就使得心脏也向大脑输送了一些其成分比平时更粗、更有活力的精气,由于这些精气强化了那个首次想到被爱的对象时在此形成的印象,它们就迫使灵魂沉迷于这个想法。爱的激情就在于此。

103. 在恨之中。

另一方面,在恨之中,关于那个引起嫌恶(Aversion)的对象之最初想法,引导大脑中的精气以这样一种方式进入胃肠的肌肉,以至于这些肌肉通过收缩营养汁液平时流经的所有入口来阻碍这些汁液与血液混合。这个想法也会以这种方式将精气导向脾脏的细小神经【405】以及胆汁的储藏器所位于的肝脏下半部分,以至于通常会返回这些部位的那部分血液就会从这些部位出发,并且与腔静脉支流中的血液一起流向心脏。这就使得心脏的热变得很不均匀,因为来自脾脏的血液更难变热也很难被稀化,相反来自肝脏下半部分——胆汁位于此处——的血液则迅速地沸腾并且扩张。随后,到达大脑的精气也包含了非常不均衡的部分并且运行极为异常,由此它们强化了已经被印在那里的恨的观念,并且安排灵魂拥有一些满怀辛辣苦涩的想法。

104. 在高兴之中。

在高兴之中,没有那么多脾脏、肝脏、胃或肠的神经像遍布身体其余部分的神经那样发挥作用,尤其是心脏入口周围的神经发挥了作用:通过打开并扩张这些入口,这里的神经使得那些被其他神经由静脉送至心脏的血液以远远大于平时的体量进入或离开心脏。因为此刻进入心脏的血液已经一次次从动脉到静脉并且流经心脏,它迅速地扩张并且产生了这样一些精气,【406】这些精气的构成部分非常均匀且精细,适合于形成并强化大脑中那些向灵魂提供愉悦祥和之思想的印象。

105. 在悲伤之中。

相反,在悲伤之中,心脏的入口被围绕着它的细小神经紧紧地收缩了,并且静脉中的血液根本没有被搅动;因此很少的血液进入了心脏。与此同时,营养汁液从胃和肠进入肝脏所流经的通道保持敞开;因此食欲也不会减少,除非是常常与悲伤相连的恨关闭了这些通道。

106. 在渴望之中。

最后,渴望的激情有这个特性:获取某种善或避免某种恶的意愿突然将精气从大脑输送到身体的那些部位——它们能够产生达成这个目的所需的运动——尤其是送到心脏以及那些为心脏提供大部分血液的部位,这样一来,由于心脏接受了远远多于平时的血液,它就会输送大量【407】精气至大脑,这些精气既保持和强化了大脑中关于这个意愿的观念,也从大脑进入所有那些可以被用来获取所渴望之物的感觉器官和肌肉。

107. 在爱之中这些运动的原因是什么。

从上面所说的内容我推演出所有这些的各种理由:在我们的灵魂与我们的身体之间有一个如此密切的联系,以至于,一旦我们将某个身体行动与某个想法相连,一个没有出现随后另一个就不会出现。正如我们在这些人身上所看到的,他们生病期间忍着强烈的恶心吞服了某种药,此后凡品尝味道相似的东西都忍不住犯同样的恶心;同样,他们做不到想到对药物的恶心时脑海里不冒出同样的味道。因为,在我看来,一旦我们的灵魂开始与身体结合,其最初的激情一定归根于,有时血液或其他进入心脏的液体比平时更适于作为燃料来维持它里面的作为生命之原则的热。这就引发了灵魂自愿地与那个养料结合,也即去爱它;【408】与此同时,精气从大脑流向那些能够按压或搅动身体的某些部分——而精气正是从身体的这些部分进入心脏——的肌肉,以便身体的这些部分输送更多的精气。这些部分就包括其搅动会增加食欲的胃和肠,以及横膈膜的肌肉可以按压到的肝脏和肺。这就是为什么精气的相同的运动一直伴随着爱的激情。

108. 在恨之中。

另一方面,有时心脏中会流入一种异样的汁液,它不适合保持热,甚至会熄灭热;这就使得从心脏上升至大脑的精气在灵魂中激起恨的激情。与此同时,这些精气从大脑进入那些能够将血液从脾脏以及肝脏的小静脉驱送至心脏的神经中,以便阻止有害的汁液进入心脏;而且精气也会进入那些能够将汁液送回肠和胃的神经,或者那些有时也会迫使胃将汁液呕吐出来的神经。这就是为什么这些相同的运动通常伴随着恨的激情。任何人一眼就可以看见,肝脏里有大量粗大的静脉或导管,经由它们,营养汁液可以根本不在肝脏中停留,就从门静脉进入腔静脉然后再到心脏,但是肝脏中还有【409】无数更细的、汁液可能会停留其中的静脉,这些静脉中包含着备用的血液,如同脾脏那样。由于这种血液比身体其他部位的血液更为粗糙,它就更多地作为心脏中的火的养料,在胃和肠不能提供任何养料的时候。

109. 在高兴之中。

有时,在我们生命开始时会出现这种情况:静脉中的血液就是维持心脏热的适宜而充足的养料,而且静脉中包含着如此丰富的血液,以至于心脏没有必要从其他地方吸取任何营养。这就在灵魂中激起了高兴的激情,与此同时还会使心脏的入口张开得比平时更大,并且使得来自大脑的精气不仅充沛地流向那些用于张开这些入口的神经,而且通常也流向所有其他的将血液从静脉驱送到心脏的神经,这样就阻止任何静脉血从肝脏、脾脏、肠和胃再次进入心脏。这就是为何这些同样的运动会伴随着高兴。

【410】110. 在悲伤之中。

另一方面,有时身体碰巧缺少营养,这种匮乏一定会使得灵魂感受到它最初的悲伤,至少它根本没有关联到恨。这同样的事情还会使得心脏入口收缩,因为它们只接受到少量血液;而且这会使得这种血液的相当大的一部分来自脾脏,因为,在没有足够的血液从其他地方来到心脏时,脾脏就是负责向心脏提供血液的最后储藏库。这就是为什么与悲伤伴随的总是这样一种精气和神经的运动,它们负责以这种方式收缩心脏入口并且将血液从脾脏导入心脏。

111. 在渴望之中。

最后,当灵魂新近与身体相连时,它所能够拥有的各种最初的渴望一定完全是接受适宜于它的东西,拒斥对它有害的东西。正是为了这些相同的效果,从此刻起,精气就一直以能够驱动所有肌肉和感觉器官的方式驱动着它们。【411】这就是为何当灵魂渴望任何东西的时候,整个身体会比没有渴望的平常时候更为灵活、更容易被驱动。而当身体碰巧被这样驱动时,就会使得灵魂的渴望更强烈更迫切。

112. 这些激情的外在迹象(signes)是什么。

我已经将不同的脉搏和所有其他不同的特性归于上述各种激情,而我在此所确立的东西已经足以让人充分理解这些不同的原因,我也就无须停下来对它们做进一步的解释了。不过,由于我仅仅指出了,当每一种激情只是自己单独出现时它里面能够被观察到的情况,以及是什么使得那产生它们的血液及精气之运行被认识到,我还要去处理通常与这些激情相伴随的许多外在迹象;而且,当几个激情混合在一起时——它们常常就是如此——这些迹象就比它们各自分离时更容易被观察到。在这些迹象中,主要的几个就是眼睛和面容的活动、肤色的改变、颤抖、倦怠、昏厥、欢笑、流泪、呻吟、叹气等等。

【412】113. 关于眼睛和面容的活动。

没有一种激情不被眼睛的某种特殊活动所暴露。这点在某些激情那里是如此明显,以至于最愚蠢的仆人也能根据主人的眼睛说出他是否对自己不满。但是,尽管眼睛的这些活动很容易被知觉到,而且它们的意指也容易被认识,但这却不能让人很容易描述它们,因为它们每一个都是由发生在眼睛运动及形状中的诸多变化组合而成,而且这些变化是如此独特细微,以至于没有可能单独知觉到每一种变化,尽管它们组合而成的结果可以很容易辨认。同样的说法适用于那些也伴随着激情的面容活动,因为,尽管它们比眼睛的活动更为宽广,但是区分它们仍然艰难;它们的差别如此之小,以至于有些人哭的时候拥有的表情几乎同于其他人笑的时候。不过,还是有一些活动完全可以辨认,比如愤怒中前额的皱纹,以及在愤慨或嘲笑时鼻子和嘴唇的运动,不过它们看上去不像意愿那样自然。一般而言,面容活动与眼睛活动都能被灵魂改变,当灵魂想要掩盖它的激情的时候,【413】它会顽强地想象出与之相反的激情;这样一个人就可以使用这些活动既揭示也掩藏他的激情。

114. 肤色的改变。

当某种激情使得我们脸色变红或者变白的时候,我们不能轻易地阻止自己如此变化,因为这些变化并不像前述变化那样取决于神经和肌肉,还因为它们更为直接地来自心脏,而心脏可以被称为诸激情的源泉,就心脏为产生它们准备了血液和精气而言。确实,脸上的色泽仅仅源自血液,从心脏经过动脉进入静脉然后又返回到心脏的血液,到底是更多还是较少地改变脸上的颜色,取决于它是大量还是少量地进入了靠近表皮的细小静脉。

115. 高兴如何引起脸红。

高兴之所以使脸色变得明亮红润,是因为在打开心脏的瓣膜的过程中,它使得血液在所有的静脉中更快地流动,并且由于血液变得更热更细,它几乎充满了脸部的所有地方,这就使得脸看上去更愉悦更快乐。

【414】116. 悲伤如何引起脸色苍白。

另一方面,悲伤在收缩心脏的入口的过程中,使得血液更慢地流入静脉,并且由于血液变得更冷更厚,这就迫使它在静脉中占据更少的空间,这样一来,血液就撤回到离心脏最近的最大的静脉中,离开了距离心脏最远的静脉。这些静脉中最明显的就是脸部的静脉,这就使得脸看上去苍白而暗沉,尤其当悲伤非常巨大的时候,或者如我们在惊恐中看到悲伤突然到来的时候,此刻吃惊会增强压缩心脏的行动。

117. 为何一个人悲伤的时候常会脸红。

但是,经常发生的是,当一个人悲伤的时候,他的脸色没有变白相反却变红了。这点必须被归结为与悲伤相连的其他激情,也即爱或渴望,有时也会是恨。因为当这些激情加热或搅动了那些来自肝脏、肠或身体其他内部器官的血液时,它们会将血液驱送至心脏,然后从那里通过大动脉进入脸部的静脉,而在两方面都限制了心脏入口的悲伤却并不能阻止这些血液,除非它过分强烈。但是,即使【415】悲伤只是中等程度,它也很容易阻止那些已经进入脸部静脉的血液下降到心脏,只要爱、渴望或恨正在将那些来自其他内部器官的血液输送至脸部。这就是为何停留在脸部周围的血液会使脸变红,甚至比我们高兴时更红:由于血液的颜色在它流速更慢的时候会更明显,还因为,相比于心脏入口开得更大的时候,此刻会有更多的血液以这种方式聚集在脸部的静脉中。这一点尤其在羞愧之中非常显著,羞愧的构成是自爱、急迫渴望避免当下的丢脸——这会使得血液从身体内部器官来到心脏然后经动脉进入脸部;伴随着它的,还有中等程度的悲伤——这会阻止血液返回心脏。同样的事情还会发生在我们哭的时候;因为,正如我接下来将会说的,眼泪主要是由爱与悲伤的结合引起的。这点在愤怒中也很明显,在愤怒中一种突然的报仇渴望通常与爱、恨和悲伤相混合。

118. 关于颤抖(Tremblemens)。

颤抖有两个不同的原因。一是有时大脑中的精气进入神经太少了,另一个则是有时太多,都不能很好地关闭【416】肌肉的细小通道,而按照第 11 条中已经描述过的,它们必须被封闭起来从而引起肢体的运动。第一种原因在悲伤、害怕以及我们因冷而颤抖的时候都能见到。因为,这些激情就如同空气的寒冷那样可以如此地令血液变稠,以至于,血液不能提供充足的精气进入大脑并从大脑被送至神经。另一个原因常常在那些急切渴望某物,或被愤怒击中的人以及醉酒者那里看到。因为这两种激情还有酒精有时可以引导如此多的精气进入大脑,以至于精气再不能被正常地导入肌肉中。

119. 关于倦怠(Langueur)。

倦怠是在全身肢体中感受到的一种松弛和保持不动的倾向。与颤抖类似,出现倦怠是因为没有充足的精气进入神经,只是方式有所不同。因为,颤抖的原因是,当小腺体驱使精气进入某些肌肉的时候,大脑中没有足够的精气执行小腺体的决定;而倦怠出现则是因为,小腺体根本就不决定精气该进入一些肌肉而不是别的肌肉。

【417】120. 爱和渴望如何引起倦怠。

引起这个效果最常见的激情就是爱,且结合着对某个根本不可能想象当下能获得的对象的渴望。因为,爱使得灵魂如此全神贯注地想着所爱对象,以至于它使用大脑中所有的精气向它表象对象的形象,并且它停止了小腺体所有的不服务于这个目的的活动。在与渴望的关联中,必须注意到的是,之前我归于它的那种使身体更为灵活的特性,仅仅在这个时刻才与之相合,即一个人正在想象,所渴望的对象是某个他能够从现在起通过做一些事情而获得的对象。因为,如果相反,一个人想象做任何事情都不可能有助于达到这个目的,渴望的所有搅动都停留在大脑中而根本不进入神经;并且,由于这个搅动仅仅服务于强化大脑中所渴望的对象的观念,它就会让身体的其余部分停留在一种倦怠的状态。

121. 倦怠也可以由其他激情引起。

确实,恨、悲伤甚至是高兴也会引起某种倦怠,当这些激情非常强烈的时候,因为它们使得灵魂完全专注于思考这个对象;这尤其【418】发生在这样的时候,即与这些激情结合着的渴望指向某个对象,而人们当下为获得该对象不能做任何事情。但是,因为一个人更多地停下来思考他自愿让自己与之结合的对象,相比于他与之分离的对象或任何其他对象而言,并且因为倦怠并不取决于惊奇,而是需要一些时间才能形成,因此在爱之中比在所有其他激情中更容易遭遇倦怠。

122. 关于昏厥(Pasmoison)。

昏厥离死亡不很远,因为当一个人心脏中的火彻底熄灭的时候他就死了,当火以某种方式被闷熄了却保留着一些余热之后可以被重新点燃之时,他仅仅陷入昏厥。有许多身体的不调可能会使得一个人这样陷入昏厥;但是,在所有的激情之中,只有极端的高兴被观察到拥有这种能力。我相信引起这种结果的方式是这样的:它将心脏入口张得异常宽,这样来自静脉的血液就会如此突然并大量地涌入心脏,以至于血液根本不可能在心脏中足够快地受热稀化从而抬高所有关闭静脉入口的小瓣膜。以这种方式,血液就闷熄了火,而这个火在血液适量地进入心脏的时候则正常维持着。

【419】123. 为何一个人不会由悲伤而昏厥。

似乎一种不期而至的巨大悲伤应该将心脏入口紧紧抓住从而熄灭其中的火。但是,人们却从未观察到这种现象发生;如果它真的发生了,那也是极其罕见的。我相信,这其中的原因在于,即使在心脏入口几乎被关闭的时候,心脏里也不会只有如此少的血液以至于无法维持那里的热。

124. 关于笑(Ris)。

笑的根源在于:当那些经过动静脉从右心室出来的血液使得肺迅速而重复地膨胀的时候,血液会迫使肺里面的空气通过气管冲出来,于是在气管那里形成一种含糊的、爆裂的声音;由于肺膨胀,并且空气每次出来都会推动隔膜、胸部和喉咙的所有肌肉,并且由此引发了连接着这些器官的面部肌肉的运动。这种面部表情,伴随着含糊而爆裂的声音,就是我们所谓的笑。

【420】125. 为何笑并不伴随着最大的高兴。

尽管笑似乎是高兴的一个主要标志,但是高兴并不会引起笑,除非它是中等程度并且混合着一点惊奇或恨。因为,我们由经验发现,当我们非同寻常地高兴的时候,高兴的原因从来不会使我们爆发出笑;并且,我们甚至就如同我们在悲伤时那样,不能被某个其他原因轻易地逗笑。其原因在于,在巨大的高兴中,肺里面总是充满了血,以至于再不能被继续涌来的血液所膨胀。

126. 笑的主要原因。

我只能说有两个原因可以这样引起肺突然膨胀。第一是惊奇中包含的吃惊,在它与高兴结合的时候,就可以如此迅速地打开心脏的入口,以至于大量的血液突然从腔静脉进入心脏右侧,在此被稀化,并且通过动静脉流入肺部并使之膨胀。另一个是某种会促进血液稀化的液体混合进来。除了来自脾脏的液体中流动得最快的部分,我没能发现其他液体适合做这件事:【421】这部分液体在恨的轻微的刺激下,伴随着惊奇中的吃惊的帮助而被推送到心脏,在此混合着来自身体其他部分的血液——高兴输送了大量的血液——就可以使得后一种血液在此比平时更容易膨胀,就如同我们可以看到的,当一滴醋被投入火上方的盛有液体的容器之中,容器中大量的其他液体就会立刻全部膨胀,因为来自脾脏的血液中流动最快的部分在本性上类似于醋。经验也向我们表明,在每一种能导致这种笑从肺部爆发的情形中,总是存在着恨或至少是惊奇的小原因。那些脾脏不很健康的人,不仅比旁人更容易悲伤,在某些时候也比旁人更容易愉悦或更容易发笑,因为脾脏向心脏输送两种血液,一种非常黏稠粗糙,引发悲伤;另一种则灵动精细,引发高兴。常常,在一个人大笑之后,他又自然地觉得忧伤起来,因为脾脏血液中最灵动的部分被消耗光了,粗糙血液紧随其后进入了心脏。

127. 在义愤中笑的原因是什么。

至于说有时与义愤相伴随的笑,它通常是人为的和假装的。但是,当【422】它是自然的时候,它似乎来自我们看到自己不会被所义愤的恶伤害时所感受到的那种高兴,还结合着我们吃惊于恶的新奇以及我们与之不期而遇。所以,高兴、恨以及惊奇一起促成了义愤。但是,我愿意相信,它也可以不需要高兴而仅仅由嫌恶造成,嫌恶将血液从脾脏送到心脏,血液在此被稀化,然后被驱送到肺部,在肺部几乎是空的时候血液就很容易引起肺膨胀。总之,凡是能够以这种方式使肺膨胀的就会引发笑这种外在行为,除非悲伤将它改变成呻吟以及伴随着眼泪的哭喊。关于这一点,比维斯(Vives)①写道,在他长时间没有进食的时候,他放入嘴里的最初几片食物都会令他笑起来:出现这种情况很可能是因为,营养匮乏使得他的肺空无血液,从胃进入心脏的最初的汁液就使肺迅速膨胀,而仅仅是对进食的想象就可以将汁液送到此处,甚至在他所吃进去的食物的汁液到达之前。

128. 关于眼泪的起源。

正如同笑从来不是由最大的【423】高兴引发,眼泪也不源于极端的悲伤,仅仅来自中等程度的悲伤,并且有爱或高兴的情感相伴随或跟随。想要恰当地理解眼泪的起源,一个人就必须注意到,尽管我们身体的所有部分持续地散发蒸汽,但没有一个部分会像眼睛那样散发出那么多蒸汽,这根源于视神经的大小以及蒸汽由以到达此处的小动脉的数量众多;而且,正如同汗水仅仅由某种水蒸气——这些水蒸气在它们由以散发出来的身体某些部分的表面被转化成水——构成,眼泪就是由眼睛散发出来的蒸汽构成。

129. 关于蒸汽转化成水的方式。

在《天象学》中,为了解释空气中的水蒸气如何被转化成雨,我指出这源于它们比平时更少被搅动以及更为丰富。同样,我相信,当散发自身体的水蒸气比平时更少被搅动时,即使在它们不如此丰富时,它们仍然会转化成水;这就会引起冷汗,它源于一个人

---

① 译注:比维斯(Juan Luis Vives,1493—1540),十六世纪早期极具影响力的西班牙人文主义者,其著作涉及教育、哲学、心理学、政治学、社会改革及宗教。

生病时的虚弱。而且我相信,当身体里的水蒸气相当丰富的时候,假如它们没有被更多地搅动,它们也会转化成【424】水,这就使得汗水在一个人锻炼的时候会爆发。但是此时眼睛不会出汗,因为在身体锻炼的过程中,精气的最大部分进入了那些用于驱动身体的肌肉,较少部分通过视神经进入眼睛。是同一种物质构成了血液——当它在静脉和动脉中,精气——当它在大脑、神经或肌肉中,水蒸气——当它以空气的形式散发出来,以及最后是汗水或泪水——当它在身体或眼睛表面凝聚成水。

130. 那在眼睛中引起疼痛的东西如何使之流泪。

我只观察到两种原因使得那从眼睛散发出来的水蒸气变成泪水。第一是水蒸气所流经的孔穴之形状被偶然事件改变了,因为,通过延缓这些水蒸气的运动并且改变它们的秩序,这就可能使它们被变成水。这样,只需一点灰尘落入眼睛就可以从眼中引出泪水,因为在眼中产生痛苦的过程中,它就以这样一种方式改变了眼睛的孔穴的布局,以至于有些孔穴变得更窄,水蒸气的微小部分流经它们的速度不那么快了,可是之前它们彼此等距地、【425】分别地涌现,现在却由于孔穴的秩序被弄乱了相互紧挨着出来,由此它们就连在一起并且转变成泪水。

131. 一个人如何因悲伤而流泪。

泪水的另一个原因是悲伤之后紧跟着爱或高兴,或一般而言紧跟着某种原因使心脏驱送大量血液经过动脉。悲伤是必需的,因为在冷却所有血液的过程中它收缩了眼睛的孔穴。但是,与它收缩眼睛孔穴相应的是,它也减少了必须通过孔穴的水蒸气的数量,这就不足以产生眼泪,除非这些水蒸气的数量同时被某个其他原因增加了。没有什么比在爱的激情中被送至心脏的血液更能增加水蒸气了。我们也看到了,那些悲伤的人并非持续不断地流泪,而仅仅是断断续续地哭,在他们重新回想起他们喜爱的对象的时候。

132. 关于伴随着眼泪的呻吟。

有时肺也会突然被涌进来的大量血液所膨胀【426】并且将自身包含的空气排出去;由于空气经过气管出去,它就会产生通常伴随着眼泪的呻吟和叫喊。这种叫喊通常比那种伴随着笑的叫喊要尖利,尽管它们几乎以同样的方式产生。这其中的理由在于,是那些用了扩大或收缩发音器官的神经使得声音变粗或变尖,这些神经联系着那些在我们高兴的时候扩大心脏入口的神经,以及在我们悲伤的时候收缩心脏入口的神经,这样它们就使得发音器官在这个时刻变得更宽或更窄。

133. 为何儿童和老人更容易流泪。

儿童和老人比中年人更容易流泪,但是出于不同的原因。老人常常出于喜爱和高兴而流泪。因为,这两种结合在一起的激情输送大量血液至心脏,并且将大量水蒸气从心脏送至眼睛,这些水蒸气的搅动被老人本性中的寒冷减少到这种程度,以至于即使之前没有悲伤,水蒸气也很容易转变成眼泪。如果有些老人也很容易因愤怒而流泪,这并非是他们的身体气质像他们的精神气质那样支配他们;这仅仅发生在那些虚弱到听任自己被疼痛、忧虑、怜悯等各种琐事掌控的人身上。【427】儿童身上会发生同样的事情,他们几乎从不因高兴而流泪,更常见地因悲伤而流泪,即使悲伤没有伴随着爱。因为儿童总是有充足的血液产生大量的水蒸气,当水蒸气的运动受阻于悲伤之时,它们就转化为泪水。

134. 为何有些儿童不流泪而是脸色发白。

不过,仍然有些儿童,当他们愤怒的时候并不流泪而是脸色发白;这可能表明他们里面的不同寻常的勇气和判断力,在他们像更为年长的人那样考虑邪恶的程度并且准备自己予以顽强抵抗之时,他们就会脸色发白。但它更通常是一种坏天性(mauvais naturel)的标志,在它起源于他们里面的一种恨或害怕的倾向之时,因为,这是一些会减少泪水之原料的激情。而且,我们看到,那些容易流泪的儿童更容易产生爱或怜悯。

135. 关于叹气。

叹气的起因完全不同于眼泪,即使前者像后者一样以悲伤为前提。【428】因为,肺里充满血液的时候一个人被刺激到流泪,相反,当肺里几乎是空着的时候,并且对希望或高兴的某种想象打开了被悲伤收缩了的静动脉的入口,一个人就被刺激到叹气。然后,肺里留下的少量血液就通过这根静动脉突然流入心脏的左边,在那里被渴望驱送着达到高兴,而高兴与此同时搅动了隔膜和胸部的所有肌肉,这样空气就突然通过嘴巴被送到肺部以便充满这血液所留下的空间。这就是我们所说的叹气。

136. 一些人特有的激情之效果从何而来。

此外,为了就激情的不同效果或不同起因而说几句概括要点的话,我会满足于重复一遍我关于激情的一切说法所依据的原则:也就是说,在我们的灵魂和我们的身体之间存在着这样一种联系,以至于,一旦我们将某个身体活动连接上某个想法,绝不会一个出现其后不紧跟着另一个；并且同样的活动并不总是被连接于同样的思想。仅这一条原则【429】就可以说明涉及到激情的那些在此尚未得到解释的任何特殊现象，不管是出现在自己身上还是他人那里。例如，使得有些人不能忍受玫瑰的气味、猫的出现或类似情景的奇怪的嫌恶感，可以很容易被视为仅仅源于他们很早的时候曾经被这类对象吓坏了，或者源于他们曾经感同身受地体会到处于孕期的母亲被它们吓到时的感觉。因为，在母亲的行为和肚子里孩子的行为之间确实有某种关联，以至于任何对一个不利的东西也会对另一个有害。玫瑰的气味可能曾经让那个趟在摇篮中的孩子头疼无比，或者一只猫把孩子吓得很厉害，当时没有人看着他，而他以后对此也没有任何记忆；然而，他当时对玫瑰或猫形成的那种嫌恶观念将会一直印刻在他的大脑中，直到他生命的终点。

137. 在此所解释的五种激情之作用，就它们相关于身体而言。

在对爱、恨、欲望、高兴、悲伤做出定义，并探讨过所有引起或伴随它们的身体运动之后，我们在此只需要考察【430】它们的作用了。在这个关联中必须注意到的是，根据自然的规定，它们全部起源于身体，它们被给予灵魂只是就灵魂与身体相连而言，这样它们的自然作用就是，刺激灵魂同意并参与有助于保存身体或以某种方式使身体变得更为完善的行动。在这个意义上，悲伤与高兴正是两个具有最基本用途的激情。因为，灵魂直接被告知那些伤害身体的东西，仅仅通过灵魂拥有的痛的感觉，它首先在灵魂中产生悲伤的激情，随后是对引起痛的东西的恨，第三就是摆脱它的渴望。同样，灵魂直接被告知那些益于身体的东西，仅仅通过某种痒，它首先在灵魂中激起高兴，随后生出对那些我们视为高兴之原因者的爱,最后是获得能使人继续这一高兴或以后再次拥有类似高兴的东西的渴望。这就表明,这五种激情对身体而言都是极有用处的。甚至从某种意义上讲,悲伤位列第一,比高兴更有必要,并且恨比爱更重要;因为拒绝有害的或可以造成破坏的东西,远远重要于获得增加某种完美的东西,没有这种完美我们依然可以存活。

【431】138. 关于它们的缺陷以及纠正它们的方法。

尽管激情的这个作用是它们能够拥有的最自然的作用,尽管所有缺乏理性的动物完全都凭借与这些活动类似的身体活动来指导它们生存,这些活动在我们这里通常跟随在那驱使我们灵魂赞同这些行动的激情之后,但是,激情以这种方式发挥作用并非总是好的,因为许多有害于身体的东西,在开始时并不引起任何悲伤,甚至还带来高兴;另一些东西对身体是有益的,虽然它们最初会让人不舒服。此外,这些激情几乎总是使其所表象的善和恶都显得比实际所是要大很多、重要很多,这样它们就刺激我们以远超出恰当程度的热情及欲望去追逐前者逃避后者,就如同我们同样看见动物经常被诱饵欺骗,为避小害而急于进入大害之中。这就是为什么我们必须运用经验和理性来区别善恶,并且辨认它们真正的价值,这样才不至于将它们相混淆,并让我们过度地陷入任何事情。

【432】139. 同样这些激情就它们属于灵魂而言的作用;首先是爱的作用。

如果我们里面只有身体,或者如果身体是我们的更好的部分,那么这些就足够了;但是,由于身体只是一个次要的部分,我们必须主要就激情属于灵魂而言来考察激情。关系到灵魂而言,爱和恨来自知识,并且先于高兴和悲伤,除非后两者作为知识的属类而占据了它的位置。当这个知识为真之时,也就是当它使得我们去爱的东西确实为好,并且使得我们去恨的东西确实为坏之时,爱无可比拟地要超出恨,它不可能过分强烈,也绝不会不产生高兴。我说这个爱是极度地好,因为这个爱通过把我们与真正的善相结合而使得我们相当完善。我还说它不可能过分强烈,因为最过度的爱所能做的,只是使我们如此完满地与那些善相结合,以至于我们拥有的专门针对自己的爱会使得我们与那些善变得无法区分;而这一点我认为绝不可能是坏的。并且爱必然跟随着高兴,因为它将我们所爱的东西表象为一种属于我们的善。

【433】140. 关于恨。

另一方面,恨则不可能微弱到不产生危害;并且它绝不能没有悲伤。我说它不可能太微弱,是因为,没有任何行动是我们在对恶的恨的刺激下产生的,这样的行动不如说可以更好地由对其反面即善的爱所驱使,至少当善和恶都被充分地认识到的时候。因为,我承认,那仅仅由痛苦而彰显的恶,对它的恨必然归于身体,但是我在此仅讨论起源于更清楚的知识的恨,并且我仅仅将它归于灵魂。我还说它绝不能没有悲伤,因为,恶作为一种缺失,在缺少它存在于其中的某种实在的主体的情况下不可能被领会到;并且没有一种实在的东西其中不包含某种好;因此,那使得我们远离某种恶的恨,同样也使得我们远离它所连接着的善,并且这种善的缺失,作为一种属于灵魂的缺陷而被表象给我们的灵魂,就在灵魂中激起悲伤。例如,那使得我们远离某人的恶习的恨,同样也使得我们远离与他交往,要不然我们可能在与他交往中发现某种我们自身遗憾地缺失了的善。这样,在所有其他的恨之中,人们都能注意到某种悲伤的缘由(sujet)。

【434】141. 关于渴望、高兴和悲伤。

至于说渴望,很明显,当它来自真实的知识时它不可能是坏的,只要它不是过度的,并且这种知识控制着它。同样明显的是,就关涉到灵魂而言,高兴不可能不是好的,悲伤不可能不是坏的,因为灵魂从恶那里接受的全部不适(incommodité)都在于悲伤,而属于灵魂的所有对善的享受(joüissance)则完全在于高兴,这样,如果我们没有身体,我敢说,我们再沉湎于爱和高兴也不为过,或者说再躲避恨和悲伤也不过分。但是,伴随这些激情的所有身体运动可能都是对健康有害的,在它们非常激烈的时候;而另一方面,当它们仅仅适度时它们对身体是有利的。

142. 关于相比于悲伤和恨而言的高兴和爱。

此外,既然恨和悲伤应该遭到灵魂抗拒,哪怕它们出自真实的知识,那么当它们出自虚假的意见时就更应该被拒绝了。但是,人们可以怀疑爱和高兴【435】是不是好,如果它们以这种方式立足于一个坏的基础。在我看来,如果一个人仅仅抽象地考虑,那归于灵魂的爱和高兴其自身是什么,那就可以说,尽管相比于拥有一个更好的基础而言,高兴更不可靠而爱也更少助益,但它们仍然比任何一种立足于同样坏基础的悲伤或恨更为可取。这样,在我们不可避免犯错之风险的生命无常中,我们总是倾向于那指向善的激情胜过那涉及恶的激情,哪怕只是要避免恶。甚至一个虚假的高兴通常也比一个起于真实原因的悲伤更有价值。但是,我却不敢以同样的方式对应着恨来谈论爱。因为,在恨是正当的时候,它只是带我们远离那个包含着恶的事物,而远离那个恶是好的;相反,一个不正当的爱则将我们牵扯上可能有害的或至少是只值得我们投入较少关注的东西,这就会侮辱并贬低我们。

143. 同样这些激情就它们与渴望相关的情况。

我们必须仔细注意,仅当这四种激情抽象地在自身之中,且不引导我们采取任何行动之时被考虑,我刚刚关于它们所说的情况才会发生。因为,【436】就它们在我们里面激起了渴望——借渴望之中介它们控制我们的行为——而言,可以肯定的是,所有那些起于虚假原因的激情都是有害的,另一方面所有起于正当原因的激情都是有益的,甚至,当它们同样立足于坏的根基时,高兴通常比悲伤更有害,因为后者产生克制和忧虑,这样就会以某种方式使我们审慎(Prudence),相反前者则让那些沉湎于其中的人轻率冒失。

144. 关于那些结果仅仅取决于我们的渴望。

可是,由于这些激情不可能引导我们采取任何行动,除非以它们所激起的渴望为中介,这种渴望才是我们应该特别小心要控制的;并且道德的主要功用恰恰在此。正如我刚才说过的,当渴望跟随真知识时它总是善的,同样当它基于某个错误时它不可能不是坏的。在我看来,触及渴望人们最常犯的错误就是,不能充分地区别那些完全取决于我们的事情与那些根本不取决于我们的事情。因为,说到那些仅仅取决于我们也即取决于我们的自由裁决的事情,认识到它们为好,就排除了过度热烈地渴望它们的可能性,【437】既然做那些取决于我们的好事就是遵从德性,那就可以肯定一个人对德性的渴望怎么都不会过度。此外,由于我们以这种方式所渴望的东西最终对我们不可能不是好,既然它仅仅取决于我们,那么我们总是从它那里获得了所有我们期望收获的满意。事实上,在此通常会犯的错误仅仅是渴望得太少;从来不是渴望得太多。对这个错误的至高补救就是,尽可能地让我们的心灵摆脱其他各种益处不大的渴望,然后试图非常清楚地理解且专注地思考被渴望的东西的好。

145. 关于那些仅仅取决于其他原因的渴望;什么是运气(Fortune)。

至于那些压根不取决于我们的东西,无论它们多么好,我们从来就不应该带着激情去渴望它们——这不仅仅是因为它们很可能没法出现,于是,我们越是渴望它们,它们就越是折磨我们——而且主要是因为,由于它们占据了我们的思想,它们就会使得我们的情感不能专注于其他那些仅凭我们自己就能获得的东西。针对这种虚妄的渴望,一般有两种补救措施。【438】第一是宽宏(Generosité),这点后面我会讨论。第二就是,我们必须经常反思神圣的天意(Providence divine),并且告诉自己,除非天意已经永远决定了,否则任何事情都不可能发生;这样,天意就是一种命定(Fatalité)或不可改变的必然性(Necessité immuable),它必须是与运气相对立的,这样就可以将运气作为一个仅仅起源于我们理智错误的妖怪而消灭掉。因为,我们能够渴望的,仅仅是那些我们认为以某种方式是可能的东西,并且我们将那些不取决于我们的东西视为可能的东西,仅仅由于我们认为它们取决于运气,也就是说,仅仅由于我们判断它们可能发生,并且类似的事情曾经在其他时间发生过。但是这个观点仅仅立足于我们不能完全知道决定每个结果的所有原因。因为,当某个我们认为取决于运气的事情没有发生时,这表明有一个产生它必备的原因缺席了,结果它就成为绝对不可能的了,并且没有类似的事情曾经发生过,也就是说,对于类似的事情,某个相应的原因也缺席了。于是,如果我们事先对这一点不是毫不知情,我们就决不会认为它是可能,并且因此决不会渴望它。

【439】146. 关于那些既取决于我们也取决于他人的渴望。

因此,一定要完全拒绝这个流俗的观点,即在我们之外有一种运气完全凭它的喜好使得事情发生或不发生;并且一定要认识到:一切都是由神圣的天意引领的,其永恒的法令是如此地无谬并且不可改变,以至于,除非这同一个法令已经确定为取决于我们自由裁决的事情,否则我们就必须认为,从我们的角度来看没有什么发生的事情不是必然犹如命定的,因此,我们要是渴望事情以另外的方式发生,我们就不可能没有错误。但是,因为我们的大多数渴望都延伸到那些并不完全取决于我们或完全取决于他人的事情,因此我们必须小心地挑拣出那些仅仅取决于我们的事情,以便让我们的渴望仅局限于它们。至于说其余的事情,即使我们应该将它们的结局视为完全是命定的且不可改变,这样我们的渴望就不会完全被它们占据,但我们还是不应该不去留意那些或多或少可以指望它的原因,这样它们可能有助于调整我们的行动。因为,举例来说,假如我们要去某地办事,到达此处有两条不同路线,通常一条比另外一条更安全,即使天意的法令说,如果我们取道那条被视为更安全的路线,我们将不可避免地遭到抢劫,【440】相反我们走另外一条路则没有任何危险,可是我们不应该因为这个原因就对于该选哪条道路抱无所谓的态度,或者仅仅信靠这个法令之不可改变的命定。但理性表明,我们应该选择那条通常更为安全的路线。并且，一旦我们选择了这条路线，我们涉及到它的渴望就肯定被满足了，不管什么样的坏事会降临我们。因为，从我们的角度来看，这个坏事是不可避免的，那我们就没有理由希望能够幸免，我们只有理由去做那些我们理智能够辨认出的所有事情，正如我正在设想的那些我们过去所做的事情。确实，当一个人致力于以这种方式将命定与运气相区别之时，他就容易习惯于以这种方式控制自己的各种渴望，以至于这些渴望总是给我们带来完全的满足，既然实现它们仅仅取决于我们。

147. 关于灵魂的各种内在激动(Emotions)。

在此我只增加一个更深入的思考，在我看来，这点思考能很好地帮助我们免受激情带来的任何不适。那就是，我们的福祉以及我们的不幸，主要取决于由灵魂自身在灵魂中激起的内在激动——在这方面它们完全不同于那些总是依赖精气运动的激情。尽管灵魂的这些激动通常与那些类似于它们的激情相连接，【441】但是它们也频繁地与其他激情共同出现，它们甚至可能起源于那些与它们相反的激情。例如，当一个丈夫哀悼他死去的妻子时，有时他会不愿意看到让她再次复活。情况可能是，他的心确实被悲伤撕裂了，葬礼的场景，以及一个他习惯于其陪伴的人的缺席，都会在他心中引起悲伤。情况也可能是，爱或者同情的残余出现在他的想象中，并且使得他的眼泪夺眶而出。虽然如此，此刻他内心最深处却感觉到一种隐秘的高兴，这种高兴的情感力量如此之大，以至于并存的悲伤和泪水都丝毫不能消减它。还有，当我们在一本书中读到奇异的冒险故事，或者看见舞台上演出这些活动之时，这些有时会在我们里面激起悲伤，有时则是高兴，或者爱或者恨以及一般而言任何一种激情，取决于被提供给我们想象的对象之各不相同;但是,与此相伴随,我们还拥有并感觉到它们在我们里面激起的快乐(plaisir),这种快乐是一种理智的高兴,它也可以起源于悲伤以及任何其他的激情。

148. 德性的操练是对激情的最高补救。

既然这些内在的激动更为密切地影响着我们,而因此【442】掌控我们的能力也强于那些一起出现但又有所区别的激情,那就可以肯定,只要我们的灵魂在它里面总拥有某种它自认为满意的东西,就没有一样来自别处的干扰有能力伤害它。相反,这些干扰会有助于增加它的高兴;因为灵魂看见自己不会被它们伤害,它就会意识到自身的完满。要想我们的灵魂可以拥有它自认为满意的东西,它只需勤奋地追求德性。因为,如果任何人按照这种方式来生活,以至于他的良心从来不能责怪他没有去做他判断为最好的事情,那么他将收获这样一种满足,这种满足拥有使其幸福的力量,以至于激情最暴烈的效果也绝不会有力量干扰其灵魂的平静。

第三部分 关于各种特殊的激情

【443】149. 关于重视(Estime)和轻视(Meprise)。

解释了六种原初激情——它们是种(genres)而所有其他激情都是其下的属(especes)——之后,我在此将简短地考察每一个其他激情的独特性何在,依照之前罗列它们的次序。最初的两个是重视和轻视。因为,尽管这两个术语通常只表示一个人不带激情地看待一物的价值,然而,由于从这些看法常常生出一些没有特定名称的激情,故而,在我看来,这两个术语还是应该被归结为激情。重视,就它作为一种激情而言,【444】指的是灵魂拥有的向自身表象受重视者之价值的倾向,该倾向由精气的特殊运动引起,而精气以这种方式被导入大脑,以至于它们强化了产生这个效果的印象。相反,轻视这种激情则是灵魂拥有的认定被轻视者之卑贱(bassesse)或渺小(petitesse)的倾向,它是由强化了渺小之观念的精气运动引发的。

150. 这两个激情仅仅是惊奇之下的属类。

这两个激情仅仅是惊奇之下的属类。因为,当我们根本不惊奇于对象的伟大或渺小,我们对它所做的既不多于也不少于理性告诉我们应该持有的状态,那么我们就是不带激情地重视或轻视它了。尽管重视常常由爱,轻视由恨激起于我们里面,但这也不是普遍的;它的产生,仅仅因为一个人或多或少地倾向于这样认定一个对象的伟大或渺小,以至于他对该对象拥有了或多或少的感情。

151. 一个人可以重视或轻视自己。

一般而言,这两个激情与各种对象相关。但是,【445】当我们认为它们关涉到我们自身之时,也即当我们所重视或轻视的是我们自己的价值之时,它们就是特别值得关注的。在这种情况下引发它们的精气之运动是如此明显,以至于它甚至改变了人们的外貌、手势、步态以及通常而言的各种行动,而这些人此刻对自己怀有超出平时的好评或差评。

152. 出于什么理由一个人可以重视自己。

既然智慧的主要部分就是知道以何种方式且出于何种原因一个人应该重视或轻视自己,我在此将尝试对这个问题给出我的意见。我发现,在我们里面只有一样事情可以给我们正当的理由重视自己,那就是对我们的自由裁决(libre arbitre)的使用,以及我们对自己意志所拥有的掌控。因为,我们仅仅由于那些取决于我们自由裁决的行动才可能被合理地表扬或责备;在它使得我们成为自己主人的过程中,它以某种方式使得我们类似于上帝,只要我们没有因卑怯而失去它给予我们的各种权利。

153. 宽宏(Generosité)在于什么。

这样,我相信,真正的宽宏——它使得一个人对自己的重视达到了理应达到的程度——【446】仅仅在于这样两点：首先在于他知道，除了对其意志的自由支配之外没有什么是真正属于他的，并且除了很好地或糟糕地使用了这个自由之外他没有别的理由被表扬或责备；其次在于，他在自身之中感觉到一个要好好使用自由的持久而坚定的决心，也就说是，永远不要失去从事和完成他判断为最好的事情之意愿——这就是完满地追求德性。

154. 宽宏阻止一个人轻视他人。

那些对自己拥有这种知识及这种情感的人很容易相信，其他人也能对自身拥有同样的知识和情感，因为这里面不存在任何取决于他人的事情。这就是为何这类人从不会轻视任何人。尽管他们经常看见其他人犯下那些暴露自身弱点的错误，然而他们还是更倾向于原谅而不是指责他人，并且将这种错误更多归结为缺少知识而非缺少善良意愿（bonne volonté）。正如他们认为自己不低于那些拥有更多财富或荣誉的人，甚至不低于那些有更多才智、知识或美貌的人，或一般而言那些在其他完满性上超越了自己的人，他们也不会重视自身远胜于那些他们所超越的人。【447】因为，在他们看来，和善良意愿相比所有这些事情都不是特别重要，而他们仅仅因为善良意愿才重视自己，而且他们假设善良意愿也存在或至少能够存在于每一个他人之中。

155. 合乎德性的谦逊（Humilité vertueuse）在于什么。

这样最宽宏的人通常也是最谦逊的人。合乎德性的谦逊就在于：一旦反思到我们本性的虚弱以及我们之前已经犯下的过错或者可能犯的错误——这些错误和其他人犯的错误一样严重——这就使得我们不会喜欢自己超过任何他人，而是认为，既然他人和我

们一样很好地、

裁决。

那么他们也能够很好地运用自由

156. 宽宏的特性；宽宏如何有b.

那些以这种方式而宽宏的人很自然地情的失序。

也不会承担他们并不觉得自己能够胜任的事情。至于大事，不过

最值得敬重【448】的无非是与人为善，以及出于这个原因 视自

他们认为，

己的利益，他们总是极为谦和、友善且乐于助人。此外，他们能够完全控制自己的激情——尤其对渴望、猜忌、嫉妒——因为他们认为所有值得追求的都是那些仅依靠自己而获得的；他们也能控制对他人的恨，因为他们重视所有人；他们能控制害怕，因为自身的德性给予自己的自信；最终他们也能控制自己的愤怒，由于他们对取决于他人的东西仅给予很少的重视，这样他们从不会因承认自己被敌人伤害而让敌人赚到便宜。

157. 关于傲慢（Orgueil）。

那些出于其他理由——无论是什么样的理由——而自视甚高的人，拥有的不是真正的宽宏，而仅仅是傲慢，这种傲慢通常是邪恶的（vitieux），并且这些人自我标榜的理由越不正当，其傲慢就越严重。最不正当的则是，当一个人傲慢却没有任何理由时，亦即他不是想着为此自己有什么功绩（merite），应该得到他人的赏识；而只是因为他不把功绩当回事，并且自己想象着所谓荣耀无非是【449】强夺而来，就相信但凡有人将荣耀尽数归于自己，也就真正地拥有了这些荣耀。这种邪恶是如此地缺乏理性及荒谬，以至于我几乎不能相信，如果没有人曾经受到不恰当的夸奖，还会有人深陷这种邪恶之中。但是，恭维随处可见，结果就是，几乎没有一个

笛卡尔主要哲学著作 自己因为那些不值得

人会如此能力不足，以至于他 ～ 重视——这就为最无知最愚
表扬甚至应该受到责备的 机会。

蠢之人提供了陷入这 ～

～ 宏的效果是相反的。

158. 傲慢 ～ 论人们出于何种原因而重视自己，如果它不是我们在
但是 自 ～ 感觉到的好好使用自己的自由裁决的意愿——我已经说过
宽宏源于这个意愿——那么它总是产生一种应受指责的傲慢，这
种傲慢如此不同于真正的宽宏，以至于它产生的效果是完全相反
的。因为，既然像智慧、美、财富、荣誉等等所有其他的善，通常越
是受到重视，就越是只能在少数人那里才能发现它们，并且，对大
多数人而言，它们甚至是这样一种本性以至于不可能被传播给许
多人，这就使得傲慢者试图贬低所有他人；并且，由于傲慢者是其
渴望的奴隶，他们的灵魂就不断地被仇恨、嫉妒、猜忌或愤怒煽
动着。

【450】159. 关于邪恶的谦逊（Humilité vitieuse）。

说到自卑（Bassesse）或者说邪恶的谦逊，它主要在于人们感
受到自己虚弱或是不很坚定，并且由于不能完全运用自己的自由
裁决，便不能阻止自己去做那些自己知道将来会悔恨的事情；而且
还在于相信不能凭自己而活下去，或者不能缺少许多依赖他人才
能获取的东西。这样，它直接与宽宏相对立，通常那些最自卑的人
往往是最虚妄自负的人，正如最宽宏的人是最恭顺谦虚的人。但
是，那些心志坚强宽宏大度的人，不会因处境顺逆而改变性情，相
反，那些精神虚弱鄙陋的人就被机运牵着鼻子走，发达了就得意洋
洋，落难了则垂头丧气。甚至我们常常看见：面对他们指望能施舍

恩惠的人或畏惧会降下厄运的人,他们可耻地作践自己;与此同时,面对他们既不指望也不畏惧的那些人,他们则自吹自擂、傲慢无礼。

【451】160. 在这些激情中精气的运动是怎样的。

此外,很容易看到,傲慢与自卑不仅是恶行,也是激情,因为,在那些因某个突发事件而膨胀或沮丧的人那里,他们的激动在外表上都非常明显。但是,也许有人会质疑,作为美德的宽宏和谦逊是否也能算作激情,因为它们的活动更不明显,而且德性似乎并不像邪恶那样与激情相一致。然而,我根本找不到理由来解释,那用于加强一个拥有坏基础的想法的精气运动,为何不能加强一个拥有合理基础的想法。因为傲慢和宽宏都只在于我们对自己评价甚高,二者之间的区别仅在于,一个评价是正当的而另一个是不正当的,在我看来它们可以被归结为同一个激情,该激情是被那个由惊奇、高兴和爱——既是爱自己也是爱那些让我们重视自己的对象——的运动组合而成的运动激起的。相反,那个产生谦逊——无论是合乎道德的还是邪恶的——的运动则是由惊奇、悲伤、自爱的运动组合而成,还混合着【452】对缺点的恨,这种恨使我们轻视自己。我所观察到的这些运动相互之间的区别,完全起源于惊奇这个运动的两个特性:首先,吃惊使得这个运动从一开始就强健有力;其次,这个运动以同等强度持续,也即精气继续以同样强健的程度在大脑中运行。其中第一个特性在傲慢和自卑中比在合乎道德的宽宏和谦逊中更多地被发现;相反,第二种在后一对而非前一对中更多地被观察到。这其中的原因在于,邪恶通常来自无知,而那些对自己最少了解的人,最容易陷入不恰当的过度骄傲或自卑之中,因为那些降临在他们身上的新事物总会让他们吃惊,并且他们将新事物归结为自己,于是他们或者重视或者轻视自己,取决于他们判断这个新事物到底是有利还是有害。但是,由于那让他们骄傲的东西之后常常紧跟着一个让他们自卑的东西,因此他们的激情之运动就是易变的。相反,宽宏里面就没有任何东西不相容于合乎道德的谦逊,也没有其他可能改变它们的东西;这就使得它们的运动稳定、持续且彼此相似。但是,这些运动并非如此地归因于惊奇,因为那些以这种方式重视自己的人,也充分了解那个引发他们重视自己的东西。然而,必须提及的是,那些起因(也就是运用我们自由裁决的权力【453】——它使得我们欣赏自己,以及拥有这个权力的主体本身的虚弱——它阻止我们自视甚高)是如此不可思议,以至于,每当我们将它们重新表象给我们自己时,它们常会引发新的惊奇。

　　161. 如何获得宽宏。

　　必须注意的是,通常被称为德性的,就是灵魂中的那些安排它产生某些思想的习性(habitudes),这些习性虽然不同于思想,却能够产生思想并且反过来被思想产生。还应该注意到,这些思想可以仅仅由灵魂产生;但是,通常精气的某些运动会强化它们,这样一来,它们既是德性的行动,同时合起来也是灵魂的激情。尽管人们认为德性主要是靠好的出身,而没有哪一种德性比得上人们依据其正当的价值来衡量自己;尽管也很容易相信,上帝植入我们身体中的灵魂,并不都是同样高贵和强大(这就解释了为何我遵从本地方言将这种德性称为宽宏而非大度[Magnanimité],后者是学院中使用的术语,而这个德性在学院中并不被熟知);然而确实无疑的是,良好的教养能够很好地纠正出生的缺陷,而且,如果一个人经常让自己专注于思考【454】自由裁决的本性,以及下定决心好好使用自由裁决所带来的诸多好处,另一方面也考虑那些困扰着野心勃勃的人们的诸多徒劳无益的忧虑，那么他就可以在他里面激起宽宏的激情，并且随之获得这种德性。既然这种德性对所有其他德性是至关重要的，并且能够一般地补救激情的所有混乱，在我看来这种考虑就很值得关注。

162. 关于崇敬（Veneration）。

崇敬或尊敬（Respect）是灵魂的这样一种倾向：不仅重视那个它所敬重的对象，而且带着些许忧虑臣服于其下，以便尝试获得其好感。相应地，我们仅仅崇敬那些自由的原因，我们判断这些原因能对我们行善或作恶，但我们却不知道他们会做哪个。因为，对于那些我们仅仅期望获得好处的对象，我们拥有的是爱和挚爱而非崇敬，而对于那些我们只能指望受其损害的对象，我们拥有的是恨；如果我们并没有判断这个善或恶的原因是自由的，我们也不会臣服于其下以便尝试获得其好感。这样，当异教徒（Payens）崇敬树木、泉水或山脉的时候，【455】严格地说他们敬重的并非是这些僵死的东西，而是那些他们相信主宰着这些东西的神灵（Divinitez）。产生这种激情的精气运动是由产生惊奇的运动以及产生忧虑——这个我随后会说到——的运动组合而成的。

163. 关于鄙视（Dedain）。

同样，我称为鄙视的是灵魂的这样一种倾向：灵魂判断一个自由原因虽然本性上能够行善作恶，但由于处于我们之下却无力对我们做什么，灵魂就会轻视这个自由原因。激起它的精气运动是由那些激起惊奇以及信心（Securité）或大胆（Hardiesse）的运动组合而成的。

164. 关于这两种激情的功能。

宽宏以及心灵的虚弱或自卑决定了这两种激情拥有好的或坏的运用。因为,一个人的灵魂越高贵宽宏,他越倾向于让每个人获得那属于自己的东西;这样,一个人不仅在上帝面前有一种深深的谦卑,而且毫无怨言地【456】让每个人根据他在世上的地位及权威而获得该享的荣誉和尊敬,并且蔑视的只是邪恶。相反,那些心灵自卑或虚弱的人,很容易由于过度而犯罪,有时候敬重和忧虑那些仅仅值得轻视的东西,有时候又傲慢地鄙视那些最值得敬重的东西。他们常常从极端的不虔诚迅速地跳到迷信,然后又从迷信返回到不虔诚,这样,没有一种邪恶或精神的混乱是他们不会犯下的。

165. 关于希望(Esperance)和忧虑(Crainte)。

希望是灵魂的那种确信自己所渴望的东西一定会到来的气质(disposition)①,由精气的特别运动引起,也即由高兴与渴望两种运动混合而引起。忧虑是灵魂的另外一种让自己相信自己的渴望不会实现的气质。必须注意的是,这两种激情尽管是对立的,仍然有可能同时出现,也即,当我们同时向自己表象各种不同的原因,一些使得我们判断实现渴望是容易的,另一些则使得它显得困难。

【457】166. 关于自信(Securité)与绝望(Desespoir)。

这两个激情中没有一个会伴随着渴望却不给对方留下空间。因为,当希望是如此强烈以至于完全排除了忧虑之时,它的本性就改变了并且就被称为自信或确信(Assurance)。当我们确信我们

① 译注:disposition 一词含义颇多,故不强求译名的统一。

所渴望的将会到来之时,尽管我们仍然会想要它到来,但我们却不再被渴望的激情所激动,渴望则会使得我们不淡定地寻求它的实现。同样,当忧虑是如此极端以至于没有给希望留下空间时,它就转变为绝望;这种绝望将所渴望的东西表象为不可能,就完全灭绝了渴望,而渴望则仅仅面向那些可能的东西。

167. 关于猜忌(Ialousie)。

猜忌是忧虑的一个属类,它关系到我们持续拥有某种善的渴望。它主要并不源于那使得我们可能失去这个善的理由之力量,而更多源于我们对善的高度重视,而这种重视使得我们会去检查怀疑善的最微弱的根据,并且视这些根据为值得考虑的理由。

【458】168. 从哪方面而言这个激情是体面的(honneste)。

既然一个人应该花更多心思去保留更大的善而非更小的善,这个激情在某些情景下可能是正当的并且是体面的。这样,比如说,一个防守要塞的长官有权利抱有猜忌之心,也即怀疑它可能被突然攻克的各种途径;一个体面的妇女不应该因守护名誉而受到指责,也即不仅要努力举止得体,而且还要小心不与丑闻沾边。

169. 从哪方面而言它应该受到指责。

但是,我们会嘲笑一个守财奴,当他满怀猜忌之心去守护钱财的时候,也即当他们深情地注视着钱财,唯恐它被偷走绝不肯离开半步的时候;因为金钱并不值得如此费心守护。并且一个心怀猜忌看管妻子的人遭人轻视,因为这表明他并没有像他应该做的那样去爱她,并且错误地看待自己或妻子。我说他没有像他应该做的那样爱她,是因为,如果他对她怀有真实的爱,他就不会轻易不信任她。严格说来,他所爱的甚至不是她,【459】不过是他想象独自占有她的好处所在,并且,他也不会因失去这种好处而焦虑,如果他并不认为自己不配这种好处或妻子会不忠诚。此外,这种激情仅仅与怀疑和不信任相关,因为,如果某人有正当理由去忧虑某种恶,那么,严格说来,试图躲避恶也不是猜忌。

170. 关于犹豫(Irresolution)。

犹豫也是忧虑的一个属类,它使得灵魂在许多可能采取的行动之间保持平衡,这就使得灵魂不能执行任何行动,并且在做决定之前需要时间去选择。这个过程中,确实犹豫也有某种好处。但是,当它持续的时间超出必要时,并且使得我们将行动所需的时间花在思虑之上,那它就非常糟糕。我称它为忧虑的一个属类,即使实际发生的情况可能是,当一个人在几种看上去同样好的事情之间做选择时,他在保持不确定和犹豫的过程中却根本没有对此有忧虑。但是这种犹豫只是源于被呈现的主体(sujet qui se presente)而非精气的任何激动;这就说明了为何它不是一种激情,如果说选择的忧虑加强了它的不确定性的话。但是这种忧虑在某类人那里是如此常见且如此强烈,【460】以至于,即使他们根本没有必要做选择,只是看见了要取舍一样东西,这种焦虑就会把他们拉回来,并且让他们停下来徒劳地搜寻其他东西。这是一种过度的犹豫,它源于完美行事的欲望太过强烈以及理智的羸弱,这种理智只包含一堆混乱,完全没有清楚明晰的概念。这就解释了,为何补救这种过度犹豫,就要习惯于对被呈现的一切事物形成确定明确的判断,并且相信,当我们做我们断定为最好的事情之时,我们只是在履行职责,即使我们的判断也许非常糟糕。

171. 关于勇敢(Courage)和大胆(Hardiesse)。

勇敢,作为一种激情而非习性或自然倾向,它是一种炽热或激动,它安排灵魂强烈地倾向于从事它想做的事情,不管这些事情的本性是怎样的。大胆则是勇敢的一个属类,它安排灵魂去从事最危险的事情。

172. 关于好胜(Emulation)。

好胜也是勇敢的一个属类,只是在另外的意义上。因为,我们可以将勇敢视为【461】一个种,根据它面对的不同对象将它分为几个属,根据它的不同起因将它分为另外几个属。大胆是第一层意义上勇敢的属类,而好胜则是第二层意义上勇敢的属类。后者不过是一种炽热,它安排灵魂去承担一种它希望自己能够胜任的事情,因为它看见别人能够胜任这些事情;这样它就是勇敢的属类,外在起因乃是它的榜样。我说是外在起因,是因为除此之外总还有内在起因,就在于我们的身体以这种方式被安排,以至于渴望和希望能够拥有更多的能量以便推动大量的血液到达心脏,而不像忧虑和绝望那样阻止血液。

173. 大胆如何依赖希望。

必须注意到,大胆的对象是某种通常会带来忧虑甚或绝望的困难,这样,正是在最危险和最绝望的事务中,大胆和勇敢才派上用场,虽然如此,一个人必须希望甚至确信他想要的目的将会实现,以便他能够鼓起勇气面对所遇到的困难。但是,目的不同于对象;因为一个人不能对某样东西同时拥有确信又怀有绝望。这样,当德西人(Decies)①冲入敌军【462】奔赴死亡之时,其大胆的对象是难于在这样的行动中保持自己的生命,面对这种困难他们只能感到绝望,既然他们确定必死。但他们的目的则是,作为榜样激励他们的士兵并使得他们赢得胜利,对于达到这点他们却怀有希望;也许他们的目的也是死后获得荣誉,对此他们深信无疑。

174. 关于胆怯(Lascheté)和害怕(Peur)。

胆怯与勇敢直接对立,它是一种倦怠或冷淡,阻止灵魂倾向于去从事一些如果它摆脱了这个激情就必然会做的事情。害怕或惊恐则与大胆对立,它不仅仅是一种冷淡,而且是灵魂的一种混乱和惊愕,它夺走了灵魂抵抗那些它认为近在咫尺的邪恶的力量。

175. 关于胆怯的作用。

然而,尽管我无法相信,自然会赠与人类任何一种完全邪恶且没有任何益处或值得称道的作用的激情,但我仍然发现,很难推测这两种激情可能助益于哪些事情。在我看来,【463】胆怯只有当它使我们免除某些痛苦的时候有点用处,而这些痛苦是我们受到某些可能的原因刺激而要遭受的,如果其他一些更为确定的原因——它们使得我们判断那些可能的原因并无用处——还没有激起这种激情的话。因为,除了使灵魂免除这些痛苦,它也对身体有利:它阻止了精气的运动,并且因此阻止我们浪费自己的精力。但通常而言它是非常有害的,因为它使意志偏离有益的行动。由于它仅仅源于未曾拥有足够的希望或渴望,为了纠正它,只需要在我

---

① 译注:德西人是古代爱尔兰的武士阶层,骁勇善战。

们里面增加这两种激情。

176. 关于害怕的作用。

说到害怕或惊恐,我看不出它值得称道或有益;它也不是一种特殊的激情,仅仅是胆怯、惊愕和忧虑之过度,这种过度通常是糟糕的,正如大胆作为勇敢的过度通常是好的,只要我们想要的目的是好的。由于害怕的主要原因是吃惊,要想避免它,最好的办法就是进行筹谋,并且让自己为一切不测事件——对这种事件的忧虑会引起害怕——做好准备。

【464】177. 关于懊悔(Remors)。

良心的懊悔是悲伤的属类,源于我们怀疑自己正在做的或已经做过的事情是不是好。它必然预设了怀疑。因为,如果我们完全确信我们正在做的是坏的,那我们就会克制自己不去做,因为意愿仅仅趋向那些看上去是好的事情。如果我们确信我们已经做过的是坏的,那我们应该为之悔恨,而不仅仅是懊悔。而这个激情的作用是使我们去探查,我们所怀疑的事情到底是好还是不好,并且阻止我们下次在没有确信它是好的情况下就去做它。但是,由于懊悔预设了恶,永远没有理由感受到它当然更好;借助那些我们得以免遭犹豫的方法,我们就可以防止懊悔。

178. 关于嘲笑(Moquerie)。

讥笑(Derision)或嘲笑是高兴的属类,这种高兴夹杂着恨,它源于在一个人那里知觉到某种微小的不幸(petit mal),而我们认为这个人配得这种不幸。我们对这种不幸怀着恨,但高兴地看到它出现在那个配得它的人那里。当它【465】出乎意料地冒出来时,惊奇中的吃惊使得我们迸发出笑声,根据上面说过的笑的本性。但是,这个不幸必须是微小的,因为,如果它是重大的,我们就不能相信那个拥有它的人是配得它的,除非我们的本性很坏,或者对他怀有巨大的恨意。

179. 为何最不完美的人通常最易于嘲笑。

我们看到,那些拥有明显缺陷——例如跛足、独眼或驼背——的人,或者曾经受到公开凌辱的人,特别容易嘲笑。因为,他们渴望看到其他所有人像他们那样蒙受耻辱,他们会因那些降临别人的不幸而感到愉快,并且认为别人配得这些不幸。

180. 关于嘲讽(Raillerie)的作用。

至于适度的嘲讽,它使得邪恶显得可笑从而给予积极的警告,但是嘲讽者本人却没有笑话它们,或者对任何人表现出恨意:它不是一种激情,而是一个有教养者的品质,展现出其性情的愉悦及【466】灵魂的宁静,这些是德性的标志,也常展现出其心灵的机敏,因为他能够将愉快的外表带进被嘲讽的东西中。

181. 关于笑在嘲讽中的作用。

当我们听见他人的嘲讽时发出笑声并非不合适;我们甚至发现不笑出来很难受。但是,当一个人自己进行嘲讽时,克制不笑则更合适,这样就显得不会对所说之事感到吃惊,或惊奇于进行嘲讽时拥有的机敏。这就使得那些听到嘲讽内容的人更觉得吃惊。

182. 关于嫉妒(Envie)。

通常所谓的嫉妒是一种恶,其实质在于一种天性的败坏

(perversité de nature)，它使得有些人看到他人有好事来临就感到烦恼。但是，我在此使用这个术语来表示一种并非总是邪恶的激情。嫉妒，就其作为一种激情而言，是悲伤的一个属类，夹杂着恨，它源于一个人看见好事降临那些他认为不配的人身上。【467】仅仅在好事归结为运气的情况下这种想法是合理的。因为，说到那些生来就有的关于灵魂的甚至关于身体的好事，在一个人能够做任何恶行之前他已经从上帝那里接受了它们，这个事实足以表明他是配得上它们的。

183. 嫉妒如何可能是正当的和不正当的。

但是，有时运气将好事给了那些确实不配的人，此时嫉妒在我们里面被激起，这不过是因为，由于我们对正义有一种天然的爱，在分配好事的过程中正义没有得到维护我们就会烦恼，这种嫉妒是一种可以原谅的热忱，尤其当我们嫉妒他人拥有的好事的本性是这样的，以至于在他手中这种好事可能转变为邪恶，例如，如果它是某种职责或官位，在发挥作用的过程中他可能会胡作非为。甚至在一个人渴望自己拥有同样的好事的时候，并且因为其他更不匹配它的人拥有了它而阻碍他获得它的时候，就会使这个激情变得更为强烈；但它仍然是可以原谅的，只要它所包含的恨只涉及错误地分配了他所嫉妒的好事，而不涉及拥有或分配好事的人。但是，很少有人可以如此正义和宽宏，以至于他们不会怀恨那些先于自己获得了那个好事——它是自己渴望已久且不能与人分享的——的人，即使那些获得好事的人确实与之匹配，【468】甚至更为优秀。通常最让人嫉妒的是荣耀。因为，即使荣誉属于他人并不妨碍我们自己去追求它，但是，与此同时，这就使得获得它更为困难，并且抬高了它的价值。

184. 为何嫉妒的人更容易肤色灰暗。

此外,没有一种邪恶像嫉妒那样有害于人的幸福。因为,那些沾染了嫉妒的人,除了折磨自己,还尽其所能地做一切事情破坏他人的快乐。而且,他们通常肤色灰暗,也即那种混合着黄和黑的苍白,就像是淤青。这就是为何嫉妒在拉丁语中被称为青蓝色(livor)。这与上文所说的在悲伤与恨之中血液的运行非常吻合。因为,恨使得来自肝脏更低部位的黄胆汁以及来自脾脏的黑胆汁从心脏经过动脉扩散至静脉,而悲伤使得静脉中的血液热量减少并且比平时流得更慢,这就足以使得其颜色发青。但是,由于胆汁——无论是黄色的还是黑色的——也可以通过许多其他原因被导入静脉中流动,并且因为嫉妒并不能将胆汁以足够大的体量驱送到静脉从而改变皮肤的颜色,除非嫉妒非常强烈并且持续时间很长,【469】这样就不应该认为所有看上去脸色灰暗的人都容易嫉妒。

185. 关于怜悯(Pitié)。

怜悯是悲伤的一个属类,混合着爱或者善良意愿,这个意愿指向那些我们眼见着正在遭受我们以为不该领受之不幸的人。这样,就对象而言怜悯与嫉妒相反,而怜悯与嘲笑相反是因为它以不同的方式来看待对象。

186. 谁是最容易怜悯的人。

那些认为自己非常弱小并且容易陷入机运逆境的人,似乎比其他人更倾向于陷入这种激情,因为他们将他人的不幸作为可能降临在自己身上的不幸而表象给自己;这样,他们更多地是被指向自身的爱而非针对他人的爱所打动而生出怜悯。

187. 最宽宏的人如何被这个激情触动。

虽然如此，那些最宽宏并且心灵强大的人，尽管他们不担心【470】自己有什么不幸，并且认为自己超越了机运的强力，但在他们看见了他人的衰弱并听到他们的抱怨之后，却仍然不能免于同情（Compassion）。因为，拥有指向他人的善良意愿是宽宏的一个部分。但是，这种怜悯中的悲伤并不苦涩；如同我们看见舞台上表现出来的悲伤场景所引起的悲伤，它更为外在，更多是在感官中而非灵魂内部，而灵魂则满足了这种想法——为那些受苦的人们掬一把同情之泪是它的责任。此处还表现出这样一种区别：尽管普通人同情那些发出抱怨的人，这是因为他认为他们承受的不幸是非常可悲的，而最伟大的人所怜悯的主要对象却是他所见到的抱怨者本身之虚弱，因为他们认为，没有一种偶然的意外会比那些不能耐心忍受意外的人的胆怯更为不幸。尽管他们憎恨邪恶，但是在这种情况下他们并不恨他们所见的那些容易沾染这种邪恶的人们，他们仅仅怜悯他们。

188. 谁不被怜悯打动。

但是还有那些恶意之人、天性憎恨所有人的那种好嫉妒之人，还有那些非常野蛮并且被好运弄得彻底盲目【471】或是被坏运气弄得绝望的人，他们想不到还有什么不幸可能降临；他们是对怜悯无感之人。

189. 为何这种激情让一个人感动到流泪。

此外，我们在这种激情中很容易流泪，因为爱输送了大量血液到达心脏并使得大量水蒸气从眼睛流出，并且悲伤中的冷使得这些水蒸气运行得更慢，这就使得它们被转变为眼泪，根据上文已经说过的内容。

190. 关于自我满足(satisfaction de soy mesme)。

那些一直遵从德性的人所拥有的满足,是他们灵魂中的一种习性,被称为宁静或良心安定。但是,在一个人正确地从事一项他认为是好的活动之时,他新获得的满足则是一种激情,这是高兴的一个属类,我相信它是所有高兴中最甜蜜的一种,因为它的起因仅仅取决于我们自己。但是,一旦这个起因是不正义的,也即我们借以收获重大满足的行动并不是非常重要或者甚至有些邪恶,【472】此刻这个满足就是愚蠢的,甚至仅仅有助于产生一种傲慢与粗鲁的自负(arrogance impertinente)。这在那些相信自己非常虔诚实际不过是偏执及迷信的人那里尤其明显。这些人,说起来是经常跑教堂、背诵许多祈祷文、留着短发、做着斋戒、奉献救济,以为自己是绝对完美的,想象自己是上帝最亲密的朋友以至不可能做任何让上帝不悦的事情,假设他们的激情所命令的任何事情都是值得称赞的热情,即使它有些时候命令的是人们可能犯下的最大罪行,比如叛国、弑君、仅仅由于民众不接受他们的立场就灭族。

191. 关于悔恨(Repentir)。

悔恨与自我满足直接相反;它是悲伤的一个属类,源于一个人相信自己已经做过坏事情;它非常苦涩,因为它的起因完全在于我们自己。不过,这并不妨碍它有极大的作用,当我们所悔恨的行为真是坏的并且我们确知这一点的时候,因为此时我们的悔恨促使我们下一次做得更好。但是,通常发生的情况是,那些虚弱的心灵并没有确知他们所做的事情为坏就会悔恨不已;【473】他们相信这一点,仅仅是因为他们担心它就是如此,如果他们所做的完全相反,他们也会以同样的方式悔恨。这是他们里面的一种值得怜悯的不完美。针对这个缺陷的补救同于那些有助于消除犹豫的方法。

192. 关于好感(Faveur)。

严格说来,好感就是渴望看见好事降临到那个我们对其怀有善良意愿的人身上,但我在此用这个词来表示那个善良意愿,就它是由某个善行——由那个我们对其怀有善良的人所做——而被激起于我们里面而言。因为我们很自然地倾向于爱那些从事我们视为善的事情的人,即使我们不能从他们那里获得任何益处。在这个意义上好感是爱的一个属类,而非渴望的属类,尽管它常常伴随着渴望看见好事降临到我们喜好之人身上。而且它一般会与怜悯结合,因为我们所见的降临在不幸者身上的耻辱会让我们更多地反思他们的优点。

193. 关于感激(Reconnoissance)。

感激也是爱的一个属类,由那个我们所感激的人的某个行动而在我们里面被激起,【474】由这个行动我们相信他已经对我们行善了,或者至少有行善的意图。这样,好感所包含的内容它都有,而且还要多出一点,因为它立足于一种感动了我们的行动,对这个行动我们渴望予以报答。这就是为何它拥有强大的力量,尤其在那些甚至不那么高贵宽宏的灵魂之中。

194. 关于忘恩负义(Ingratitude)。

至于说忘恩负义,它不是一种激情,因为自然没有在我们里面置入任何一种能够产生它的精气运动。它仅仅是与感激相反

的一种邪恶,就感激总是合乎德性并且是人类社会的一个基本
纽带而言。这就是为何,仅仅在残暴的人、那些以为他们该得到
一切的盲目自负者,或者从不反思他们所得利益的蠢人那里,才
出现这种邪恶;或者它也可以出现在懦弱自卑的人那里,这些人
意识到自己的虚弱和需求,低三下四地求人帮忙,然后在获得帮
助之后转而憎恨帮忙者,因为,他们缺少回报好意的意愿,或是
知道自己压根没有回报的能力,并且想象所有人都像他们这样
贪婪,没有人在无望有回报的情况下会行善,于是他们认为他们
使恩人上了当。

【475】195. 关于义愤(Indignation)。

义愤是恨的一个属类,或是针对那些做恶事——无论什么
恶——的人自然产生的嫌恶。它常常与嫉妒或怜悯相混合,虽然
如此,但它拥有一个完全不同的对象。因为一个人仅仅对这些
人——他们对那些不该受此待遇的人行善或作恶——怀有义愤,
但他嫉妒的是那些得到这种好处的人,怜悯的是那些遭遇不幸的
人。确实,在某种程度上,拥有一种不配享有的好处就是作恶。这
很可能就解释了为何亚里士多德及其追随者假设嫉妒是一种恶,
并且将那个并非邪恶的嫉妒冠名为义愤。

196. 为何义愤有些时候与怜悯相连,有些时候与嘲笑相连。

作恶也是以某种方式接受恶,由此,有些人将怜悯与义愤相
连,另一些人将嘲笑与义愤相连,根据他们对那些他们见到的犯错
之人怀有的是善意还是恶意。【476】这就是为何德谟克利特的笑
声和赫拉克利特的眼泪可能来自同样的原因。

197. 义愤通常伴随着惊奇并且与高兴并非不相容。

义愤也常常由惊奇伴随。因为我们习惯于假设,所有事情都会按照我们判断为应该的方式也即我们认为好的方式来进行;这就是为何一旦事情以另外的方式发生,它就会让我们吃惊,并且对它感到惊奇。义愤与高兴也不是绝不相容,尽管它更经常地与悲伤相连。因为,一旦我们所义愤的那个邪恶不能伤害到我们,并且我们考虑到我们不会愿意也这样做,这就会给我们些许快乐。也许这就是有时伴随着这种激情的笑声的原因之一。

198. 关于义愤的作用。

最后,在那些希望表现得有德性的人那里,比在那些真正有德性的人那里更容易观察到义愤。因为,虽然那些爱德性的人不能不带着嫌恶去看待他人的邪恶,【477】不过他们只对最大的、最特别的邪恶感到愤怒。对一些琐碎的事情感到非常义愤,这既难以做到,也让人不开心;对那些不该受谴责的人感到义愤则是不正义的;不将自己的义愤局限于人类活动却延伸至上帝或者自然的作为,这是粗鲁且荒谬的——这样做,就相当于那些对自己的境况与运气从不满足的人,却敢于挑剔宇宙之统治方式以及天意之秘密。

199. 关于愤怒(Colere)。

愤怒也是恨或者嫌恶的一个属类,我们所针对的是那些人,他们不是无差别地,而是专门对我们做坏事,或者试图伤害我们。这样,义愤所包含的内容它都有,而且还要多出这一点:它立足于一种触动到了我们并且我们渴望为自己报仇的行动。因为这个渴望几乎一直伴随着愤怒,并且它与感激直接对立,就如同义愤与好感直接对立。但是它的激烈程度却是其他三种激情不能比的,因为击退坏事并且为自己报仇的渴望,是所有渴望里面最迫切的。它是一种连接着自爱的渴望,【478】这就使得愤怒像勇敢和大胆那样可以引起血液的搅动。而且恨使得来自脾脏和肝脏小静脉的富含胆汁的血液接受了这个搅动并且进入心脏,由于这种血液体量大以及它所混合的胆汁的本性,它在心脏里激起的热比爱和高兴在此激起的热更为强烈和刺激。

200. 为何脸色因发怒而变红的人比脸色因发怒而苍白的人更不可怕。

这个激情的外在迹象根据个人的不同性情以及组成它或与它相连的其他激情之不同而有所不同。这样,我们看到,有些人愤怒的时候脸色苍白浑身颤抖,而另外一些人则满脸通红或是流泪。通常认为那些脸色苍白的人的愤怒比脸色通红的人更可怕。其理由是,在一个人或者没有意愿或者没有能力借助神情和言辞之外的手段为自己复仇的时候,他在被激怒的那一瞬间就用尽了他所有的热量和能量,这就使得他脸色通红。此外,有些时候,由于不能以其他方式为自己报仇,他是如此遗憾自怜以至于流出眼泪。相反,那些克制自己【479】并且决心采取更大的报复行为的人,一想到那个使其愤怒的行动迫使他实施报复,于是悲伤起来,有些时候他们也对他们下定复仇决心所引发的邪恶感到忧虑;这就使得他们立刻脸色苍白,浑身发冷,并且颤抖起来。但是,一旦他们后来得到机会完成复仇了,他们变得燥热的程度同于起初冰冷的程度,就好像我们观察到的那些以寒战开始的发烧通常变得更为严重一样。

201. 有两种愤怒:心地最为善良的人最倾向于第一种。

这就告诉我们愤怒的两个属类可以这样区分:一类是瞬间突

然爆发并且在外表上非常明显,但后果很小并且容易平息;另一种
起初并不明显,却更能啃噬人心且后果更加危险。那些满怀着善
良与爱意的人更倾向于第一种。因为它并非来自一种深刻的恨,
而是来自那个由吃惊而抓住他们的瞬间嫌恶,因为他们易于想象
所有的事情都应该按照他们判断为最好的方式发生,只要事情以
别的方式出现他们就会惊奇并生气——即使没有特别影响到他们
本人的事情他们也常常如此,因为,他们怀揣着强烈的情感,会像
关心自己【480】那样关心他们所爱的人。这样,在其他人那里只
是引起义愤的事情在他们这里就引起愤怒。既然容易产生爱的天
性使他们心脏里充满了热和血,那个由吃惊而抓住他们的嫌恶必
定输送足够的胆汁到达心脏,从而立刻在血液中产生巨大的激动。
但这种激动几乎不会持续,因为吃惊的力量不会继续,一旦他们知
觉到那个惹怒他们的东西不应该如此严重地刺激他们,他们就会
对自己的愤怒感到悔恨。

202. 那些懦弱自卑的灵魂最容易让自己被另一种愤怒带跑。

恨与悲伤居主导地位的另一种愤怒起初并不明显,除非它使
得脸色变得苍白。但是,它的力量一点一点地被复仇的热望在血
液中引起的激动所加强,而血液则混合着从肝脏的低级部位以及
脾脏中被输送至心脏的胆汁,在心脏中激起非常急剧且刺激性的
热量。正如最宽宏的灵魂拥有最多的感激,同样最傲慢以及最自
卑屠弱的灵魂最容易让自己被这类愤怒带跑。【481】因为,一个
人的虚荣心越是使他重视自己,他就越看重那些被夺走的好东西,
损害就显得越严重;一个人的灵魂越懦弱越自卑,他就越看重这些
好东西,因为它们取决于他人。

203. 宽宏可用来弥补过度的愤怒。

此外,尽管这个激情有助于给我们提供力量来击退这些损害,却没有别的激情之过度是我们要更为小心避免的;因为激情的过度会搅扰我们的判断,并且常常让我们犯下日后必然悔恨的错误,有时它们甚至会阻止我们击退损害,就像我们不够激动那样。但是,正如没有什么比傲慢更容易使愤怒过度,我认为宽宏也是被找到的针对其过度的最好补救,因为宽宏让我们不那么看重那些可能被夺走的好东西,相反让我们只看重自由以及对自己的绝对掌控,后者是当他人伤害我们的时候我们很容易失去的,这样,它就使得我们对那些让其他人感到生气的损害只报以轻视或最多是义愤。

【482】204. 关于荣耀(Gloire)。

我在此所谓的荣耀是高兴的一个属类,立足于我们对自己的爱,源于我们认为别人表扬我们或我们希望他们会这样。这样,它就不同于一种内在的自我满足,这种满足源于我们认为自己已经做了某件好事。因为我们有时候会因那些我们并不以为好的事情而被表扬,有时候却因那些我们以为更好的事情而被指责。但是这两者都是自我重视的属类,同样也都是高兴的属类。因为看到我们被他人重视就是我们重视自己的理由。

205. 关于羞愧(Honte)。

相反,羞愧是悲伤的一个属类,也是立足于自爱,源于我们认为自己正在受到指责或者我们忧虑将会如此。此外,它是谦虚(modestie)或谦逊(humilité)的属类,并且是对自己不信任(defiance de soy mesme)。因为,一旦我们对自己如此重视,我们就不会想象自己被任何人轻视,也不会轻易感到羞愧。

206. 关于这两种激情的作用。

荣耀和羞愧有同样的作用,【483】因为它们都激发我们追求德性,一个凭借希望,另一个凭借忧虑。一个人只需要告知他的判断力,什么才是真正值得责备或表扬的,以便不会像许多人那样,做了好事觉得羞愧,干了坏事却洋洋得意。不过,像犬儒主义者从前所做的那样完全摆脱这两种激情则是不好的。因为,尽管大众的判断总是非常糟糕,可是我们不能离开他们而生活,而且获得他们的尊重对我们而言也是重要的。所以,在涉及到我们行为的外在表现时,我们应该遵循他们的而非我们自己的意见。

207. 关于无耻(Impudence)。

无耻或厚颜(Effronterie),是对羞愧并且通常也是对荣耀的一种轻视,它不是一种激情,因为在我们里面没有激起它的特别的精气运动;更确切地说它是一种与羞愧也与荣耀相对立的邪恶,就这两者都是好的而言,就如同忘恩负义相对于感激,残忍相对于怜悯。厚颜的主要原因来自我们曾经多次遭受严重的凌辱。没有一个人在年少的时候不会将表扬对于人生的好以及出丑对于人生的坏想象得非常重要,远超过了他以后通过经验发现它们到底是怎么回事。此时,在受到几次严重的凌辱之后,他发现自己完全被剥夺了荣誉,并且【484】被所有人看不起。这就是为什么他们脸皮变厚了,由于他们仅仅根据身体的舒适来判断善恶,于是他们发现,在经过这种凌辱之后他们所享受到的舒适和从前一样多,甚至有些时候比从前还要多。因为他们此时摆脱了荣誉捆绑给他们的许多束缚;而且,如果失去好处与出丑相联系,那么总能找到好心人会弥补他们一些好处。

208. 关于厌恶(Degoust)。

厌恶是悲伤的一个属类,它所来自的原因同于之前高兴所来自的原因。因为我们是如此构成的,以至于大多我们所享受的事情仅仅在一段时间内对我们是好的,随后就变得让人不舒服。这在吃喝的例子中尤其明显,这两者仅仅在我们有食欲的情况下对我们是有利的,一旦我们不再有食欲了它们就是有害的。因为这些事情此时对我们的味觉而言不再是令人愉悦的,这种激情就被称为厌恶。

209. 关于遗憾(Regret)。

遗憾也是悲伤的一个属类,它有一种特别的苦涩(amertume),因为它总是联系着某种绝望,还联系着【485】享受曾经带给我们高兴的记忆。因为,除了我们曾经享受过的好事,我们绝不会对任何事情感到遗憾,然而这些好事以这样一种方式失去了,以至于我们根本无望在我们遗憾它们的时候且以遗憾它们的方式恢复它们。

210. 关于喜悦(Allegresse)。

最后,我所说的喜悦是高兴的一个属类,它拥有如下特点:它的甜蜜会因我们对自己所遭受的坏事的回忆而得到增强,而这种坏事则是我们已经摆脱了的,就好像我们感觉自己卸下了长期扛在肩上的重担一样。我没有在这三种激情中发现特别值得注意的东西,我只是简单地将它们放在这里,以便遵循上文中罗列各种激情的顺序。但在我看来,这样罗列的作用就在于表明我们没有遗漏一个值得特别注意的激情。

211. 对各种激情的一般性补救。

现在,既然我们已经理解了所有的激情,我们就比之前有了更少的理由去忧虑它们了。因为,我们看到它们在本性上都是好的,【486】并且我们要避免的只是它们的滥用或过度,针对它们的补救方法我所做的解释已经足够了,只要每个人有充分的兴趣将这些解释付诸实践。但是,因为我已经在这些补救方法里面包括了筹谋(préméditation)和技巧(industrie),借助这二者我们可以纠正其先天的缺陷,要做的就是努力将我们里面的血液及精气之运动与它们通常关联着的思想相分离。我就必须承认,很少有人能够以这种方法为生命中的所有突发事件做好充分准备;而且,激情的对象在血液所激起的运动如此迅速地跟随着大脑中形成的印象以及器官的布置,尽管根本没有来自灵魂的帮助,以至于,在一个人没有为它们做好充足准备的时候,根本没有人类的智慧可以抵挡这些运动。这样,许多人在被痒到的时候根本忍不住笑,即使他们从中并没有感到快乐。因为,根本不由他们做主,那个之前使得他们出于相同的原因而发笑的高兴与吃惊之印象,此刻在想象中被唤醒了,并且使得他们的肺突然充满了由心脏输送过来的血液。那些由体质而容易趋向高兴、怜悯、害怕、愤怒的人同样也忍不住昏厥、哭泣、颤抖或是血液沸腾如同发烧一样,在他们的幻想受到这其中任何一种激情的对象的刺激的时候。但是,【487】在这种情景下,总还是有能够做的事情,我认为我可以在此把这件事视为针对所有激情之过度的最一般、最方便可行的补救方法,这就是:当一个人感到血液被这样搅动的时候,他就应该小心提防,并且回想起,那呈现给想象的一切,都趋于欺骗灵魂,还使得赞同激情之对象的理由显得要强于、反对激情之对象的理由显得要弱于这些理由的实际情况。当激情赞同那些实行起来还容许些延后的事情之时，一个人必须阻止自己对它们直接下判断，并且用其他思想来分散注意力，直到时间和休息已经完全平复了血液中的激动。最后，当激情驱使一个人采取一个需要立刻下决定的行动之时，意志必须主要致力于思考并遵从那些与激情所表象的理由相反的理由，即使这些理由显得不那么强。例如，当我们出乎意料地被敌人攻击的时候，这种情况下根本就没有考虑的时间。但是，在我看来，那些习惯于反思自己行动的人总能够做的事情是这样的：当他们感到自己被害怕抓牢的时候，他们会试图通过思考何以在抵抗中比在逃跑中存在着荣誉以及更多的安全而让自己的心灵不再考虑危险；相反，当他们感到复仇的渴望以及愤怒正在推动他们不假思索地【488】冲向侵犯者时，他们会回想起来，在能够不失体面地获救的时候丢掉性命就是鲁莽的；如果双方实力悬殊，那么体面地撤退或是请求高抬贵手要好过愚蠢地自找死路。

212. 此世生命所有的善和恶都只取决于激情。

此外，灵魂当然可以有它自己的快乐。但是，说到那些灵魂和身体共同的快乐，它们完全取决于激情，这样，激情最能感动的人能够享受到此世生命的最甜美的快乐。确实，他们也可能在生命中发现最大的苦涩，在他们并不知道如何好好使用这些激情并且机运与他们作对的时候。但是，在此智慧的作用首先就是：它教会我们让自己成为激情的这样的主人，并且以这样的技巧来掌控它们，以至于它们引起的坏事也是可以忍受的，而且我们甚至可以从这一切中收获高兴。

图书在版编目(CIP)数据

笛卡尔主要哲学著作选／(法)勒内·笛卡尔著；李琍译.
--上海：华东师范大学出版社，2019

ISBN 978-7-5675-9835-5

Ⅰ.①笛… Ⅱ.①勒… ②李… Ⅲ.①笛卡尔(Descartes，Rene 1596-1650)—哲学思想
Ⅳ.①B565.21

中国版本图书馆 CIP 数据核字(2019)第 287024 号

华东师范大学出版社六点分社

企划人 倪为国

笛卡尔主要哲学著作选

著　　者　[法]勒内·笛卡尔
译　　者　李琍
校　　者　徐卫翔
责任编辑　王寅军
责任校对　彭文曼
封面设计　吴元瑛

出版发行　华东师范大学出版社
社　　址　上海市中山北路 3663 号　邮编　200062
网　　址　www.ecnupress.com.cn
电　　话　021-60821666　行政传真　021-62572105
客服电话　021-62865537　门市(邮购)电话　021-62869887
地　　址　上海市中山北路 3663 号华东师范大学校内先锋路口
网　　店　http://hdsdcbs.tmall.com/

印　刷　者　上海盛隆印务有限公司
开　　本　890×1240　1/32
印　　张　10.5
字　　数　300 千字
版　　次　2021 年 1 月第 1 版
印　　次　2023 年 1 月第 3 次
书　　号　ISBN 978-7-5675-9835-5
定　　价　88.00 元

出版人　王焰